Johann Kirchinger

Georg Eisenberger – Mein Leben für die Bauern

Georg Eisenberger
Mein Leben für die Bauern.
Erinnerungen eines Bauernführers

eingeleitet und kommentiert
von

Johann Kirchinger

Volk Verlag München

Titelbild: Bayerische Staatsbibliothek München, Fotoarchiv Hoffmann 916.
Die Aufnahme zeigt Georg Eisenberger im Alter von 67 Jahren. Das Foto wurde im „Illustrierten Beobachter“ vom 20. Dezember 1930 im Rahmen eines Artikels abgedruckt, der anlässlich seines Rücktritts als Vorsitzender des Bayerischen Bauern- und Mittelstandsbundes erschien.

Die Fotografien auf den Bildseiten des Innenteils stammen aus dem Nachlass Georg Eisenbergers, heute bei Georg Eisenberger jun., Traunstein.

Die Deutsche Bibliothek verzeichnet diese Publikation in der Deutschen Nationalbibliografie; detaillierte bibliografische Daten sind im Internet über http://dnb.ddb.de abrufbar.

Streitfeldstraße 19; 81673 München
Tel. 089 / 420 79 69 80; Fax 089 / 420 79 69 86

Druck: Kösel, Krugzell

ISBN 978-3-86222-129-5
www.volkverlag.de

Vorwort zur Neuauflage

Was die Lebenserinnerungen des Ruhpoldinger Hutzenauerbauern, rebellischen Agrarpolitikers und führenden Bauernbündlers Georg Eisenberger (1863–1945) vor allem „interessant macht, ist der lebendige Einblick, den sie in die politische Praxis bieten, z. B. durch die plastische Schilderung von Parteiversammlungen auf dem Lande". Mit diesen Worten begründeten Dr. Karl-Ulrich Gelberg, Prof. Dr. Johannes Merz und Prof. Dr. Alois Schmid unter anderem, warum sie die von mir bearbeiteten Lebenserinnerungen als Band 5 der von ihnen herausgegebenen Reihe „Quellentexte zur Bayerischen Geschichte" im Verlag des Instituts für Bayerische Geschichte an der Ludwig-Maximilians-Universität 2011 veröffentlichten. Tatsächlich war das Interesse auf dem Buchmarkt groß. Innerhalb eines halben Jahres war die gesamte Auflage vergriffen, wozu wesentlich beitrug, dass sich der Verein Münchner Landeshistoriker unter dem Vorsitzenden Dr. Paul Hoser entschlossen hatte, sich für die Veröffentlichung von Eisenbergers Lebenserinnerungen einzusetzen und sie als Jahresgabe an seine Mitglieder zu verteilen. Dabei ist diesem überhaupt auch die Anregung zur Edition zu verdanken.

Da das Interesse an den Lebenserinnerungen noch nicht beendet ist, habe ich mich um eine Neuauflage bemüht. Die Forschungslage hat sich seit der Erstveröffentlichung kaum verändert, so dass keine grundlegende Überarbeitung nötig war. Lediglich das Literaturverzeichnis wurde ergänzt. Der Münchner Volk Verlag von Verleger Michael Volk hat sich bereit erklärt, die unveränderte Neuauflage in sein Programm aufzunehmen und Eisenbergers Lebenserinnerungen damit wieder der Öffentlichkeit zugänglich zu machen. Dafür möchte ich ihm herzlich danken. Mein Dank gilt darüber hinaus Prof. Dr. Ferdinand Kramer, dem Vorstand des Instituts für Bayerische Geschichte, der seine Zustimmung zur Neuauflage erteilte, und Dr. Paul Hoser, der die Druckvorlage zur Verfügung stellte. Schließlich möchte ich auch noch Georg Eisenbergers Ururenkel gleichen Namens danken, der es ermöglichte, die Neuauflage mit zahlreichen, teils unveröffentlichten Bildern aus seinem Besitz auszustatten.

Holztraubach, im September 2013
Dr. Johann Kirchinger

Inhaltsverzeichnis

Anhang

Einleitung

Anmerkungen zur Person Georg Eisenbergers

Georg Eisenberger (28. März 1863 – 1. Mai 1945), Hutzenauerbauer aus Ruhpolding und bayerischer Landtagsabgeordneter, ist eine der interessantesten Gestalten der landwirtschaftlichen Protestbewegung, die unter dem Namen „Bayerischer Bauernbund" (ab 1922: „Bayerischer Bauern- und Mittelstandsbund") bekannt wurde und sich gegen den politischen Einfluss von Klerus, Adel und Beamtenschaft wandte. Was Eisenberger für die Geschichtsforschung so interessant macht, ist die Tatsache, dass er die Bauernbundsbewegung vom ersten Tag im Jahr 1893 bis zum letzten im Jahr 1933 aktiv begleitete. Am 26. Dezember 1893 wurde er in Traunstein zum stellvertretenden Vorsitzenden des Oberbayerischen Bundes der Landwirte und Gewerbetreibenden gewählt. Als sich alle bayerischen Bauernbünde am 26. September 1897 zum Bayerischen Bauernbund zusammenschlossen, übernahm er auch darin das Amt des stellvertretenden Präsidenten. Als solcher fungierte er bis zur Regensburger Delegiertenversammlung am 25. Februar 1899, nachdem er sich mit den oberbayerischen Bündlern wegen anhaltender Wahlniederlagen am 26. November 1898 faktisch vom Landesverband getrennt hatte. Am 9. November 1901 übernahm Eisenberger dann auf einer gemeinsamen Generalversammlung aller 1898/1899 auseinander gefallenen bayerischen Bauernbünde das Amt des „Bundesbevollmächtigten für Altbayern" im Rahmen eines nun nach föderalen Kriterien reformierten Bayerischen Bauernbundes. Nach dem Abfall der fränkischen Bündler zum deutschnationalen Bund der Landwirte bzw. zum liberalen Deutschen Bauernbund wurde aus dem Bevollmächtigten für Altbayern 1911/1912 gleichsam automatisch der Vorsitzende des Bayerischen Bauernbundes. Dieses Amt übte er bis zu seinem Rücktritt anlässlich eines Bundestages am 29. November 1930 aus. Seitdem fungierte er als Ehrenvorsitzender bis zur erzwungenen Auflösung durch die Nationalsozialisten im Frühjahr 1933. In der Kammer der Abgeordneten des Bayerischen Landtages vertrat Eisenberger die Bauernbundsbewegung von 1905 bis 1918 und im revolutionären Provisorischen Nationalrat des Volksstaates Bayern 1918/1919 als Mitglied der Bauernbundsfraktion der ehemaligen Abgeordnetenkammer. Abermals saß er im Bayerischen Landtag 1919/1920. Der Deutschen Nationalversammlung in Weimar gehörte er

ebenfalls an (1919/1920). Im Deutschen Reichstag hatte er von 1920 bis zum Mai 1924 und vom Dezember 1924 bis zum Juli 1932 ein Mandat[1].
Eisenberger ist einer der wenigen bayerischen Politiker, die in die Literatur Eingang fanden. Der Schriftsteller Ludwig Thoma (1867–1921) lässt ihn in seinem 1906 erschienenen Bauernroman „Andreas Vöst" als Agitationsredner Peter Vachenauer im Dachauer Hinterland auftreten[2]. Thoma war begeistert von der Aura der urwüchsig-derben bäuerlichen Kraft, die Eisenberger ausstrahlte – zumal die politische Orientierung der Bauernbundsbewegung seiner kirchen- und obrigkeitskritischen Einstellung zu jener Zeit entsprach. In seinen Erinnerungen bezeichnete er Eisenberger voller Wohlwollen im Jahr 1919 als einen der „Führer der gleich mit grobgenagelten Schuhen auftretenden Partei"[3]. Eisenberger schien dem agrarromantischen Bild vom Bauern, das sich das Bürgertum in der Reaktion auf die Herausforderungen der Industriegesellschaft zusammenzimmerte[4], in geradezu idealtypischer Weise zu entsprechen. Johannes Fischart schrieb 1925 in der Weltbühne, Eisenberger „war in seiner graden und aufrechten Art der typische Vertreter des bayrischen Bauern. Ludwig Thoma hat ihn in seinem ‚Andreas Vöst' echt und wahr geschildert. Wenn der Eisenberger von Dorf zu Dorf zog und im Gasthof, mit der Faust auf den Tisch schlagend, seine Reden hielt, dann strömten sie von weit und breit her." Eisenberger galt ihm als Verkörperung des Gebirgsbauern: „Kein Großbauer. Die sind im bayrischen Oberland dünn gesät. Ein paar Almen auf der Höhe. Ein paar Waldparzellen stundenweit talaufwärts. Ein nicht allzu reichlich bemessenes Ackerland, auf dem Hafer, Kartoffeln und Hanf wachsen. Das ist Alles. Die Eisenberger-Nandl, seine Älteste, war noch vor wenigen Jahren eine so schmucke Sennerin, wie sie frisch und fröhlich aus Defreggers Bildern herausgucken. Hart hat sich der Eisenberger sein Brot verdienen müssen. Im Sommer auf dem Feld, im Winter im Holz. Früh haben sich die Glieder gekrümmt. Der Hutzenauer hat in

1 Zu den Lebens- und Karrieredaten Eisenbergers vgl. die in einem chronologischen Verzeichnis im Anhang zu dieser Edition zusammengefassten Biogramme. – Für die Unterstützung bei der Durchsicht des Manuskripts danke ich meinen beiden Studentischen Hilfskräften am Lehrstuhl für Historische Theologie / Mittlere und Neue Kirchengeschichte an der Universität Regensburg, Frau Elisabeth Lindl und Frau Sarah Schormair.

2 THOMA, Vöst, 154–177. – Diejenigen Literaturangaben, die in den Anmerkungen nur mit dem Kurztitel angeführt werden, sind in den Bibliografien im Anhang vollständig angeführt.

3 Ludwig THOMA, Erinnerungen. Leute, die ich kannte, hg. von Hans PÖRNBACHER, München 1996, 108.

4 Vgl. dazu Klaus BERGMANN, Agrarromantik und Großstadtfeindschaft (Marburger Abhandlungen zur Politischen Wissenschaft 20), Meisenheim am Glan 1970.

seiner Gestalt allmählich etwas von der knorrigen und wettergepeitschten Fichte seiner Berge angenommen."[5]
Derart zu einem lebenden Gemälde überzeichnet, ist es nicht verwunderlich, dass in Eisenberger bald das Vorbild für Thomas satirische Abgeordnetenfigur „Jozef Filser" gesehen wurde. So erinnerte sich der sozialdemokratische Reichstagspräsident Paul Löbe (1875–1967) an „den originellen Georg Eisenberger aus Huzenau [!] bei Ruhpolding, der mit seinen Krachledernen, den Gamsbart am Hute und vielen Silbertalern an der Uhrkette über der grünen Weste aller Augen auf sich zog. In seinem Dialekt etwas schwer verständlich, mit viel Bauernschlauheit begabt, aber von unbayrisch liebenswürdigen Umgangsformen, hat er Ludwig Thoma als Vorbild für seinen Filser im Simplizissimus gedient."[6] Bei oberflächlicher Betrachtung erwies sich diese Behauptung als derart schlüssig, dass sie auch heute noch – vor allem in den romanhaften Veröffentlichungen von Fritz Meingast – das Bild von Eisenberger zu dominieren scheint[7].
In Eisenberger das Vorbild für „Jozef Filser" zu sehen, wird aber weder Thomas Intentionen noch Eisenbergers Lebensgeschichte gerecht. Filser ist ein parlamentarischer Hinterbänkler, der sich trotz aller Schlitzohrigkeit in den von den klerikalen und adeligen Zentrumsgrößen abgesteckten politischen Rahmen fügt[8]. Eisenberger dagegen repräsentiert eine bäuerliche Protestbewegung, die gerade gegen die politische Bevormundung insbesondere durch adelige und klerikale Zentrumsgrößen aufbegehrte. Thoma war sich dessen auch bewusst. Im Unterschied zur Figur des Filser zeichnet er Eisenberger im „Andreas Vöst" auch als klugen und nüchtern abwägenden Politiker: „Fast alle Bergbauern verstehen es, vor der Öffentlichkeit ohne Scheu aufzutreten. Sie haben Lebhaftigkeit in der Bewegung und eine leichte Art zu reden. Rasche Auffassung und große Schlagfertigkeit ermöglichen ihnen, mit geringen Kenntnissen Wirkungen zu erzielen." Thoma ließ sich trotz aller Begeisterung für Eisenberger nicht täuschen und war sich im Klaren darüber, dass Eisenberger seine bäuerlich-derbe Erscheinung bewusst in seine Agitation einbezog. Die gewünschte Wirkung erzielte Eisenberger, so Thoma, „naturgemäß vor schwerfälligen Ackerbauern, die nichts seltener besitzen, aber auch nichts höher schätzen als Rednergabe. Und die sie an niemandem mehr bewundern, als an ihresgleichen. Darum konnte der Peter Vachenauer schon im voraus seines Erfolges sicher sein. Es lag viel Selbstbewusstsein in der

5 FISCHART, Eisenberger, 13.
6 Paul LÖBE, Erinnerungen eines Reichstagspräsidenten, Berlin 1949, 60.
7 MEINGAST, Volkstribun und MEINGAST, Filser.
8 Ludwig THOMA, Jozef Filsers Briefwexel, Textrevision und Nachwort von Helga FISCHER, München ²1990.

Art, wie er vor den Leuten stand. Man sah deutlich, daß er die Wirkung jedes Satzes berechnete und sie absichtlich durch Schlichtheit des Ausdruckes steigerte, daß er Ruhe nicht nur besaß, sondern sie auch recht augenfällig zeigte, um hierdurch die Sicherheit seiner Überzeugung zu unterstreichen."[9]
Bei genauer Betrachtung wird Eisenberger von Thoma also nicht als urwüchsig-schrullige Bauerngestalt gezeichnet[10]. Übereinstimmend damit stellte der jüdische Münchner Rechtsanwalt Philipp Loewenfeld (1887–1963) dem agrarromantisch überzeichneten Bild von Eisenberger eine realistische Vorstellung des von diesem repräsentierten landwirtschaftlichen Wirtschaftsegoismus entgegen: „Er war ein Parlamentarier, der seine Bauernwürde etwas theatralisch durch Lederhosen, grüne Brustriemen und zahlreiche um ihn herumhängende Silbertaler betonte, politisch ein äußerst schlauer Fuchs, der nirgends fehlen wollte, wo an einer Suppe etwas gekocht wurde."[11] Vor allem missfiel ihm, dass die Bauernbündler am 29. Januar 1930 dem Gesetz zum Verbot des Schächtens zustimmten: „Auch dass sich der bayerische Bauernbund diesem judenfeindlichen Akt sogleich anschloss, war angesichts der Qualitäten der Führer dieser Gruppe nicht zu verwundern. Wir haben in diesen Erinnerungen des Zynismus dieser vermeintlich schlauen Kulissenschieber bereits in anderem Zusammenhang gedacht. Dieselben äußerlich treuherzigen und biederen, urwüchsigen und trachten-geschmückten Macher dieser Bewegung, die sich zur Zeit der kommunistischen Räterepublik an Linksradikalismus überschlugen und selbst für die Enteignung des bäuerlichen Bodens zu haben waren, soweit die Besitzgrößen so gezogen waren, dass sie selbst dabei verschont blieben, machten nunmehr die rechtsradikale Konjunktur bis in jede einzelne Schmutzigkeit mit, an ihrer Spitze der ‚Humanist' Eisenberger, ein Mann, dem in Wirklichkeit jede milde Regung des

---

9 THOMA, Vöst, 159 f.

10 Trotzdem ist festzuhalten, dass sich Eisenbergers Auftreten auf dem schmalen Grat zwischen der Demonstration seiner bäuerlichen Herkunft und nicht ernstzunehmender Schrulligkeit bewegte. So betrachtete ihn der badische Zentrumsabgeordnete Heinrich Köhler (1878–1949) als skurrile Randnote der Parlamentsgeschichte, an die er sich despektierlich von der „grotesk-komischen Seite" erinnerte, wenn Eisenberger „im oberbayerischen Nationaldress in Berlin herumstolzierte". Vgl. Heinrich KÖHLER, Lebenserinnerungen des Politikers und Staatsmannes 1878–1949, hg. von Josef BECKER (Veröffentlichungen der Kommission für geschichtliche Landeskunde in Baden-Württemberg A/11), Stuttgart 1964, 215.

11 Recht und Politik in Bayern zwischen Prinzregentenzeit und Nationalsozialismus. Die Erinnerungen von Philipp Loewenfeld, hg. von Peter LANDAU und Rolf RIESS (Abhandlungen zur Rechtswissenschaftlichen Grundlagenforschung 91), Ebelsbach 2004, 244.

Herzens als ein höherer Blödsinn erschienen wäre, wenn sie ihn einen Pfennig Geld oder einen Zentimeter Einfluss kosten konnte."[12]

Wenn Eisenberger an der besagten Abstimmung auch nicht teilgenommen hat, da er zu diesem Zeitpunkt überhaupt nicht Mitglied des Landtages war, spricht Loewenfeld doch eine Wahrheit über den wirtschaftsegoistischen Charakter der Bauernbundsbewegung aus, die Eisenberger über die Zeit ihrer gesamten Existenz hin mitprägte. Um Eisenberger als politische Person zu verstehen, ist deshalb zunächst ein Blick auf die agrarpolitischen Rahmenbedingungen zu werfen, die zur Entstehung der bäuerlichen Protestbewegung der 1890er Jahre geführt haben. Seit der Mitte der 1870er Jahre hatte sich das wirtschaftliche Klima der Landwirtschaft deutlich verschlechtert. Handelspolitische Maßnahmen waren nicht mehr in der Lage, den Preisdruck auf die Erzeugerpreise aufzuhalten. Produktionstechnische Fortschritte in der Saat- und Viehzucht, der Agrarchemie und im Maschinenbau hatten zu steigenden Erträgen geführt. Gleichzeitig sorgte der Ausbau der Wasserstraßen und der Eisenbahnen dafür, dass billiges überseeisches Getreide bis in die letzten Winkel des Deutschen Reiches gelangen konnte. Zusätzlich geriet die Landwirtschaft auf der Kostenseite unter Druck. Die dynamische Industrialisierung benötigte Arbeitskräfte. In der Industrie boten sich den Landarbeitern und Dienstboten daher günstige Arbeitsbedingungen, mit denen landwirtschaftliche Arbeitgeber nicht mithalten konnten. Landflucht, Dienstbotenmangel und steigende Löhne waren die Folge. Die neuen Sozialversicherungen, die die gesellschaftlichen Machtverhältnisse des Deutschen Reiches angesichts des wachsenden Gewichts der Sozialdemokratie stabilisieren sollten, belasteten die Landwirtschaft zusätzlich. Darüber hinaus forderte der sozial- und wirtschaftspolitisch reglementierende Interventionsstaat, zu dem sich das Deutsche Reich zu entwickeln begann, ein wachsendes Beamtenheer. Die öffentlichen Ausgaben zwischen der Reichsgründung und dem Ersten Weltkrieg verfünffachten sich, nicht zuletzt auch wegen der kontinuierlichen Heeresvermehrungen. Die Folge waren steigende Steuern. Allein die zum Großteil von den Landwirten zu tragenden Gemeindesteuern stiegen zwischen 1885 und 1892 um 18 Prozent[13].

12 Recht und Politik (wie Anm. 11), 617 f.; vgl. dazu Verh. d. Bay. Landtags 1929/1930. Sten. Ber. Bd. 3, München o. J., Sitzung am 29. Januar 1930, 105–140, hier 119.

13 Zur Situation der Landwirtschaft am Vorabend der seit 1892/1893 um sich greifenden landwirtschaftlichen Protestbewegung vgl. HUNT, Peasants, 311–331; SCHNEIDER, Auswirkungen, 307–322; ACHILLES, Agrargeschichte, 308–354; WEHLER, Gesellschaftsgeschichte Bd. 3, 825–842; HENNING, Wirtschafts- und Sozialgeschichte, 889–967; FARR, Search, 113–132; HOCHBERGER, Bauernbund, 6–48.

In dieser für die Landwirtschaft angespannten Situation bewirkte Reichskanzler Leo von Caprivi (1831–1899) eine vorsichtige Liberalisierung der Außenhandelspolitik, um den Export von Industrieprodukten durch die Senkung der Agrarzölle zu fördern und die allgemeine wirtschaftliche Stagnation zu überwinden. Obwohl die Zölle bereits vor der Senkung nicht in der Lage gewesen waren, die landwirtschaftlichen Erzeugerpreise zu stabilisieren, wurde Caprivi nun allein für die unbefriedigende Preissituation verantwortlich gemacht. Der Jahresbericht des Landwirtschaftlichen Vereins für die Oberpfalz vermerkte im Jahr 1892: „Hemmend und hindernd kommen jedoch mehr und mehr sinkende Preise für alle landwirtschaftlichen Erzeugnisse, für Getreide wie für Vieh, zur Geltung. Was die gute Ernte mehr gebracht, wird durch die schlechten Getreidepreise wieder aufgezehrt. Die Hoffnungen, welche bei den hohen Viehpreisen 1891 für die Viehzucht berechtigt waren, zerrinnen allmählich bei weichenden Preisen und stockendem Absatz und eine allgemeine Mißstimmung macht sich geltend, weil nach der allgemeinen Ansicht durch den neuen Handelsvertrag mit Österreich-Ungarn jenes stetige Sinken der Viehpreise verschuldet worden ist. Der Mangel an besseren Einnahmen aus dem Betriebe läßt auch die Lasten der neuen sozialen Gesetzgebung, wie überhaupt jede Steigerung der Abgaben, besonders drückend empfinden."[14] Die Verbitterung in der Landwirtschaft wuchs. Das Krisengefühl, das sich der Landwirtschaft nun bemächtigte, beruhte jedoch nicht auf einer tatsächlichen existentiellen Notsituation, sondern auf einer pessimistischen Zukunftserwartung. Der positive Erwartungshorizont, den die Landwirtschaft trotz aller wirtschaftlichen Probleme bisher an ihre Entwicklung gestellt hatte, wurde mit Caprivis Außenhandelspolitik in sein Gegenteil verkehrt. Die Landwirtschaft fühlte sich zugunsten der Industrie benachteiligt. Das Minderwertigkeitsgefühl und die Statusangst eines an volkswirtschaftlicher Bedeutung immer weiter verlierenden Wirtschaftszweiges machte die Zuschrift eines Landwirts an die Neue freie Volkszeitung deutlich: „Früher fuhren die Bauern in Chaisen mit der Frau Bäuerin zur Schranne in die Stadt; jetzt geht der Bauer zu Fuß und die Frau Bäuerin schickt ihre Schmalzkübel, wenn sie noch solche füllen kann, durch die Bötin per Schubkarren auf den Viktualienmarkt. Früher gab ein Bauer seinem Sohne und seiner Tochter einige tausend Gulden zur Hochzeit mit, ein ‚Roß' und ein Paar Ochsen; heutzutage sagt man es einander nur stille, was der Bräutigam oder die Braut mitbringt; denn, wenn man es sagen würde, so würde man es nicht glauben. Ja wir haben – gar keine Bauern mehr."[15]

14 Zit. nach HUNDHAMMER, Geschichte, 7.
15 NfV vom 3. Mai 1893.

Wie sich Eisenberger erinnerte, richtete sich der Unmut der bäuerlichen Bevölkerung zunehmend gegen die Parteien, die aus ihrer Sicht nicht willens waren oder sich zumindest als unfähig erwiesen hatten, der Reichsregierung entgegenzutreten und diese Entwicklung zu verhindern: „Der Bauern- und Mittelstand war damals politisch ganz hilflos der Willkür der beiden herrschenden Parteien Zentrum und Liberalen [!] ausgeliefert, sodass die Unzufriedenheit nicht nur im Gebirge, sondern auch auf dem Lande in ganz Altbayern immer grösser wurde.“[16] Dabei richtete sich der Protest im katholischen Altbayern vor allem gegen die Zentrumspartei. Diese hatte es während des Kulturkampfs zwischen den weltanschaulich liberalen Regierungen auf Reichs- und Landesebene einerseits sowie der katholischen Kirche andererseits verstanden, die Mehrheit der sozial heterogenen katholischen Wählerschaft hinter sich zu scharen. Dies hatte sie mit dem Hinweis auf die gemeinsamen kirchenpolitischen Interessen getan. In den ländlichen Gebieten des katholischen Altbayern hatte sie auf diesem Wege sogar das politische Monopol errungen, zumal sie sich als zuverlässige Wahrerin agrarischer Belange erwiesen hatte. Als die Interessen der Landwirtschaft aufgrund der volkswirtschaftlichen Entwicklung jedoch majorisiert zu werden drohten, waren es Reichstagsabgeordnete der Zentrumspartei, welche der industriefreundlichen Außenhandelspolitik der Reichsregierung ebenso zu einer Mehrheit verhalfen wie der Aufstockung des Heeres und der Einführung der Sozialgesetzgebung. Für diese Entwicklung war vor allem der vom hohen Adel und der hohen Geistlichkeit geführte Zentrumsflügel verantwortlich. Um Einfluss und Privilegien gegen die immer lauter werdenden sozial- und verfassungspolitischen Forderungen der Arbeiterschaft zu verteidigen, näherte sich dieser Zentrumsflügel immer mehr den bisher bekämpften Bürokraten in der Reichs- und der bayerischen Staatsregierung an. In diesem Konflikt zwischen einer dynamischen und einer defensiv agierenden sozialen Schicht drohte die Landwirtschaft zermahlen zu werden. Angesichts der aufbrechenden sozioökonomischen Differenzen innerhalb der Zentrumswählerschaft verlor der Hinweis auf die gemeinsamen kirchenpolitischen Interessen daher immer mehr an Bindekraft[17].

Erstmals bekam die Zentrumspartei diese Entwicklung zu spüren, als ihr Kandidat anlässlich der Nachwahl in dem niederbayerischen Reichstagswahlkreis Kelheim-Rottenburg-Mallersdorf am 19. Oktober 1892 nur mit einer hauchdünnen Mehrheit von 124 Stimmen über seinen Herausforderer,

---

16 Editionsteil, Seite 46 f.

17 Vgl. dazu MÖCKL, Prinzregentenzeit, 228–349; KÖRNER, Staat, 24–62; FARR, Anti-Catholicism, 249–269.

den populären Journalisten Dr. Johann Baptist Sigl (1839–1902), siegte[18]. Sigl war einer der bedeutendsten katholischen Publizisten seiner Zeit. Er gab das Bayerische Vaterland heraus, das die Leser mit einer volkstümlichen Sprache, beißendem Spott und derbem Witz begeisterte. Mit einer Auflage von sieben- bis achttausend Exemplaren gehörte es zu den größten katholischen Blättern in Bayern. Sigls Einfluss auf die ländliche Wählerschaft war deshalb erheblich. Von der Zentrumspartei hatte er sich distanziert, weil sie ihm zu reichsfreundlich und nicht entschieden genug katholisch war[19].

Für die Bauern musste Sigls partikularistische Agitation vor allem wegen der darin enthaltenen Kritik an den sozial- und wirtschaftspolitischen Maßnahmen der Reichsregierung attraktiv gewesen sein. In dieser Hinsicht passt Sigls Kandidatur zu der von Caprivi ausgelösten reichsweiten landwirtschaftlichen Protestbewegung, die ihren nachhaltigsten Ausdruck in dem am 18. Februar 1893 in Berlin gegründeten Bund der Landwirte fand. Dessen Ziel bestand darin, die Regierung auf parlamentarischem Wege, durch Beeinflussung der öffentlichen Meinung und durch Mobilisierung der bäuerlichen Massen massiv unter Druck zu setzen. Erstmals war damit im Deutschen Reich eine Organisation entstanden, die eine ausschließliche und rücksichtslose Vertretung landwirtschaftlicher Interessen versprach[20].

Diese Gründung blieb nicht ohne Auswirkungen auf Bayern. Am 10. April wurde in Straubing der Bund der niederbayerischen Landwirte gegründet. Die Initiative dazu hatten die Großbauern des Gäubodens ergriffen, da sie von den Maßnahmen der Reichsregierung besonders betroffen waren. Sie produzierten für den Markt und beschäftigten viele Lohnabhängige. Auf Betreiben des bald die Führung in Niederbayern übernehmenden Hierlbacher Gutsbesitzers Franz Wieland (1850–1901)[21] lehnte sich die Straubinger Gründung eng an den Berliner Bund der Landwirte an[22]. Schillernd zwischen Verbands- und Parteicharakter war damit die erste wirtschaftspolitische In-

18 Vgl. HUNDHAMMER, Geschichte, 14–20; HOCHBERGER, Bauernbund, 46–48.

19 Jurist, ultramontaner Journalist und Herausgeber der beliebten Münchner Zeitung „Das Bayerische Vaterland", partikularistischer Politiker, Bayerische Patriotenpartei (ab 1893 Bayerischer Bauernbund bzw. parteilos), Mitglied der Kammer der Abgeordneten 1897 bis 1899, des Reichstags 1893 bis 1898. Vgl. HOCHBERGER, Bauernbund, 51 f.; SIGL, Sigl.

20 Zur Entwicklung des landwirtschaftlichen Organisationswesens zwischen Reichsgründung und Erstem Weltkrieg vgl. ULLMANN, Interessenverbände, 85–94.

21 Gutsbesitzer von Hierlbach bei Straubing, führende Persönlichkeit der radikalen Richtung der Bauernbundsbewegung, Präsident des Bayerischen Bauernbundes von 1896 bis zu seinem Tode, Mitglied des niederbayerischen Landrates 1894 bis 1897 und 1899 bis 1901, der Kammer der Abgeordneten 1897 bis 1899. Vgl. KIRCHINGER, Bauernrebell.

22 Zur Gründung des Bundes der niederbayerischen Landwirte vgl. KIRCHINGER, Bauernrebell, 34–43.

teressenvertretung der bayerischen Landwirtschaft errichtet worden. Denn die älteren Bayerisch-Patriotischen Bauernvereine von Deggendorf und Tuntenhausen besaßen den Charakter von zentrumsnahen Wahlvereinen, in denen die wirtschaftspolitische Interessenvertretung hinter der parteipolitischen Funktion zurücktrat[23].

Im oberbayerischen Gebirgsland hatten sich unzufriedene Bauern bereits seit Ende 1892 in so genannten Markgenossenschaften zusammengetan. Unter dem Eindruck der Gründung des Bundes der niederbayerischen Landwirte in Straubing kam es am 28. Mai 1893 zur Errichtung des Oberländer Waldbauernbundes in Traunstein. Die Initiative dazu hatte der Münchner Gymnasiallehrer Dr. Leonhard Kleitner (1851–1915)[24] ergriffen. Kleitner war ein ehemaliger Landtagsabgeordneter der Bayerischen Patriotenpartei, mit der er jedoch gebrochen hatte. Er besaß großes Ansehen bei den Bauern in der Traunsteiner Umgebung, weil er sie bei Forstrechtsstreitigkeiten vor Gericht unterstützt hatte. Da sich die streu-, holz- und weideberechtigten Bauern durch das geltende Forstrecht gegenüber dem Staatsforst und adeligen Waldbesitzern benachteiligt fühlten, verschrieb sich der Waldbauernbund vor allem der Revision des Forstgesetzes von 1852. Um die Bauernbundsbewegung aus den Gebirgstälern hinauszutragen und in ganz Oberbayern zu verbreiten, errichtete Kleitner am 26. Dezember 1893 in Traunstein in Gegenwart von tausend interessierten Bauern und unter tatkräftiger rhetorischer Mithilfe von Wieland und dessen Mitstreiter, dem Schwarzacher Landarzt Dr. Albert Gäch (1852–1926)[25], den Oberbayerischen Bund der Landwirte und Gewerbetreibenden, dessen Satzung und Programm an das niederbayerische Vorbild angelehnt waren[26]. Dabei ist bemerkenswert, dass sich in Oberbayern eine mit Niederbayern übereinstimmende personelle Konstellation entwickelte. Wie Wieland entfaltete sich der dreißigjährige Hutzenauerbauer Eisenberger von der Position des stellvertretenden Bundesvorsitzenden aus

23 Vgl. Hartmannsgruber, Patriotenpartei, 250–259; Stäbler, Bauernverein, 263–271; Harrecker, Verein, 335–344.

24 Gymnasiallehrer, vor 1872 Assistent am Max-Gymnasium in München, 1886 bis 1887 Mitglied der Kammer der Abgeordneten für die Bayerische Patriotenpartei als Nachrücker, überwarf sich jedoch mit der Parteiführung, neben Eisenberger die zentrale Führungspersönlichkeit der oberbayerischen Bauernbundsbewegung. Vgl. Hochberger, Bauernbund, 54 f.; BayHStA, MInn 743455, Exposé über Leonhard Kleitner, 21. Mai 1897.

25 Praktizierender Arzt aus Schwarzach (Bezirksamt Bogen), gemeinsam mit Franz Wieland führende Persönlichkeit der radikalen „Straubinger Richtung“ der niederbayerischen Bauernbundsbewegung. Vgl. Hochberger, Bauernbund, 49 f.; Abbott, Peasants, 187–196; Kirchinger, Bauernrebell, 55–61.

26 Zur Bauernbundsbewegung in Oberbayern vgl. Hundhammer, Geschichte, 35–37; Hochberger, Bauernbund, 74–76.

zur maßgebenden Führungspersönlichkeit in Oberbayern – während Kleitner als intellektueller Mentor Eisenbergers wie der niederbayerische Mediziner Gäch es vorzog, die Politik aus dem Hintergrund zu beeinflussen und ohne führendes Amt blieb.
Das Zentrum reagierte auf die Bauernbundsbewegung, indem führende Politiker dieser Partei so genannte Christliche Bauernvereine errichteten. Im Gegensatz zu den als bloße Wahlvereine aktiven Patriotischen Bauernvereinen der Kulturkampfzeit stellten sie echte wirtschaftspolitische Interessenvertretungen dar. Mit Hilfe eines rasch aufgebauten umfangreichen Verwaltungsapparates – vor allem in Form landwirtschaftlicher Genossenschaften – boten sie ihren Mitgliedern geldwerte Vorteile. Neben der Unterstützung der katholischen Geistlichkeit war dies ein wesentlicher Grund, warum die Christlichen Bauernvereine die Bauernbundsbewegung bald überflügelten[27]. Während sie sich auf dieser Grundlage unter der maßgeblichen Führung Dr. Georg Heims (1865–1938)[28] zu hauptamtlich geführten Funktionärsverbänden entwickelten, in dem die Mitglieder weitgehend auf eine akklamatorische Rolle beschränkt bleiben sollten[29], stellte der Bayerische Bauernbund einen ehrenamtlich dominierten Honoratiorenverband dar. Denn die Enttäuschung über die von der aus Adeligen, Priestern und Akademikern zusammengesetzten Zentrumsführung mitgetragenen Handelspolitik Caprivis führte zu einer organisationspolitischen Ideologie, welche die führende Rolle von praktischen Landwirten in der Agrarpolitik postulierte und so die Ausbildung eines bürokratischen Apparates verhinderte[30]. Dies führte allerdings dann dazu, dass die Bauernbundsbewegung bald nach ihrer Entstehung von zahlreichen Konflikten entlang der unterschiedlichen Interessen ihrer Anhänger geprägt und erschüttert wurde. Dabei formierten sich die wechselnden Koalitionen zwischen vier Positionen. Der Fränkische Bauernbund besaß unter der Führung des protestantischen Gutsbesitzers Karl Ernst Frei-

27 Zur Geschichte der Christlichen Bauernvereine in Bayern vgl. BAUER, Organisation, 76–101; LAUERBACH, Landwirtschaft, 131–145; HUNDHAMMER, Berufsvertretung, 34–56; RENNER, Heim, 81–104; MÖCKL, Prinzregentenzeit, 465–474; BERGMANN, Bauernbund; HOCHBERGER, Bauernbund, 184–189.

28 Realschullehrer, führender Politiker der Christlichen Bauernvereine, Zentrum (ab 1918 BVP), Mitglied der Kammer der Abgeordneten 1897 bis 1911, des Reichstags 1897 bis 1912, Mitglied der Deutschen Nationalversammlung 1919/1920, des Reichstags 1920 bis 1924, Präsident der Bayerischen Landesbauernkammer 1920 bis 1925. Vgl. RENNER, Heim.

29 BERGMANN, Bauernbund, 154 f. kommt zu dem Ergebnis, dass die Bauernvereinsmitglieder „gegen das Versprechen ökonomischer Interessenbefriedigung für eine ‚staatstragende' Politik" mobilisiert werden konnten, obwohl „deren Inhalte keineswegs immer aus den unmittelbaren Bedürfnissen der Adressaten erwachsen waren".

30 Vgl. dazu KIRCHINGER, Bauernrebell, 126–133.

herr von Thüngen-Roßbach (1839–1927)[31] ein protektionistisches Agrarprogramm, das er im geltenden verfassungs- und gesellschaftspolitischen, sprich monarchisch-obrigkeitsstaatlichen Rahmen durchzusetzen versuchte[32]. In agrarpolitischer Hinsicht bestanden zwischen den Franken und dem radikalen niederbayerischen Bauernbundsflügel um Wieland und Gäch große Gemeinsamkeiten. In verfassungspolitischer Hinsicht gab es indes kaum Übereinstimmungen zwischen den Franken und den radikalen Niederbayern, da diese scharf gegen den bürokratisch-aristokratischen Obrigkeitsstaat agitierten und ein demokratisch-egalitäres politisches Programm vertraten. Dieses verband die Niederbayern mit den Oberbayern um Kleitner und Eisenberger. Einer Zusammenarbeit stand aber im Wege, dass die radikalagrarischen Niederbayern eine Beschränkung auf landwirtschaftliche Interessen forderten, während die Oberbayern auf die Integration der landwirtschaftlichen Interessen in ein umfassendes mittelständisches Parteikonzept abzielten, um ihre Schlagkraft so zu erhöhen. Dieses verband die Oberbayern mit den gemäßigten Niederbayern, die den agrarischen Radikalismus Wielands und im Interesse rascher Erfolge auch dessen verfassungspolitische Positionen ablehnten, was sie wiederum in Widerspruch zu den Oberbayern brachte. Zu allem Überfluss wurden diese konzeptionellen Konfliktlinien entsprechend des wirtschaftsegoistischen Anspruches der Bauernbundsbewegung noch von den kaum zu vereinbarenden betriebswirtschaftlichen Interessen innerhalb des Agrarsektors überlagert, weshalb sie stets zwischen den Interessen von ackerbaubetonten und Veredelungsbetrieben zu zerbrechen drohte.

Bezüglich der angeführten Konfliktlinien nahm Eisenberger in jeder Hinsicht eine gemäßigte Position ein. Er war überzeugt, dass die Bauern nach den enttäuschenden Erfahrungen mit dem Zentrum ihre Interessen selbst in die Hand nehmen mussten, wies aber den wirtschaftsegoistischen Radikalismus Wielands zurück, da er die agrarischen Interessen ohne außerlandwirtschaftliche Unterstützung in der Industriegesellschaft nicht für mehrheitsfähig hielt. Er lehnte den politischen Einfluss der Geistlichkeit ab, entwickelte aber nicht den tiefen antiklerikalen Hass eines Gäch. Er konnte sich dem Einfluss antisemitischer Agitation nicht entziehen, war aber nicht

---

31 Gutsbesitzer in Roßbach (Bezirksamt Brückenau) in Unterfranken, Agrarexperte, Präsident des Bayerischen Bauernbundes 1895 bis 1896. Vgl. HOCHBERGER, Bauernbund, 59 f. Nicht zu verwechseln mit dem agrarpolitisch ebenfalls engagierten unterfränkischen Gutsbesitzer Hans Karl Freiherr von Thüngen (1851–1926) aus einer anderen Linie. Vgl. Rudolf Freiherr von THÜNGEN, Hans Karl Freiherr von Thüngen, Landwirt und Agrarpolitiker 1851–1926, in: Anton CHROUST (Hg.), Lebensläufe aus Franken Bd. 4, Würzburg 1930, 460–478.

32 Zur Bauernbundsbewegung in Franken vgl. HUNDHAMMER, Geschichte, 39–41; HOCHBERGER, Bauernbund, 79–82

von der starken Judenfeindschaft eines Dr. Georg Ratzinger (1844–1899)[33] oder Anton Memminger (1846–1923)[34] bewegt. Er kämpfte für den Ausbau der Parlamentsrechte, besaß aber nicht die revolutionäre Energie eines Karl Gandorfer (1875–1932)[35]. Eisenberger, so Anton Hochbergers zutreffendes Urteil in seiner Bauernbundsmonografie, „war im Unterschied zu den politischen Schwärmern in der Bauernbundsbewegung ein Mann der Realpolitik. Er vertrat in politischer Hinsicht eine gemäßigt-demokratische Grundhaltung und strebte auf dem Wege der Gesetzgebung erreichbare wirtschaftliche Verbesserungen für den Mittelstand an.“[36]

Ein Mann, der mit dieser taktischen Einstellung an die Spitze einer Protestbewegung tritt, ist zum Scheitern verurteilt. Eisenbergers Schicksal bestand deshalb darin, den Bayerischen Bauernbund immer dann auf einem niedrigen Niveau zu stabilisieren, wenn sich die radikalen Aufwallungen eines Wieland und eines Gandorfer nach der Erfüllung ihrer Forderungen totgelaufen hatten. Zum ersten Mal war dies nach den Wahlniederlagen der Jahre 1898 und 1899 der Fall. Die radikale Bauernbundsrichtung befand sich damals in einer Sackgasse. Denn die Wahlergebnisse zeigten ganz deutlich, dass Wielands radikale Agitation mittlerweile stark an Attraktivität eingebüßt hatte. Die konkreten ökonomischen Vorteile, die die Beratungsangebote und die genossenschaftlichen Einrichtungen der zentrumsnahen Christlichen Bauernvereine sowie die strukturpolitischen Maßnahmen der staatlichen Bürokratie den Landwirten brachten, waren nicht mehr zu übersehen. Wenn es auch die Furcht vor den Erfolgen der Bauernbundsbewegung war, die diese Angebote und Maßnahmen erst bewirkt hatte, honorierten es die Wähler nicht. So war es Eisenberger, der den Bayerischen Bauernbund seit dem 9. November 1901 als „Bundesbevollmächtigter für Altbayern“ auf einen pragmatischen

---

33 Priester, Journalist, Kirchenhistoriker, sozialethischer Schriftsteller und Agrarprogrammatiker, Bayerische Patriotenpartei (ab 1893 Bayerischer Bauernbund bzw. parteilos), Mitglied der Kammer der Abgeordneten 1875 bis 1877 und 1893 bis 1899, des Reichtags 1877/1878 und 1898/1899. Vgl. Johann KIRCHINGER – Ernst SCHÜTZ (Hg.), Georg Ratzinger (1844–1899). Ein Leben zwischen Politik, Geschichte und Seelsorge, Regensburg 2008.

34 Weggefährte Thüngens, Journalist, Herausgeber der Neuen Bayerischen Landeszeitung in Würzburg, nachdem er sich vom Sozialdemokraten zum Bismarckverehrer gewandelt hatte, eine der schillerndsten Figuren der Bauernbundsgeschichte. Vgl. MEMMINGER, Memminger.

35 Gutsbesitzer in Pfaffenberg (Bezirksamt Mallersdorf), Bayerischer Bauernbund, Mitglied der Kammer der Abgeordneten 1913 bis 1918, im Provisorischen Nationalrat 1918/1919, des Bayerischen Landtags 1919 bis 1924, der Deutschen Nationalversammlung in Weimar 1919/1920, des Reichstags 1928 bis 1932, führende Person des radikalen Bauernbundsflügels nach dem Tode Wielands. Vgl. HUBER, Gandorfer, 127–145.

36 HOCHBERGER, Bauernbund, 56.

Annäherungskurs zum Zentrum führte[37]. Das zweite Mal übernahm Eisenberger die Führung in der Bauernbundsbewegung, nachdem die revolutionäre Begeisterung, die dem Bayerischen Bauernbund bei den Januarwahlen zum Landtag und zur Weimarer Nationalversammlung 1919 mit seine besten Wahlergebnisse verschafft hatte, unter dem Eindruck der revolutionären Wirren in München und nach der Erfüllung wesentlicher Forderungen des Bayerischen Bauernbundes (v. a. die Errichtung eines Landwirtschaftsministeriums) in eine konservative Wende umschlug[38].
Letztmals wurde der Einfluss Eisenbergers dann durch die radikalen Bauernbündler im Zuge der beginnenden Agrarkrise seit 1925 zurückgedrängt[39]. Die Wahlerfolge, die Karl Gandorfer und Konrad Kübler (1884–1974)[40] durch ihre aufreizende Agitation bei den Landtags- und Reichstagswahlen 1928 erzielten, ließen sich aber auch diesmal nicht zu einer dauerhaften Dominanz der radikalen Richtung innerhalb der Bauernbundsbewegung ausbauen. Angesichts der andauernden Agrarkrise sank das Vertrauen sowohl in die gemäßigte als auch in die radikale Bauernbundsrichtung. Außerhalb der etablierten Interessenvertretungen wurde der Protest nun lokal organisiert und fand in recht spontanen Organisationsformen seinen Ausdruck, bevor diese dann in der NSDAP aufgingen[41]. Der gemäßigte Bauernbundsflügel reagierte auf die Herausforderung durch die Nationalsozialisten, indem er sich unter der Führung des ehemaligen Reichslandwirtschaftsministers Anton Fehr (1881–1954)[42] nach

---

37 Vgl. HOCHBERGER, Bauernbund, 189 f.

38 Vgl. BERGMANN, Bauernbund, 63–69 und 155–162.

39 Vgl. BERGMANN, Bauernbund, 321–333; ALTENDORFER, Donauhochwasseragitation, 363–376.

40 Neben Gandorfer führende Persönlichkeit des niederbayerischen Bauernbundsflügels, Herausgeber des Landauer Volksblattes, Präsident des Verbandes der Bauernbundspresse, Mitglied des Provisorischen Nationalrates 1918/1919, Mitglied der Reichsleitung des Reichsbanners Schwarz-Rot-Gold 1926 bis 1933, KZ-Haft 1933/1934 und 1944, nach dem Zweiten Weltkrieg Mitglied der CSU, Mitglied der Verfassunggebenden Landesversammlung 1946, Mitglied und 2. Vizepräsident des Landtages 1946 bis 1950. Vgl. SCHMOLZE, Bauernbündler, 38–40; SCHUMACHER, M.d.L., 87.

41 Zum Übergang der ländlichen Protestbewegung von 1928/1929 in die Unterstützung der NSDAP vgl. ANGRESS, Role, 545–547; STÄBLER, Bauernbewegung, 901–915; STÄBLER, Weltwirtschaftskrise, 260–271; BERGMANN – MEGERLE, Protest, 228–238.

42 Führender Bauernbundspolitiker und Agrarwissenschaftler, Kreismolkereiinspektor bei der Regierung von Oberbayern 1909 bis 1917, Leiter der bayerischen Landesfettstelle 1916 bis 1922, Mitglied des Reichstags 1920 bis 1933, Reichsernährungsminister 31. März bis 21. November 1922, bayerischer Landwirtschaftsminister 1924 bis 1930, 1933 Eintritt in die NSDAP, Kontakte zum Widerstand, Inhaftierung im KZ Ravensbrück 1944, Gründungsmitglied des Bayerischen Bauernverbandes 1945, Dritter Vorsitzender bzw. Präsident des Bayerischen Bauernverbandes 1946 bis zu seinem Tode 1954. Vgl. SCHUMACHER, M.d.R., 320.

rechts orientierte[43]. Der 67jährige Eisenberger war der Kämpfe jedoch müde und resignierte. Am 1930 legte er sein Amt als Vorsitzender des Bayerischen Bauern- und Bürgerbundes nieder[44].

Entstehungs- und Überlieferungsgeschichte der Lebenserinnerungen

Von den Lebenserinnerungen Eisenbergers existieren mehrere Fassungen, die sich mit Ausnahme der maschinenschriftlichen Fassung von 1932/1933 alle im Nachlass Eisenbergers im Privatarchiv seines Urenkels Georg Eisenberger in Traunstein befinden.
Erstmals stellte Eisenberger eine Version seiner Lebenserinnerungen, die den Zeitraum von 1863 bis 1927 umfasst, 1928 fertig. Ein maschinenschriftliches Fragment, das ausdrücklich auf 1928 datiert ist, bricht nach der Schilderung einer Traunsteiner Zentrumsversammlung (14. Januar 1894) ab (Version B). Grundlage für dieses Fragment ist ein handschriftliches Original, das keine ausdrückliche Datierung aufweist (Version A). Nach der von Eisenberger angebrachten Seitenzählung umfasste diese Version ursprünglich 196 Seiten. Sie ist noch großteils erhalten, mehrere Seiten fehlen jedoch. Sie endet mit Eisenbergers Tätigkeit als Abgeordneter der Weimarer Nationalversammlung. Hinzu kommt ein Abschnitt über die Beamtenbesoldungsreform 1927, von dem neun Seiten erhalten sind. Diese Version von 1928 unterzog Eisenberger später einer partiellen Überarbeitung. Es existieren noch undatierte handschriftliche Revisionen der Abschnitte über den Zeitraum 1894/1895, Mitte 1898 bis Anfang 1905 und Herbst 1918 bis Frühjahr 1920 (Version C).
Die maschinenschriftliche Fassung, die im Bundesarchiv Berlin unter der Signatur NS 26/950 aufbewahrt wird und dem Hauptarchiv der NSDAP entstammt, ist im Vorwort Eisenbergers auf Herbst 1932 und auf 1933 datiert (Version E). Aufgrund der Versuche Eisenbergers, die Bauernbundsbewegung gegenüber dem Nationalsozialismus zu rechtfertigen, lässt sich die Fertigstellung jedoch eindeutig auf die Zeit nach der nationalsozialistischen Machtübernahme datieren. Sie bricht mit der Überschrift „Die Verfassung von Weimar“ ab, Ausführungen dazu enthält sie nicht mehr. Ein angefügtes handschriftliches Schlusswort, das weitgehend identisch ist mit Eisenbergers Gedanken über die politische und wirtschaftliche Unfreiheit der Bauern im Anschluss an den Bericht über die Traunsteiner Zentrumsversammlung am 14. Januar 1894 aus Version B, weist nicht Eisenbergers Handschrift auf. Im

43 Vgl. dazu BERGMANN, Bauernbund, 345.
44 NfV vom 29./30. November 1930.

Nachlass Eisenbergers findet sich dann noch eine weitere handschriftliche Version der Lebenserinnerungen, die im Vorwort auf 1933 datiert, ebenfalls nur fragmentarisch erhalten und als Entwurf für die maschinenschriftliche Fassung von 1932/1933 zu betrachten ist (Version D). Denn wie diese weist sie nur für den Abschnitt über die innerbündlerischen Streitigkeiten eine Kapitelzählung („Kapitel II") auf. Würde diese Version eine Überarbeitung von Version E darstellen, hätte dies korrigiert werden müssen.
Einen Überblick über die Bearbeitungsstufen von Eisenbergers Lebenserinnerungen bietet folgende Tabelle:

Fassung	Überlieferungsform	Datierung	behandelter Zeitraum	Überlieferungszustand
A	handschriftlich	(1928)	1863–1920 1927	fragmentarisch
B	maschinenschr.	1928	1863–1894	fragmentarisch
C	handschriftlich	(nach 1928)	1894–1895 1898–1905 1918–1920	fragmentarisch
D	handschriftlich	1933	1863–1920	fragmentarisch
E	maschinenschr.	1932/1933	1863–1920	vollständig

Insgesamt lassen sich also zwei Bearbeitungsphasen von Eisenbergers Lebenserinnerungen, abgeschlossen 1928 und 1933, erkennen. Wie Eisenberger seine Lebenserinnerungen überarbeitete, lässt sich exemplarisch an der Gegenüberstellung der Darstellungen der Waginger Bauernbundsversammlung vom 24. Juni 1893 in Version A und Version E (vgl. Seite 55 bis 57 der Edition) zeigen:

Version A (1928)	**Version E (1932/1933)**
	Vor den Bauernbundsversammlungen ergriff die politischen Parteien Angst und Schrecken.

Als am 24. Juni 1893 von Seiten des Waldbauernbundes eine Agitationsversammlung nach Waging einberufen wurde, war in dieser damaligen Zentrumshochburg Alles in Aufruhr. Sofort berief das Zentrum gegen die Bauernbundsversammlung eine Gegenkundgebung ein. Einberufer waren

der Dekan von Traunstein, Meixner, und der Pfarrherr von Waging, Maier. Mehrere andere Geistliche und Zentrumsschleppträger unterstützten das Vorhaben der beiden Priester. Die Versammlung des Zentrums nahm folgende Resolution an:
„1. Dem Zentrum gebührt der Dank für seine Tätigkeit im Landtag und im Reichstag.

(Dank für die Ministeraufbesserung der hohen Beamten und Geistlichen.)

2. Die zentrumsfeindliche Bauernbewegung

(gemeint ist damit der Waldbauernbund, weil sonst noch kein Bauernbund vorhanden war),

hervorgehend aus der Verkennung des Zentrums und die Irreführung der Massen bezweckend, ist im hohen Grade bedauerlich.
3. Wir halten auch fernerhin treu zum Zentrum als der einzigen wahren Volkspartei und empfehlen die Wiederwahl der bisher bewährten Zentrumsabgeordneten

(möglichst viele und hohe Beamte und Geistliche), gleichviel ob sie in dem betreffenden Wahlkreis oder ausserhalb wohnen.“ (Gewürzt war der Schlusssatz auf Dr. Schädler vom Zentrum, der in seinem Wahlkreis Ingolstadt nicht mehr besonders gut angeschrieben war, sowie auf den Ministeraufbesserer Abg. Baron von Soden, mit dem die Wählerschaft ebenfalls nicht mehr zufrieden war.)

Wie die Zentrumsversammlung in Waging inszeniert worden ist, ist wirklich wert festgehalten zu werden.

Am Vorabend von der Waldbauernversammlung am 23. Juni 1893 hatte Herr Pfarrer Maier von Waging auf blosse Ankündigung der Versammlung abends 8 Uhr plötzlich durch die Schulkinder die Bauern von Waging und Umgebung anmaschieren lassen und über Hals und Kopf wurde noch am Abend ein katholischer Männerverein gegründet. Ganz erstaunt fragen sich die Bauern, was ist denn los? Ist der Friede ins Land eingebrochen? Ist denn wirklich die Religion in Gefahr? Die Bauern waren aus Angst scharenweise auf den Angstruf des Pfarrers herbeigesprungen. 75 Mann hatten sich in der Nacht zu einer Leibgarde des Pfarrers, für das bedrohte Vaterland, für die in Gefahr kommende Religion durch den Waldbauernbund und für den bedrohten Klerus anwerben lassen. Aber es kamen keine Feinde am Sonntag, Bauern kamen wie die Waginger selber. Gute Bayern wie sie selber, gute Katholiken wie sie selber. Wozu dann der Angstschrei und Hilferuf der katholischen Seelenhirten? Das Versammlungslokal am Sonntag wurde von Bauern und Bürgern an der Zahl von 600 Köpfe gefüllt. Auch mehrere Pfarrern und andere Geistliche waren zur Versammlung gekommen, obwohl nur Interessenten und Freunde des Waldbauernbundes geladen waren. Der Tagesreferent Landrat Dr. Kleitner hatte in seiner Rede weder das Zentrum noch die Geistlichen oder den Christlichen Bauernverein

Am Vorabend vor der Waldbauernbundsversammlung hatte der Pfarrherr von Waging die Schulkinder zu den Bauern hinausgesandt und einen Aufmarsch der Bauernschaft proklamiert. Ein Männerverein wurde gegründet, Waging kam in Aufruhr; denn jeder war über die grosse Aktivität des Pfarrherrn erstaunt. Wird die Kirche gestürmt oder der Pfarrhof geplündert? *Die Religion ist in Gefahr!* Der Pfarrer gründete eine Leibwache von 75 Männern, die ihn schützend umgaben.

Als der Versammlungstag des Waldbauernbundes herankam, zogen aus den einsamsten Gehöften die Bauern nach Waging. Bei 600 Bauern drängten sich zum Versammlungslokal, keine Bilderstürmer, sondern treukatholische Bauern wie die Zentrümler selbst, keine Landaufwiegler, sondern königstreue Bayern wie die Zentrümler selbst, keine Profitjäger und Halsabschneider, sondern ehrliche, aber bedrängte Bauern wie die Zentrumsbauern selbst. Das Zentrum schickte ihre Horchposten und ihre streitbarsten Anhänger in die Versammlung. Man sah viele Kooperatoren, Pfarrherrn der Nachbarskirchen, Benefiziaten und so weiter. Dr. Kleitner sprach wie in Traunstein über die Ziele des Bauernbundes und stellte als Motto des Grundes der Bauernbewegungsgründung den Leitsatz auf: „Bauer, werde einig, besinne Dich auf Deine erdverwurzelte Kraft und dann hilft Dir Gott!“ Als nach der Rede des mit keinem Wort angegriffen. Sein Hauptthema war die gemeinsame Bauernsache. Land- wie Gebirgsbauern müssen Schulter an Schulter zusammenstehen, um für den Mittelstand Rettung schaffen zu können. Die Bauern müssen sich auf eigene Füsse stellen, „Beten und Arbeiten", hilf Dir selbst, dann hilft Dir Gott, das ist die Losung des Waldbauernbundes und der Sinn der mächtigen und unwiderstehlichen Bauernbewegung in Bayern. Die Versammlung hörte mit gespannter Aufmerksamkeit dem Redner zu und spendeten ihm kolossalen Beifall. Nach der Rede des Referenten wurden auf den Tischen Listen aufgelegt zur Einzeichnung in den Waldbauernbund. Sofort gingen Geistliche, besonders Kooperatoren, von Tisch zu Tisch, um die Bauern vor der Einzeichnung abzuhalten, sodass die Bauern gebeten haben, ihnen die Listen zu überlassen, sie würden sich später einzeichnen, des lieben Friedens willen, und die Listen nachschicken, was dann später auch geschehen ist. Dieses Vorgehen von Seite der Geistlichen in Waging *war der Anfang in Oberbayern, wo von der Geistlichkeit Bauer gegen Bauer ins Feld geschickt wurde.* Dieses Vorgehen fand aber in der Versammlung noch sehr wenig Anklang. Aus Zorn über den guten Verlauf der Versammlung für die Bauernsache wollte Pfarrer Maier die Versammlung sprengen, er meinte, die Versammlung dauere zu lange für die Referenten Listen zur Einzeichnung der Mitgliedschaft zum Waldbauernbund aufgelegt worden waren, gingen die Geistlichen von Tisch zu Tisch und redeten auf die Bauern ein, dass sie eine Einzeichnung unterlassen sollten. So beschlossen die meisten Bauern, die Listen nach Hause zu nehmen und daheim dieselben auszufüllen, um den Frieden in der Gemeinde und auf dem Hofe nicht weiter zu stören.

Die Inszenierung des Kampfes des Zentrums gegen den Waldbauernbund wurde besonders raffiniert in den reinen Bauerngegenden ausgetüftelt. Man hetzte Bauer gegen Bauer auf, man spielte im Dunklen, man kam auf die Höfe wie die Trud, die Schlafkammer und Stall unsicher machte. So wurde auch die Waginger Versammlung schon zum Auftakt dieses Bruderkampfes von Hof gegen Hof. Pfarrer Maier versuchte alle Mitteln, um die Versammlung zu sprengen. Er wollte die Versammlung einfach beschliessen und appellierte an die Bauern, sie sollten das Lokal verlassen. Aber nur wenige befolgten diesen Appell. Als der Pfarrer mit „gutem Beispiel" vorangehen wollte in dem Glauben, dass alle, alle, die er rief, kommen werden, musste er eine bittere Enttäuschung erleben. Nur 15 bis 20 Mann von den 600 Bauern verliessen mit ihm den Saal. Ihm gellte noch das Hoch der Bauern auf ihre neue Bauernbewegung nach.

Zuhörer und wollte ein Hoch auf den Prinzregenten ausbringen, das ihm aber nicht gelang. Es wurde ihm dann von Dr. Kleitner bedeutet, das Recht die Versammlung zu schliessen habe nur der Vorsitzende. Dann wollte Herr Pfarrer auf den neugegründeten Christlichen Bauernverein [ein Hoch] ausbringen, um die Versammlung aufzulösen. Diesem Trick stimmten bloss einige zu, während fast die ganze Versammlung sitzen blieb. Dann forderte der Pfarrer auf, die Zuhörer sollen gehen, 10–15 Mann gingen dem Pfarrer nach, die übrigen blieben sitzen. Die Versammlung wurde dann mit einem Hoch auf den Bauernbund und den Redner geschlossen.

Dieses war meine zweite öffentliche Versammlung der ich beiwohnte, dadurch wurde ich für die Bauernbewegung noch mehr begeistert. Durch das Auftreten und Verhalten der Geistlichen bei dieser Versammlung haben dieselben bei mir und vielen anderen Bauern an Achtung und Sympathie und Respekt ganz bedeutend eingebüsst. Zu dieser Versammlung sind mit mir von Ruhpolding noch eine grosse Anzahl von Bauern mit Fuhrwerken mitgefahren. An einem der nächsten darauffolgenden Sonntage wendete sich unser damaliger Ortspfarrer T. auf der Kanzel mit scharfen Worten gegen den Bauernbund und sagte u. a.: „Die Führer des Bundes sind Verführer“, sie wurden als sibirische

Ich war auch in dieser Waginger Versammlung. Gleich mir waren alle Bauern über das Benehmen des Mannes im Priesterkleid empört. Diese Empörung stieg noch, als der Pfarrer von Ruhpolding eine Predigt in der Kirche gegen den Waldbauernbund hielt. Er bezeichnete die Führer des Bauernbundes als Verführer, als sibirische Wölfe, die Bauern als die Verführten. „Weiber“, so rief der Prediger von der Kanzel herab, „betet für Euere Männer, wenn sie in die Versammlungen fahren!“

Wölfe bezeichnet und die Bauern als die Verführten. Zum Schlusse richtete er einen Appell an die Bauern mit den Worten: „*Weiber, betet für Eure Männer, wenn sie in Versammlungen fahren, sie werden Sozialdemokraten.*"

Der Vergleich zeigt, dass Eisenberger seine Lebenserinnerungen stilistisch überarbeitete und auch kürzte. Im Vergleich zur Fassung von 1933 weist die erste Bearbeitungsphase etwa den doppelten Seitenumfang auf. Dies vor allem deshalb, weil Eisenberger die Zeitungsberichte aus seiner umfangreichen und wohlgeordneten Sammlung, auf die er sich bei der Abfassung seiner Lebenserinnerungen stützte, darin ausführlicher als in der zweiten Bearbeitungsphase wiedergab. Dies liegt wohl daran, dass er seine Lebenserinnerungen später für die Veröffentlichung vorsah und deshalb kürzen musste.
Um seine Lebenserinnerungen zu publizieren, nahm Eisenberger in den ersten Jahren des Dritten Reiches mit zwei ehemals bündlerischen Redakteuren Kontakt auf. Karl Perktold, der sich in der maschinenschriftlichen Fassung von 1932/1933 als „Bearbeiter der Erinnerungen Eisenbergers" bezeichnet und in seinem Vorwort keinen Zweifel an seiner nationalsozialistischen Gesinnung lässt, war Redakteur von Eisenbergers Organ, dem Traunsteiner Wochenblatt, gewesen. Dabei hatte er schon seit den frühen 20er Jahren als Scharnier zwischen der Bauernbundsbewegung und dem Nationalsozialismus gedient. Er war ein begeisterter Anhänger Hitlers, seit dieser am 8. Dezember 1922 in Traunstein im Rahmen einer Großkundgebung gesprochen hatte[45]. Da die Veröffentlichung aber scheiterte, wandte sich Eisenberger dann an Wilhelm Heidbrink, seit 1932 stellvertretender Chefredakteur der ehemals bündlerischen Neuen freien Volkszeitung[46]. Heidbrink konnte ihm jedoch auch keine Hoffnungen machen. Am 6. Mai 1935 schrieb er an Eisenberger: „Was Deine Erinnerungen anbetrifft, so habe ich sie selbstver-

45 Zu Perktold vgl. Gerd EVERS, Traunstein 1918–1945. Ein Beitrag zur politischen Geschichte der Stadt und des Landkreises Traunstein, Grabenstätt 1991, 16 f., 50 und 100; Norbert FREI, Nationalsozialistische Eroberung der Provinzpresse. Gleichschaltung, Selbstanpassung und Resistenz in Bayern (Studien zur Zeitgeschichte 17), Stuttgart 1980, 179; STÄBLER, Weltwirtschaftskrise, 214.

46 Heidbrink war seit 1932 stellvertretender Chefredakteur der bündlerischen NfV (vgl. HOSER, Tagespresse, 1093), er blieb in dieser Position auch nach der nationalsozialistischen Machtergreifung (vgl. Handbuch der deutschen Tagespresse, hg. vom Deutschen Institut für Zeitungskunde Berlin, Berlin ^{5}1934, 38).

ständlich durchgearbeitet und auch fertig liegen, aber zur Veröffentlichung werden sie auf keinen Fall freigegeben. Es wäre also zwecklos sie in Druck zu geben. Ich hätte Dir gerne selbst dazu verholfen, vorher hätten sie auch für Dich eine Einnahmequelle bedeuten können, doch selbst wenn jetzt die [!] Drucklegung stattgegeben würde, käme ein Vertrieb nur an einzelne interessierte Kreise in Frage und das würde die Druckkosten nicht decken. So leid es mir tut, dass Dir dadurch eine wohlverdiente kleine Entschädigung für Deine viele Mühe und Arbeit entgeht, halte ich mich doch verpflichtet, Dir den Rat zu geben, die Erinnerungen liegen zu lassen."[47]

Eine Veröffentlichung schien also nicht opportun zu sein, da Eisenberger als Gegner des Nationalsozialismus zu bekannt war. Bereits im Januar 1923, als die NSDAP von der konkurrierenden Bayerischen Volkspartei (BVP) noch als formbare politische Gruppierung betrachtet worden war[48], hatte Eisenberger auf einer Bauernbundsversammlung in Schongau vor ihr gewarnt: „Die Nationalsozialisten wollen das Parlament abschaffen, damit das Volk nichts mehr zu reden habe wie vor 100 Jahren zur Zeit der Landstände, wo nur die Adeligen und die Prälaten etwas mitsprechen, die Bauern aber nur die Steuern bezahlen durften."[49] Hitler seinerseits hatte auf einem Sprecherabend der NSDAP am 15. Januar 1923 im Hinblick auf Eisenbergers Bemühungen zur konstruktiven Zusammenarbeit mit den Revolutionären von der bayerischen Staatsregierung gefordert, „daß sie den Eisenberger und die anderen Novemberlumpen verhaftet"[50]. Auch unter dem Eindruck der Weltwirtschaftskrise seit 1929 hatte es zwischen Eisenberger und den Nationalsozialisten keine Zusammenarbeit gegeben. So hatte sich Goebbels eine Abfuhr geholt, als er Eisenberger mit seinem bauernbündlerischen Anhang im Reichstag für den Sturz der Regierung Brüning einspannen wollte. Aber Eisenberger hatte die zollpolitischen Ziele, die die Agrarverbände damals mit der Regierung Heinrich Brünings verbanden, nicht gefährden wollen[51].

Immerhin fanden Eisenbergers Lebenserinnerungen dann während des Dritten Reiches ein begrenztes Presseecho, wie zwei undatierte Zeitungsausschnitte in seinem Nachlass zeigen. Einer erschien unter der Überschrift

47 PrivatA Georg Eisenberger Traunstein, Nachlass Eisenberger, Wilhelm Heidbrink an Eisenberger, 6. Mai 1935.

48 Zur Haltung der Bayerischen Volkspartei zur frühen NSDAP vgl. KESSLER, Held, 489–493.

49 NfV vom 25. Januar 1923.

50 Polizeibericht über eine Rede Hitlers auf einem Sprecherabend der NSDAP am 15. Januar 1923, in: Hitler. Sämtliche Aufzeichnungen 1905–1924, hg. von Eberhard JÄCKEL (Quellen und Darstellungen zur Zeitgeschichte 21), Stuttgart 1980, 791–793, hier 792.

51 Vossische Zeitung vom 15. April 1930.

„Der Hutzenauer im Austrag. Eisenbergers Memoiren – ein Kapitel 40jähriger Parlamentsgeschichte“ in der Sonntag-Morgen-Post und erwähnte die Aufnahme Eisenbergers in die nationalsozialistische Bauernschaft lobend. Im anderen, ohne Herkunftsangaben versehenen Zeitungsausschnitt mit dem Titel „Der Hutzenauer schreibt seine Memoiren“ heißt es: „Wenn man vierzig Jahre lang das Auf und Nieder des einstigen deutschen Parlamentsbetriebes mitgemacht hat, und das oft an entscheidender Stelle, – wenn man das Verhandeln und Kuhhandeln oft so recht am eigenen Leib zu verspüren bekam, dann laßt [!] sich allerhand erzählen. So mag sich der alte Eisenberger, einst Führer des bayerischen Bauernbundes, Landtags- und Reichstagsabgeordneter, gedacht haben, als er sich an den schweren eichenen Tisch setzte und anfing, niederzuschreiben, was ihm aus der Zeit seines Lebens in Erinnerung geblieben ist.“
Diese Zeitungsartikel genügten Eisenberger aber nicht. Aus dem Schreiben, das Heidbrink an Eisenberger richtete, wurde ja bereits deutlich, dass er in erster Linie aus finanziellen Gründen an die Veröffentlichung seiner Lebenserinnerungen dachte. Als Altenteiler auf einem ertragsschwachen landwirtschaftlichen Gut besaß er keinen Wohlstand, einen solchen hatte er auch während seiner politischen Tätigkeit nicht aufbauen können. Diese war im Gegenteil für Eisenberger sehr kostspielig gewesen[52]. Am 5. Juni 1939 bot er dem Hauptarchiv der NSDAP daher Bücher und Akten zum Verkauf an, wobei er nicht vergaß anzufügen: „Wenn ich finanziel [!] in [der] Lage wäre, würde ich gern das Material der Partei unentgeltlich spendieren, aber so bin ich als alter Austrägler auf jeden Pfennig angewiesen.“[53] Das Geschäft kam zustande. Im Hauptarchiv der NSDAP gab es dann einen Bestand „Akten des Altbürgermeisters, ehem. M.d.Rt. Eisenberger“. Laut einem Verzeichnis vom 29. Mai 1943 umfasste dieser insgesamt 21 Akten, die Zeitungsausschnitte, Bauernbundsschriftgut, Parlamentsdrucksachen, Redemanuskripte und Gelegenheitsaufzeichnungen Eisenbergers sowie 47 Briefe an Eisenberger enthielten[54]. Unter den Materialien, die Eisenberger dem Hauptarchiv der NSDAP überlassen hatte, befanden sich auch seine Lebenserinnerungen.

52 Eisenberger beklagte sich deshalb am 7. November 1897 bei Wieland (PrivatA Helmut Hilz Siegsdorf, Nachlass Franz Wieland), er könne „nicht immer mein Geld vorziehen von meinem eigenen Beutel, da müßte die Existenz meiner u. meiner Familie Schaden leiden; ich habe noch keinen Pfennig vom Bauernbund bekommen und habe schon 100 Versammlungen mitgemacht“.

53 PrivatA Georg Eisenberger Traunstein, Nachlass Eisenberger, Eisenberger an das Hauptarchiv der NSDAP, 5. Juni 1939 (Entwurf).

54 BundesA Berlin, NS 26/950, Inhaltsverzeichnis der „Akten des Altbürgermeisters, ehem. M.d.Rt. Eisenberger“, 29. Mai 1943.

Sie sind in der Bestandsübersicht jedoch nicht aufgeführt, da sie sich zum Zeitpunkt von dessen Erstellung noch in Händen eines Mitarbeiters des Archivs befanden[55].
Das Hauptarchiv der NSDAP war an Eisenbergers Aktenbeständen interessiert, da es offenbar eine Sammlung „Vorkämpfer der völkischen Idee" aufbauen wollte, wie aus einem Schreiben hervorgeht, das Wilhelm Bohl (geb. 1886)[56], der Leiter der Archivalien-Abteilung im Hauptarchiv der NSDAP, an Eisenberger richtete[57]. Im Frühjahr 1943 bat Eisenberger darum, die Materialien, die er dem Hauptarchiv der NSDAP überlassen hatte, vorübergehend zurückzubekommen, um seine Lebenserinnerungen zu überarbeiten. Daraufhin wurden sie ihm am 29. Mai 1943 „leihweise zwecks Auswertung für Memoiren" zurückgeschickt[58]. Darunter befand sich auch eine Abschrift seiner Lebenserinnerungen, während die Urschrift im Hauptarchiv der NSDAP verblieb[59]. Der Leiter der Archivalien-Abteilung nutzte die Gelegenheit, um Eisenberger am 25. September 1943 Ratschläge zur Überarbeitung seiner Lebenserinnerungen zu geben: „An mehreren Stellen Ihrer Ausführungen verweisen Sie auf Anlagen, die jedoch beim Original fehlen. Vielleicht ist es Ihnen möglich aus den noch in Ihrem Besitz befindlichen Sammelstükken die eine oder andere zugehörige Anlage zu ermitteln. Es wäre mir recht, wenn Sie diese dann an die Abschrift anheften wollten."[60] Und am 16. Oktober schrieb er an Eisenberger: „Besonders was den letzten Teil betrifft, schien es mir angezeigt, etwas ausführlicher auf die gefühlsmäßige, parteipolitische Haltung des Bauernbundes und einzelner namhafter Mitglieder gegenüber der Novemberrevolution einzugehen." Er wollte wissen, „inwieweit der vaterländisch-national eingestellte Bauernbund sich zur Revolution gestellt hat. Ich kann mir nicht denken, dass Sie oder Dr. Kleitner, Dr. Sigl u. a. sich ohne weiteres auf den Boden der Tatsachen gestellt haben. Auch die Haltung

---

55 PrivatA Georg Eisenberger Traunstein, Nachlass Eisenberger, Wilhelm Bohl (Hauptarchiv der NSDAP) an Eisenberger, 30. Juli 1943.

56 Geb. in Mitterfels (Bezirksamt Bogen), Direktor der Volkshochschule München 1932 bis 1934, am 1. Mai 1933 Eintritt in die NSDAP, um den Fortbestand der Volkshochschule zu sichern, arbeitslos zwischen 1934 und 1938, seither als „Stellenleiter" beim Hauptarchiv der NSDAP beschäftigt. Die Angaben stammen aus dem Spruchkammerakt Bohls (StA München, Spruchkammern K 170).

57 PrivatA Georg Eisenberger Traunstein, Nachlass Eisenberger, Bohl an Eisenberger, 16. Oktober 1943.

58 BundesA Berlin, NS 26/950, Aktenvermerk des Hauptarchivs der NSDAP vom 29. Mai 1943.

59 PrivatA Georg Eisenberger Traunstein, Nachlass Eisenberger, Bohl an Eisenberger, 25. September 1943.

60 PrivatA Georg Eisenberger Traunstein, Nachlass Eisenberger, Bohl an Eisenberger, 25. September 1943.

der einzelnen Fraktionen, ihrer Vorsitzenden und Sprecher im Bayerischen Landtag zur Zeit der kritischen und revolutionären Entwicklung verdient stärkere Beleuchtung.“ Deshalb hielt er es für angezeigt, Eisenberger zu raten, „dass Sie Ihre Darstellungen dokumentarisch etwa mit Plakaten, Flugblättern, Bekanntmachungen, Aufrufen, Zeitungsberichten, Briefen belegen können“[61].

Ob Eisenberger noch zu den Überarbeitungen gekommen ist, ist fraglich. Das Exemplar der Lebenserinnerungen, das im Bundesarchiv Berlin aufbewahrt wird und dem Hauptarchiv der NSDAP entstammt, berücksichtigt die Ratschläge des Leiters der Archivalien-Abteilung vom Herbst 1943 jedenfalls nicht und ist deshalb als dasjenige Exemplar anzusehen, das Eisenberger 1939 dem Hauptarchiv überlassen hatte. Darauf basierende Überarbeitungen konnten im Nachlass Eisenbergers nicht ausfindig gemacht werden. Ebenfalls unklar ist das Schicksal des Materials, das Eisenberger dem Hauptarchiv der NSDAP überlassen hat. Außer einem Exemplar seiner Lebenserinnerungen in der Fassung von 1932/1933 findet sich davon im Bundesarchiv nichts mehr. Möglicherweise gliederte Eisenberger die Akten, die er vom Hauptarchiv der NSDAP zur Überarbeitung seiner Lebenserinnerungen zurückbekommen hatte, wenigstens teilweise seinem in Privatbesitz befindlichen Nachlass wieder ein.

Bedeutung und Wert als Quelle

Eisenbergers Lebenserinnerungen besitzen einen hohen Quellenwert. Lebenserinnerungen bäuerlicher Agrarpolitiker aus der Zeit des Kaiserreiches und der Weimarer Republik sind rar[62]. Dabei können gerade sie dazu beitragen, die Kenntnis über ein derart unter dem Primat der strukturgeschichtlichen Perspektive stehendes Forschungsgebiet wie die Geschichte der Agrarpolitik durch Erkenntnisse über die biografisch bedingte Motivation

61 PrivatA Georg Eisenberger Traunstein, Nachlass Eisenberger, Hauptarchiv der NSDAP an Eisenberger, 16. Oktober 1943.

62 Ein mit Eisenbergers Lebenserinnerungen vergleichbares Werk ist lediglich von dem Bauernvereinspolitiker und Reichstagsabgeordneten Sebastian Diernreiter (1875–1956) im Privatarchiv von Josef Dirnreiter in Freiburg im Breisgau bekannt. Diernreiter war Landwirt in Pfaffenham (Bezirksamt Traunstein), Gründer und Leiter mehrerer Genossenschaften, Herausgeber der Zeitschrift Der Motor, Unteroffizier im Ersten Weltkrieg, Mitglied der Kammer der Abgeordneten des Bayerischen Landtages für das Zentrum 1912 bis 1918, Mitglied des Reichstages für die BVP 1920 bis 1932. Vgl. LUIBLE, Vertretung, 62; BERGMANN, Bauernbund, 358.

des Handelns ihrer Akteure zu vertiefen[63] – was vor allem im Hinblick auf die Intensität, mit der sie ihre Forderungen verfolgten, aufschlussreich sein kann.
Für die vorliegende Edition von Eisenbergers Lebenserinnerungen wurde die Fassung ausgewählt, die unter dem Titel „‚Mein Leben für die Bauern'. Erinnerungen eines Bauernführers" im Hauptarchiv der NSDAP aufbewahrt wurde und sich nun unter der Signatur NS 26/950 im Bundesarchiv Berlin befindet. Ihr wurde der Vorzug vor der ersten handschriftlichen Fassung gegeben, da sie in dieser für die Publikation vorgesehenen Form vollständig erhalten ist. Dabei kann diese Version vor allem auch aufgrund der geplanten Publikation im Dritten Reich großes Interesse beanspruchen. Sie zeigt das Ringen eines bereits 1930 in den eigenen Reihen abgedankten Agrarpolitikers um Anerkennung für sein Leben und sein Werk unter den Rahmenbedingungen des Dritten Reiches. Die Grundlage für diese Bemühungen stellte die nicht zu übersehende Kontinuität zwischen der – von Eisenberger mitgestalteten – protektionistischen Agrarpolitik des Kaiserreiches und der Weimarer Republik sowie der autarkistischen des Dritten Reiches dar[64]. Deshalb konnte Eisenberger tatsächlich davon überzeugt sein, was er, der ehemalige Gegner des Nationalsozialismus, im ersten Satz seines Schlusswortes in der Version E behauptete: „Die Bauernbundsbewegung seit 40 Jahren war die wahre Vorkämpferin der heutigen nationalen Bauernvereinigung." Wenn er dadurch die Bauernbundsbewegung zur Vorläuferin und sogar Wegbereiterin der nationalsozialistischen Agrarpolitik stilisiert, ist doch zu berücksichtigen, dass er sich nicht scheute, seine Bemühungen zur Parlamentarisierung der bayerischen Verfassungsordnung und seine pragmatische Mitarbeit am Revolutionsregime offenherzig zuzugeben. Wie wenig Gespür er im Übrigen für das Programm der Nationalsozialisten hatte, zeigt sich daran, dass er die Kritik am politischen Katholizismus in der zweiten Bearbeitungsphase deutlich zurücknimmt, obwohl diese doch dazu geeignet gewesen wäre, die Bauernbundsbewegung gegenüber dem Nationalsozialismus zu rechtfertigen. Schließlich sind die Lebenserinnerungen Eisenbergers nicht zuletzt un-

---

63 Zu diesem Problem vgl. SCHUMACHER, Land, 29.

64 Zur Kontinuität der protektionistischen und interventionistischen deutschen Agrarpolitik über die politischen Zäsuren von 1918, 1933 und 1945 hinweg vgl. FELDENKIRCHEN, Kontinuität, 206–223. Symptomatisch für diese Kontinuität ist gerade die unter Bauernbundsanhängern zu konstatierende Bereitschaft, bereits in den letzten Jahren der Weimarer Republik zur NSDAP zu wechseln, wogegen die engere kirchliche Bindung der Bauernvereinsanhänger eine Schranke bildete. Vgl. BERGMANN, Bauernbund, 345 f.; HOLMES, NSDAP, 195–202; STÄBLER, Weltwirtschaftskrise, 254–257; THURNER, Agrarstruktur, 83–110; HILLE, Radikalismus, 59–77.

ter dem Gesichtspunkt zu betrachten, dass ihre Publikation im Dritten Reich scheiterte, da sie nicht für opportun gehalten wurde.

Gestalt und Inhalt

Die im Bundesarchiv Berlin aufbewahrte Fassung von Eisenbergers Lebenserinnerungen umfasst 45 maschinenbeschriebene Seiten. Das angehängte handschriftliche Schlusswort sechs Seiten. Die handschriftlichen Beilagen, auf die Eisenberger im Text hinweist, sind nicht erhalten. Insofern sie jedoch auf veröffentlichten Parteiprogrammen, Parlamentsdrucksachen und Zeitungsberichten basieren, konnte ihr Inhalt eruiert und im Anmerkungsapparat wiedergegeben werden. Das Stadium, in dem sich das Exemplar befindet, entspricht einer noch nicht redigierten Übertragung vom handschriftlichen Original mittels Schreibmaschine. Dementsprechend enthält es viele Transkriptionsfehler und gestalterische Inkonsequenzen.

Die Lebenserinnerungen umspannen den Bogen von Eisenbergers Geburt im Jahr 1863 bis hin zu den revolutionären Ereignissen im Frühjahr 1919, wobei das Schlusswort auf Ereignisse im Jahr 1920 verweist. Sie gliedern sich deutlich in sieben Teile. Nach dem Vorwort (Manuskript Seite 1 bis 2) beschreibt Eisenberger seine familiären Verhältnisse und seine Schulzeit (Manuskript Seite 2 bis 4). Dabei verweist er zur Rechtfertigung des antiklerikalen Charakters der Bauernbundsbewegung auf erste negative Erfahrungen mit der Geistlichkeit. Anschließend daran geht er auf die Auseinandersetzungen wegen der Forstrechte ein (Manuskript Seite 4 bis 8). Dabei will er den Kampf zwischen den streu-, holz- und weideberechtigten Bauern einerseits sowie den um rationelle Forstbewirtschaftung bemühten Jagdbeamten andererseits als Vorgeschichte zur Entstehung der Bauernbundsbewegung erklären. Im Mittelpunkt des vierten Teils (Manuskript Seite 8 bis 29) steht die Entwicklung der Bauernbundsbewegung zwischen 1893 und 1903 im Spiegel bündlerischer Versammlungen, wobei sich Eisenberger gerade hier auf seine Zeitungsausschnittsammlung stützt. Im nächsten Abschnitt (Manuskript Seite 29 bis 36) wechselt er die Perspektive. Die Wiedergabe von Versammlungsberichten spielt jetzt keine Rolle mehr, im Zentrum steht nun Eisenbergers parlamentarische Tätigkeit, seitdem er im Jahr 1905 in den Landtag einzog. Relevant sind für ihn agrar- und steuerpolitische Themen. Immer schildert er diese unter dem Aspekt der parteipolitischen Auseinandersetzung mit dem Zentrum. Besondere Bedeutung räumt er der Proklamation des Prinzregenten Ludwig (1845–1921) zum König im Jahr 1913 ein. Die ausschlaggebende

Rolle der bündlerischen Abgeordneten aufgrund der dafür nötigen Zweidrittelmehrheit in der Abgeordnetenkammer dient ihm als Beweis der loyalen – und d. h. aus der Rückschau: antirevolutionären – politischen Haltung des Bayerischen Bauernbundes. Bei der Schilderung seiner Abgeordnetentätigkeit während des Krieges stehen dann die Bemühungen zur Parlamentarisierung der Verfassung im Mittelpunkt seiner Darstellung. Den sechsten Abschnitt (Manuskript Seite 36 bis 45) seiner Lebenserinnerungen widmet Eisenberger den revolutionären Ereignissen in München 1918/1919. Gerade hier zeigt sich Eisenbergers pragmatische Einstellung. Ohne besondere emotionale oder weltanschauliche Bindung zur Monarchie ist er bereit, im Interesse der Landwirtschaft mit den Revolutionären zusammenzuarbeiten, während er in der Hoffnung auf ruhige wirtschaftliche Verhältnisse und im Hinblick auf innerbündlerische Flügelkämpfe mit der revolutionsfreundlichen Gruppe um Gandorfer in der Agitation scharfe gegenrevolutionäre Töne anschlug[65]. Einer besonderen Überarbeitung im Sinne der Nationalsozialisten bedurfte dieser Abschnitt also nicht. Anschließend daran versucht Eisenberger in einem handschriftlichen „Schlußwort“ eine Bilanz fünfzehnhundertjähriger bayerischer Agrargeschichte zu ziehen. Dabei benutzt er die damals gültigen Standardwerke historistischer Geschichtsschreibung und spannt einen Bogen der Unterdrückung der Bauern durch Adel und Klerus vom Mittelalter bis zu seiner eigenen Lebenszeit, um die Bauernbundsbewegung als Folge einer langen Geschichte bäuerlicher Unterdrückung darzustellen.

Editionsgrundsätze

Entsprechend dem noch nicht endgültig redigierten Stadium, in dem sich die für die Edition herangezogene Fassung der Erinnerungen Eisenbergers befindet, weist sie viele grammatikalische und orthografische Gebrechen auf. Offensichtliche Transkriptionsfehler, die auf die Übertragung vom handschriftlichen Original zurückgehen, wurden ohne besondere Kennzeichnung verbessert. Grammatikalische und orthografische Unkorrektheiten, bei denen es sich offensichtlich um Eigenheiten des Autors handelt, wurden nicht verbessert. Durchweg verwendete die Schreibkraft, die das handschriftliche Manuskript Eisenbergers transkribierte, aufgrund der technischen Mög-

65 Eisenberger wurde dadurch innerhalb der Bauernbundsbewegung zum hauptsächlichen Protagonisten der „konservativen Wende“ (Hannsjörg Bergmann). Zur Einstellung Eisenbergers zur Revolution vgl. BERGMANN, Bauernbund, 63–88.

lichkeiten der Schreibmaschine kein „ß"[66], was nicht korrigiert wurde und worauf an den betreffenden Stellen auch nicht hingewiesen wird. Um das Verständnis von Eisenbergers Ausführungen zu erleichtern, wurde die uneinheitliche Zeichensetzung der Vorlage dem Standard der 2010 geltenden Rechtschreibregeln angepasst und bisweilen in die Absatzgestaltung der Vorlage eingegriffen. Die Gliederung der Lebenserinnerungen durch Eisenberger wurde jedoch beibehalten. Um ihr eine klare Struktur zu geben, wurden durch eine vorangestellte Nummerierung inhaltlich zusammengehörende Einheiten geschaffen. Hervorhebungen durch Unterstreichungen werden kursiv wiedergegeben.

Biografische Angaben, die im Kommentar keinen Literatur- oder Quellenbeleg aufweisen, stützen sich auf die Große Bayerische Biographische Enzyklopädie, hg. von Hans-Michael Körner, München 2005 bzw. auf die 24 bisher erschienenen Bände der Neuen Deutschen Biographie, hg. von der Historischen Kommission bei der Bayerischen Akademie der Wissenschaften, Berlin 1953 bis 2010.

66 Dies gilt nicht für das handschriftlich überlieferte Schlusswort.

Edition

[1.1] *Vorwort*
des Bearbeiters der Erinnerungen Eisenbergers.

Diese Erinnerungen eines ehemaligen Bauernführers geben einen Einblick in die Parteienwirtschaft, die Deutschland beinahe an den Ruin des Abgrundes gebracht hätte, wäre mit ihr nicht Schluss gemacht worden. Der Bauernbundsführer Georg Eisenberger, der Hutzenauer, wie er nach dem Namen seines Bauernhofes im Ruhpoldinger Berglande genannt wird, will an Hand von Dokumenten und Beispielen zeigen, wie schwer der Bauernstand um seine Existenz im einstigen parlamentarischen „System" ringen musste. Und noch etwas: die Erinnerungen sind ein Stück bayerischer Geschichte überhaupt.

Karl Perktold [1], Traunstein.

Hutzenau bei Ruhpolding, im Herbst 1932

[1.2] *Vorwort.*

Nicht um mich zu überheben und die Verdienste der 40jährigen Bauernbewegung für mich in Anspruch zu nehmen, will ich darangehen, meine politischen Erlebnisse und Erinnerungen seit Anfang der Bauernbewegung niederzuschreiben. Ich bin einer von Denen, der ununterbrochen 40 Jahre in den vordersten Reihen des Kampfes für den von jeher bedrängten bayerischen Bauern- und Mittelstand gestanden. Ich will in kurzen Umrissen die Erfahrungen, die ich selbst gemacht habe, die vielen Verleumdungen und haltlosen Verdächtigungen, die meine Person und meine Familie erdulden mussten, die Beweggründe, die mich bewogen und bestärkt haben, den Kampf gegen die politischen Feinde des Bauern- und Mittelstandes rücksichtslos durchzuführen, wahrheitsgetreu und objektiv niederschreiben. Ich will durch diese meine Zeilen den alten Standesgenossen die Gründe in Erinnerung zurückrufen, aus welchen heraus die Bauernbewegung entstanden ist, welche Hoffnungen ich auf eine zustandekommende Einigkeit des Bauern- und Mittelstandes gebaut und welche Enttäuschungen ich von meinen eigenen Standesgenossen leider erleben musste. Alle Standesgenossen, besonders der jetzigen Generation des

1 Vgl. Einleitung, Anm. 45.

schaffenden Bauern- und Mittelstandes, möchte ich durch die nachfolgenden Zeilen das Gedächtnis auffrischen, dass leider unsere jetziglebende Generation, leider zum grossen Teil der Bauernstand, so schnelllebig und schnellvergesslich ist und nicht mehr weiss, welch *schwere Unterlassungssünden* von Seiten der *ausschlaggebenden* und herrschenden Parteien in den Parlamenten und Regierungen sowie von adeligen und geistlichen Ständen seit Jahrhunderten durch die Gutmütigkeit und Leichtgläubigkeit des Bauernstandes begangen worden sind. Ich will durch meine Zeilen besonders der jungen Generation des Bauernstandes kund geben, dass wir vor 40 Jahren schon auf die Gefahren, denen der gesamte Bauern- und Mittelstand entgegengeht, hingewiesen und die ganze Zeit unsere Standesgenossen aufmerksam gemacht haben, wie die Bauern *an der Nase geführt und politisch betrogen und belogen worden sind.* Wir haben uns politisch nicht auf die faule Haut gelegt, wir haben mit den grössten Anstrengungen keine Mittel unversucht gelassen, den Bauernstand auf den Weg der *Selbständigkeit, Unabhängigkeit und Freiheit zu führen.* Wir sind aber leider trotz unseres besten und ehrlichen Wollens von einem grossen Teil unserer Standesgenossen *im Stich gelassen worden.* Wir wollten die chinesische Mauer, die seit der germanischen Freiheit mit Einführung des Christentums durch das ganze Mittelalter durch und teilweise noch bis zur letzten Zeit aufgerichtet wurde, durchbrechen. Diese chinesische Mauer, über die die Bauern *nicht hinausschauen durften*, bildeten die privilegierten Stände: Adelige, Geistliche usw. [Seite 2] Durch den Anfang der Bauernbewegung wurde die erste Bresche in diese Chinesische Mauer geschlagen. Wir hätten diese Mauer *durchbrechen* können, wenn uns die eigenen Standesgenossen, auf Befehl der privilegierten Stände und unter Anwendung der schofelsten Mitteln, z. B. durch politischen *Missbrauch der Religion*, nicht politisch meuchelmörderisch in den Rücken gefallen wären. Ich will durch meine Ausführungen beweisen, dass die Bauernbewegung nicht, wie uns immer vorgehalten wurde, durch demagogische Hetze entstanden ist, *sondern durch die damalige Not der Zeit* und durch die *Nachlässigkeit* der damals in den Parlamenten vertretenen herrschenden Parteien. Ich will den Beweis liefern, dass die von gewisser Seite so verachtete und verleumdete Bauernbewegung nicht zum Schaden des Bauern- und Mittelstandes und der gesamten Nation gewesen ist; denn die Früchte, an denen die Wespen nagen, sind nicht die schlechtesten. Durch die Bauernbewegung ist manche Mauer umgelegt worden. Vieles noch Schlimmeres ist seit 35 Jahren aus Furcht vor dem Bauernbund verhindert worden. Mein innigster Wunsch ist der, dass meine Erfahrung über die *politische Hinterlistigkeit* gewisser, angeblich recht christlicher Vereine und Parteien der jetzt lebenden und jungen Generation zum Ansporn dienen möchte, sich nicht auf die Gunst anderer Stände in der Vertretung der parlamentarischen Interessen zu verlassen. Wenn dem Bauernstand an *Gut und Freiheit, Recht und Sicherheit* und Selbständigkeit für seine Familie, die heimatliche Scholle und seine Nachkommen noch einigermassen etwas am Herzen liegt, so muss er unbedingt daraus die Lehre ziehen, dass in der ganzen Bauernbewegung (wenn auch Fehler wie überall gemacht worden sind) ein guter *idealer* Kern enthalten war. Möchten die Leser meiner Aufschreibungen nicht vergessen, dass eine Besserung für den Bauernstand nur auf dem Weg der *Unabhängigkeit und Selbständigkeit* zu suchen und zu finden ist. Der Bauern- und Mittelstand muss aus seiner Vergessenheit *herausgehen* und dran denken, wer seit Jahrhunderten seine *Bedrücker und Schinderknechte* waren, welche Mittel angewendet wurden, um den Bauernstand von seiner ursprünglichen Freiheit in die tiefste Bedrückung, in das schmählichste Elend und zuletzt in die grausamste Leibeigenschaft zu bringen. Den Leser, besonders den gelehrten Leser, der in meiner Niederschrift wissenschaftliche und pikante Sätze sucht und nicht findet, möchte ich um Rücksicht bei der Beurteilung bitten.

Hutzenau bei Ruhpolding 1933.
Der Verfasser.

[2.] *Einleitung.*

Meine Heimat liegt in der vom Dorfe Ruhpolding[2] eine halbe Stunde entfernten Ortschaft Hutzenau. Meine Eltern hatten einen Mittelbesitz, ein Bauernanwesen mit 36 Tagwerk[3] Wiesen und 9 Tagwerk Wald mit Forst- und Weiderechten. In der ca. 3000 Einwohner zählenden Gemeinde Ruhpoldings gibt es fast nur bäuerlichen Mittel- und Kleinbesitz. Im ganzen sind blos 5 Bauern da, die über 100 Tagwerk einschliesslich des Waldes besitzen. Die Haupteinnahmen der Bauern bestehen aus der Viehzucht, Milchprodukten und Holz, teilweise auch durch Nebenverdienst: durch Holzabfuhr aus den Staatswaldungen. Eigemtumswaldungen besitzen die Bauern nicht viel. Ein grosser Teil der Bauern besitzt überhaupt keine Waldungen. Die Bauern in Ruhpolding wie in anderen Gebirgsorten können ihre Existenz nur durch ernste Arbeitsamkeit und grossen Fleiss erhalten. Die Bauern von Ruhpolding und zum grossen Teil im ganzen bayerischen Hochgebirge waren allerdings früher Eigentümer der jetzigen Staatswaldungen. Dieselben wurden

2 Bezirksamt Traunstein.
3 Ein bayerisches Tagwerk entspricht 0,3407 Hektar.

aber den gutmütigen, im Lesen und Schreiben unkundigen Bauern grösstenteils schon vor 200 Jahren, die letzten noch vor 120–100 Jahren, durch die Spitzfindigkeit und teilweise Böswilligkeit des Forstfiskus *abgestrikt.* Dafür bekamen die Bauern im Tauschwege das zum Anwesen benötigte Bau-, Nutz- und Brennholz, Streubezug- und Weiderechte gegen eine geringe Eigenleistung an den Fiskus.
[Seite 3] Von 1869–1876 besuchte ich die Werktagsschule (Halbtagsschule), von 1876–79 die Feiertagsschule und bekam in allen Fächern der Schulzeugnisse die besten Noten, die ein Schüler bekommen konnte. Meine Eltern[4] waren streng religiös, besonders mein Vater, der Mitglied des Dritten Ordens[5] war. Sie mussten sehr sparsam leben, zumal mein Vater seit Ende der 70ziger Jahren an Gelenkrheumatismus zu leiden hatte.
Auf Wunsch meines Vaters wurde ich 1872 Ministrant. Am Lernen hatte ich grosse Freude, ich wollte mehr lernen, ich wollte studieren, nach meiner damaligen Ueberzeugung katholischer Geistlicher werden, weil ich besonders am Predigen grosses Interesse hatte. Als Ministrant dachte ich mir immer: „Da könntest von der Kanzel auf die gläubigen Zuhörer tüchtig losziehen und die dürfen nichts sagen." Der damalige in Ruhpolding tätige Kooperator S.[6] hat meinen Wunsch, zu studieren, kräftig unterstützt. Er sagte öfters: „Um Deine Talente ist es schade!", „Du musst studieren!", „Magst du kein Geistlicher werden?" usw. Mein Vater, obwohl er sonst sehr streng religiös war, war gegen meinen Wunsch, Geistlicher zu werden. Es war dies selbstverständlich von ihm; denn Barvermögen hatte er keines, eher noch Schulden, ausserdem war er immer kränklich, so dass er schwere Arbeit nicht verrichten konnte. Mein einziger Bruder war um 10 Jahre jünger[7], meine einzige

4 Georg und Anna, geb. Oberhauser von Vorderrausch. Vgl. EISENBERGER, Eisenberger, 6. Nach Angaben von Georg Eisenberger, Urenkel des Bauernbundspolitikers, wohnhaft in Traunstein, heirateten sie am 30. September 1867. Das bedeutet, dass der am 28. März 1863 geborene Georg Eisenberger ein uneheliches Kind war. Den Eltern war eine Heirat aber aufgrund der gesetzlichen Bestimmungen nicht möglich, solange ihnen der Hof nicht übergeben war. Vgl. Friedrich LINDNER, Die unehelichen Geburten als Sozialphänomen. Ein Beitrag zur Statistik der Bevölkerungsbewegung im Königreiche Bayern (Wirtschafts- und Verwaltungsstudien mit besonderer Berücksichtigung Bayerns 7), Leipzig 1900, 38 f.

5 Terziaren, Zusammenschluss von Laien, die sich verpflichten, ihr Leben an den Regeln eines Ordens auszurichten, ohne in ein Kloster einzutreten. Am weitesten verbreitet waren franziskanische Gemeinschaften. Vgl. Leonhard LEHMANN, Terziaren, Terziarinnen, in: Lexikon für Theologie und Kirche Bd. 9, Freiburg im Breisgau [3]2000, 1349–1352.

6 Georg Seibert, Kooperator in Ruhpolding 1868 bis 1876. Vgl. BERGMAIER, Ruhpolding, 43.

7 Josef Eisenberger, geb. am 2. November 1873, gest. am 3. März 1915 (frdl. Mitteilung des Pfarrarchivs Ruhpolding), er arbeitete als Knecht zeitlebens auf dem elterlichen Betrieb

Schwester ist im Kindesalter gestorben[8], so hatten meine Eltern in der Arbeit keine andere Hilfe zu erwarten als die meinige, trotzdem ich mich von meinem Wunsch, Geistlicher zu werden, [nicht] abbringen lassen wollte. Der damalige Ortspfarrer R.[9] von Ruhpolding stand auf Seite meines Vaters. Er gab mir den Rat: „Du musst als Stütze Deines Vaters und des Hofes zu Hause bleiben." Als ich meinen Willen, Geistlicher zu werden, absolut durchzusetzen versuchte, kam mir der Herr Pfarrer dadurch entgegen, dass er mir vom Sommer 1876 an Unterrichtsstunden im Lateinischen gab. Er war sehr streng zu mir. Bei dem geringsten Fehler griff er in meine Kopfhaare und an die Ohren, um mir nach dem Willen meines Vaters das Studieren zu verleiden. Zu Hause liess mir mein Vater auch sehr wenig Zeit zum Lernen. Ich lernte unverdrossen weiter, musste dazu viele Nächte und Feiertage benützen. Trotz meiner Halbtags-Volksschulbildung ging es in der Übersetzung vom Deutschen ins Lateinische gut vorwärts. Am 7. August 1877 kam ich zur Aufnahmeprüfung nach München. Dieselbe fand im erzbischöflichen Palais statt. Es waren 120 Schüler zur Aufnahmeprüfung erschienen, jedenfalls jeder mit besserer Volksschulbildung als ich. Die Prüfung verursachte in mir grosse Angst. Zudem mussten wir einen deutschen Aufsatz in's Lateinische übersetzen. Es waren damals für die 120 Schüler nur 22 Freiplätze zur Aufnahme vorhanden. An dem Prüfungstag konnte ich von dem Resultat meiner Arbeit nichts erfahren, sodass ich mit zweifelhaften Gedanken heimfahren musste. Am nächsten Sonntag erklärte mir mein Ortspfarrer: „Eisenberger, Du bist durchgefallen, d. h. Du bekommst keinen Freiplatz. Du musst entweder zum Studieren nach Landshut oder Burghausen[10], das kostet dem Vater zu viel Geld, es ist besser, Du bleibst zu Hause und wirst einmal ein tüchtiger Bauer." Ich antwortete dem Ortspfarrer: „Wenn meine Kenntnisse zu einem Freiplatz nicht gereicht haben, mag ich gar nicht mehr studieren und bleibe zu Hause." Der Herr Pfarrer wird dann an die hier zuständige Behörde berichtet haben, dass ich nicht mehr studieren will. Zirca drei Wochen nach der Aufnahmeprüfung kamen meine Papiere mit dem Ergebnis der Aufnahmeprüfung zurück, in welchem es wörtlich hiess: „Gg. Eisenber-

---

(frdl. Mitteilung von Georg Eisenberger, Traunstein, dem Urenkel des Bauernbundspolitikers).

8 Anna Eisenberger, geb. am 30. April 1869, gest. am 8. März 1872 (frdl. Mitteilung des Pfarrarchivs Ruhpolding).

9 Georg Riggauer (1834–1889), Pfarrer in Ruhpolding 1872 bis 1882. Vgl. BERGMAIER, Ruhpolding, 40.

10 Standorte staatlicher Gymnasien, an denen keine kirchlichen Freiplätze zu vergeben waren.

ger, Freiplatz Schayern[11]." Auf diese Weise hat es mein Vater mit Hilfe des Ortspfarrers durchgesetzt, mich vom Studieren abzuhalten. Ich habe mich allerdings nicht leicht in die Lage hineingefügt. Ich war damals ein strenggläubiger Knabe, aber ein sonderbarer innerer Zweifel ist mir dabei aufgetaucht, ob die Handlung des damaligen Ortspfarrers mit den Geboten Gottes zu vereinbaren sei. Ich habe dann bis zum zwanzigsten Lebensjahr im Anwesen meines Vaters infolge seiner Kränklichkeit viel arbeiten müssen. An Vergnügen, Lustbarkeit und Wirtshausbesuch usw. hatte ich kein Interesse, hätte auch vom Vater nicht das nötige Geld dazu bekommen. Zum Militär wurde ich dreimal ausgemustert, das letzte Mal 1885 als Ersatz-Reservist I. Klasse für den Kriegsfall, infolge der Reklamation meines kranken Vaters. Mir war es persönlich nicht recht, dass ich zum aktiven Heeresdienst nicht einberufen wurde, weil ich immer den Drang in mir hatte, mehr zu lernen und in der Welt etwas zu [Seite 4] sehen. Vom Jahre 1885–92 war ich neben den landwirtschaftlichen Arbeiten beim väterlichen Anwesen zum Nebenverdienst für meine Eltern im Staatsforst als Arbeiter tätig. Im Mai 1892 hatte ich das väterliche Anwesen übernommen. Am 1. August 1892 heiratete ich[12]. Von meinem 14. Lebensjahr bis zu meiner Verheiratung habe ich meine freie Zeit dazu benützt, geschichtliche Werke zu lesen, unter anderem die Geschichte des Bauernkrieges 1525 von Dr. Zimmermann[13] usw. Politisch habe ich mich damals für die Zentrumspolitik eines Windhorst[14] usw. interessiert.

---

11 Erzbischöfliches Knabenseminar im Benediktinerkloster Scheyern (Bezirksamt Pfaffenhofen an der Ilm). Vgl. Anselm REICHHOLD, Chronik von Scheyern. Von den ersten Anfängen bis zur Gegenwart, Weißenhorn 1998, 371.

12 Seine Gattin war Anna Maria Dagn (geb. 1868) von Grabenhäusl, Gemeinde Ruhpolding. Vgl. BERGMAIER, Ruhpolding, 404 und 581.

13 Wilhelm ZIMMERMANN, Großer Deutscher Bauernkrieg. Illustrierte Volksausgabe, Stuttgart 1890. Zimmermann (1807–1878) war Historiker, linksliberaler Politiker und prot. Pfarrer. Seine Bauernkriegsmonografie stellt sein erfolgreichstes Werk dar. Vgl. Roland MÜLLER – Anton SCHINDLING (Hg.), Bauernkrieg und Revolution. 200 Jahre Wilhelm Zimmermann – ein Radikaler aus Stuttgart (Veröffentlichungen des Archivs der Stadt Stuttgart 100), Stuttgart 2008.

14 Ludwig Windthorst (1812–1891), führender Politiker der Zentrumspartei, der politischen Vertretung kath. Interessen im Deutschen Reich. Vgl. Bernd HAUNFELDER, Reichstagsabgeordnete der Deutschen Zentrumspartei 1871–1933. Biographisches Handbuch und historische Photographien (Photodokumente zur Geschichte des Parlamentarismus und der politischen Parteien 4), Düsseldorf 1999, 284.

[3.] *Anfang meiner politischen Tätigkeit bis zum Eintritt in das öffentliche Leben.*

In den achtziger Jahren des vorigen Jahrhunderts kümmerten sich die Bauern, besonders im bayerischen Hochgebirge, noch wenig um Politik. Bei den Wahlen war das Zentrum früher ultramontan. Die Gegenpartei, die Liberalen, hatten in Altbayern mit Ausnahme im Allgäu[15] wenig Anhang. Ihre Anhänger waren in den Städten und in Nordbayern zu suchen. Im bayerischen Hochgebirge wurden für die Liberalen wenig Stimmen abgegeben, höchstens von einigen Forstbeamten. Obwohl in den achtziger Jahren ein grosser Teil der Landbevölkerung mit der Vertretung ihrer Interessen durch die Zentrumspartei nicht mehr zufrieden war, so folgten die katholisch-gläubigen Bauern bei den Wahlen der Agitation der politisierenden Geistlichen, welche damals das Zentrum als die alleinseligmachende und einzig richtige Bauernpartei hinstellten. Die Plagen der Gebirgsbauern bestanden grösstenteils in der Auswirkung der schädlichen Forst- und Jagdgesetzgebung. In Bezug auf das vom Jahre 1852 stammende Forstgesetz[16], welches zu Gunsten der feudalen Waldbesitzer geschaffen wurde, fühlten sich die Bauern schon in den 70 und 80iger Jahren des vorigen Jahrhunderts in ihren Forstrechten (Holz-, Weide- und Streurecht) durch den Forstfiskus sehr beeinträchtigt. Andererseits wurde die Wut der Bauern noch mehr erregt und mit Recht durch das vom Jahre 1850 stammende Jagdgesetz[17], welches gestattete, das Wild zu Gunsten und zum Vergnügen feudaler, hoher Herren ganz übermässig zu hegen und zu schonen, sodass die Bauern besonders im Gebirge dadurch an ihren Wiesen und Feldern grossen Schaden erlitten hatten, *ohne dafür eine Entschädigung zu bekommen.* Die Bauern waren wohl über die immer steigende Belastung unzufrieden. Die Unzufriedenheit wurde aber von der politischen Geistlichkeit immer wieder beschwichtigt mit dem Hinweis, dass das Zentrum für die Interessen der Bauern sorgen wird. Mitte der achtziger Jahre hatte sich der damalige Zentrumsabgeordnete Dr. Rittler[18] im bayeri-

---

15 Zur liberalen Insel im katholischen Allgäu vgl. THRÄNHARDT, Wahlen, 71–78.

16 Forst-Gesetz vom 28. März 1852, in: Gesetz-Blatt für das Königreich Bayern vom 2. April 1852, 69–167. Zur Problematik des Gesetzes vgl. HOCHBERGER, Bauernbund, 15–24.

17 Gesetz, die Ausübung der Jagd betreffend, in: Gesetz-Blatt für das Königreich Bayern vom 2. April 1850, 117–130. Zur Problematik des Gesetzes vgl. HOCHBERGER, Bauernbund, 15–24.

18 Dr. Alois Rittler (1839–1890), kath. Priester, Redakteur, Bayerische Patriotenpartei (ab 1887 fraktionslos), Mitglied der Kammer der Abgeordneten 1875 bis 1890, ab 1881 für den Wahlkreis Traunstein, gemeinsam mit Sigl an der Errichtung einer Katholischen Volkspartei beteiligt. Vgl. MÖCKL, Prinzregentenzeit, 68–72.

schen Landtag mit dem damaligen liberalen Kultusminister Lutz[19] in Religionsfragen als Kultusreferent überworfen, weil Lutz kulturkämpferische Gelüste hatte. Dadurch ist Dr. Rittler bei der damaligen liberalen Regierung in Ungnade gefallen und ist zur Strafe nach dem Wallfahrtsort Maria Eck in der Nähe von Ruhpolding versetzt worden. Dr. Rittler vertrat neben dem bäuerlichen Abgeordneten Spett[20] in St. Zeno bei Reichenhall seit dem Jahre 1881 den Wahlkreis Traunstein-Reichenhall-Berchtesgaden im bayerischen Landtag. Dr. Rittler war neben dem fränkischen Pfarrer Hausmann[21] der einzige Abgeordnete im Landtag, der sich um die berechtigten Klagen der forstberechtigten Bauern annahm und bei der Regierung vertrat und zahlreiche Beschwerden der Gebirgsbauern Geltung verschaffte. Dadurch stand Dr. Rittler bei den Bauern hoch in Ehren. Im Jahre 1887 war Neuwahl zum bayerischen Landtag. Die Bauern im Wahlkreis Traunstein wollten ihren bisherigen bewährten Abgeordneten Dr. Rittler wieder als Kandidaten aufstellen. Ein grosser Teil der Geistlichkeit des Wahlkreises war anderer Ansicht und gegen die Kandidatur Dr. Rittlers, obwohl Dr. Rittler selbst katholischer Geistlicher war und vom Prinzregenten zum Lyzealrektor von Regensburg ernannt wurde[22] und vor Jahren im bayerischen Landtag durch sein Auftreten gegen den Kultusminister Lutz die Religion ganz energisch vertreten hat. Trotzdem ist Rittler in Ungnade gefallen. Seine Verdienste um die katholische Kirche sind schnell vergessen worden. Das Traunsteiner Wochenblatt schrieb damals in Nr. 68 vom 21. Mai 1887[23] folgendes: In Waging[24] haben am 10. Mai *10–12 Geistliche sich versammelt und einen Beschluss gefasst*, in den Wahlkreis Traunstein, der damals 58 000 Seelen umfasste, *Dr. Rittler nicht mehr aufzustellen*, mit dem Hinweis, [Seite 5] es seien wichtige Gründe ge-

19 Johann von Lutz (1826–1890), 1869 bis 1890 bayerischer Staatsminister des Innern für Kirchen- und Schulangelegenheiten, als solcher war er im Kulturkampf zwischen kath. Kirche und Staat der maßgebende Protagonist der weltanschaulich liberalen bayerischen Staatsbürokratie.

20 Josef Spett (1822–1904), Landwirt und Bürgermeister von St. Zeno bei Bad Reichenhall, Bayerische Patriotenpartei (ab 1887 Zentrum), Mitglied der Kammer der Abgeordneten 1877 bis 1892. Vgl. Bayerischer Landtags-Almanach vom Jahre 1887, Elberfeld 1887, 94.

21 Wohl Adam Haus (1836–1895), kath. Pfarrer von Wörth am Main (Bezirksamt Obernburg), Bayerische Patriotenpartei (ab 1887 Zentrum), Mitglied der Kammer der Abgeordneten 1881 bis 1895. Vgl. HARTMANNSGRUBER, Patriotenpartei, 126.

22 Im Dezember 1884, möglicherweise als Belohnung für die Mäßigung seines regierungsfeindlichen Kurses. Vgl. MÖCKL, Prinzregentenzeit, 69 f.

23 Hier irrt Eisenberger. Die am 21. Mai 1887 erschienene Ausgabe des TW ist als Nr. 61 erschienen. Sie enthält keinen Hinweis auf die erwähnte Waginger Versammlung, ebensowenig wie die Nr. 68 vom 7. Juni 1887. Einen Hinweis auf die Versammlung in Waging bringt dagegen die Nr. 62 vom 24. Mai 1887.

24 Bezirksamt Laufen.

gen Dr. Rittler vorhanden. Die Gründe waren, dass *Rittler im Landtag seine eigene Meinung vertrat und nicht nach der Pfeife der damaligen Zentrumsgrössen Kopp*[25] *und Walter*[26] *tanzte*. Es wurde eine Hetze gegen Dr. Rittler, besonders von einem grossen Teil der politisierenden Geistlichen, getrieben, die ich im Einzelnen wegen seiner Würdelosigkeit gar nicht niederschreiben will. Z. B. wurde von den Geistlichen damals gesagt: „Ein Landtag mit lauter *grossen Rednern und vielen grossen Gelehrten* ist weder notwendig noch geschäftsfördernd." (Jetzt sagen die gleichen Herrn das Gegenteil.) Es wurde dann gegen Dr. Rittler Fürst Löwenstein als Gegenkandidat aufgestellt[27]. Löwenstein war Protestant und war vor kurzer Zeit zur katholischen Religion übergetreten. Er war ein geborener Württemberger und nur kurze Zeit in Bayern, wodurch er die Verhältnisse des Wahlkreises unmöglich genau kennen konnte. Von den Gegnern Rittlers wurde unter der Landbevölkerung ein Wahlkatechismus verteilt mit 12 Fragen[28]. Dr. Rittler wurde von den Geistlichen im Wahlkreis als Liberaler und abtrünniger Zentrumsmann hingestellt. Dagegen Löwenstein als erfahrener und gebildeter Mann, als guter Redner, ein überzeugungstreuer Katholik, gerecht und beliebt von allen und man wies auf seine Ehrenbürgerschaft von Grabenstätt[29] hin. Am Schluss des Wahlkatechismus hiess es:

„Fürst Löwenstein von Grabenstätt
von St. Zeno den Spett,
das sind unsere Mannen
den Rittler wählen wir net."

---

25 Julius Kopp (1823–1892), Bezirksgerichtsdirektor, Bayerische Patriotenpartei, Mitglied der Kammer der Abgeordneten 1875 bis 1886. Vgl. HARTMANNSGRUBER, Patriotenpartei, 410.

26 Johann Baptist Ritter von Walter (1831–1900), Oberlandesgerichtsrat in München, Bayerische Patriotenpartei (ab 1887 Zentrum), Mitglied der Kammer der Abgeordneten 1875 bis 1899, deren Präsident 1893 bis 1897. Vgl. KÜRSCHNER, Landtag, 78.

27 Hierbei handelt es sich laut TW vom 18. Juni 1887 um den Grabenstätter Gutsbesitzer Leopold Prinz von Löwenstein-Wertheim-Freudenberg (1827–1893). Vgl. zu ihm Grabenstätt. Ein Geschichts- und Häuserbuch, Grabenstätt 1992, 147. Dieser ist nicht zu verwechseln mit dem bekannten Zentrumspolitiker Karl Heinrich Fürst zu Löwenstein-Wertheim-Rosenberg (1834–1921, Gutsbesitzer, Mitglied der Kammer der Reichsräte 1856 bis 1908, Mitglied des Reichstags 1871/1872). Vgl. zu ihm Alfred FRIESE, Karl Fürst zu Löwenstein-Wertheim-Rosenberg. Führer der deutschen Katholiken, 1834–1921, in: Sigmund Freiherr von PÖLNITZ (Hg.), Lebensläufe aus Franken Bd. 6, Würzburg 1960, 382–394.

28 TW vom 21. Juni 1887.

29 Die Ehrenbürgerwürde wurde ihm laut TW vom 21. Juni 1887 am 12. Juni einstimmig verliehen.

Dr. Rittler war von diesem Tun und Treiben seiner geistlichen Standesgenossen wenig erbaut. Er erliess in der Nr. 73 1887 im Traunsteiner Wochenblatt eine geharnischte Erklärung gegen die geistlichen politischen Wahlumtriebe, in der es zum Schlusse hiess: „Gegen den Mann, den wir hassen, ist alles erlaubt.“ Am Tage vor der Wahl wurde in Grabenstätt und Übersee noch Freibier mit Brot und Würsten an die Wähler verabreicht und vom Fürst Löwenstein bezahlt, mit dem Hinweis, dass morgen die Leute recht zahlreich zur Wahl gehen sollten usw. Trotzdem ist am 12. Juni bei der Hauptwahl[30] Dr. Rittler mit grosser Mehrheit als Sieger hervorgegangen, weil ihm sämtliche Gebirgsbauern sowie die Bürger der Stadt Traunstein die Treue gehalten haben. Dieses Vorgehen war für mich damals als 24jähriger Bursche ein Ansporn, zur Aufklärung beizutragen, *dass die Bauern wie der gesamte Mittelstand selbständig zu denken anfangen müssen und dass sie sich nicht immer von anderen Ständen, besonders von den politisierenden Geistlichen und Beamten, bevormunden und an der Nase herumführen lassen sollen und dürfen*. Dr. Rittler ist dann am 4. August 1890 als Lyzealrektor und seit 15 Jahren Landtagsabgeordneter im Alter von 52 Jahren gestorben. Zu erwähnen ist noch, dass Dr. Rittler Mitte der achtziger Jahre mit Dr. Ratzinger[31] eine *bayerische Volkspartei* gründen wollte[32], weil sie die damalige Zentrumspolitik als *wirklich katholische Priester und ehrliche Stellvertreter auf die Dauer nicht mehr verantworten konnten*. Nach dem Tode Rittlers kam der Grund- und Gasthofbesitzer Hofstätter[33] von Teisendorf in den bayerischen Landtag. Derselbe konnte aber die Klagen der Landwirtschaft sowie die Beschwerden der Forstberechtigten im Gebirge nicht vertreten, weil er sich dem Fraktionszwang des kohlschwarzen Zentrums unterwerfen musste und als gewöhnlicher Bauer und Geschäftsmann nichts zu schnabeln hatte, was ja heute leider bei der bayerischen Volkspartei[34] auch noch zum grössten Teil Gang und Gebe ist. Der Bauern- und Mittelstand war damals politisch ganz hilflos der Willkür der beiden herrschenden Parteien Zentrum und Liberalen ausgeliefert, sodass die Unzufriedenheit nicht nur im Gebirge

---

30 Die Kammer der Abgeordneten des Bayerischen Landtags wurde nach einem indirekten Wahlsystem gewählt. Zunächst wurde von der wahlberechtigten Bevölkerung ein Wahlmännergremium gewählt, das wenige Wochen später zusammentrat, um den Abgeordneten eines Wahlkreises zu küren. Zum bayerischen Landtagswahlrecht vor 1918 vgl. Anm. 281.

31 Vgl. Einleitung, Anm. 33.

32 Zu diesem Plan vgl. HARTMANNSGRUBER, Patriotenpartei, 322–335.

33 Franz Xaver Hofstätter (geb. 1838), Landwirt, Gastwirt und Bürgermeister von Teisendorf (Bezirksamt Laufen), Zentrum, Mitglied der Kammer der Abgeordneten 1891 bis 1899. Vgl. KÜRSCHNER, Landtag, 19.

34 Bayerische Volkspartei, gegründet im November 1919 als Nachfolgepartei der Bayerischen Zentrumspartei. Vgl. SCHÖNHOVEN, Volkspartei.

sondern auch auf dem Lande in ganz Altbayern immer größer wurde. Im Gebirge wurden die Bauern bezw. die Forstberechtigten durch den Forstfiskus in der Ausübung der Rechte immer mehr eingeschränkt, ja manche Forstbeamte schikanierten die Rechtler in der gemeinsten Weise. Ich kann mich erinnern, dass Ende der achtziger Jahre, im Frühjahr beim Holzanweisen, im Staatswalde ein Rechtler sich darüber mit Recht beschwerte, dass der Bauholzstamm für seine Bedürfnisse zu klein sei, er hätte das verbriefte Recht einen grösseren Stamm zu bekommen. *Darauf sagte der Forstbeamte: „Sie Saubauer, wenn Sie nochmals sagen, Sie haben ein Recht, dann schlag ich* [Seite 6] *Sie zu Boden.“* Es kamen Fälle vor, Ende der achtziger Jahre, dass sich die Bauern aus dem Staatswalde ihre lebensnotwendige Laubstreu[35] holten, zum Bezug derer sie laut Urkunden berechtigt waren, die Bauern wurden mitten im Tag nach Hause gejagt, weil sie trotz ihres alten Streubezugrechtes bei den betreffenden Forstbeamten nicht zuerst um Erlaubnis gebettelt hatten. (Der betr. Forstbeamte hatte oft Stunden weit weg seinen Amtssitz, sodass es den streuberechtigten Bauern unmöglich war, den betr. Forstbeamten zuerst untertänigst zu bitten.) Ferner wurden streuholende Bauern aus dem Walde mitten unter der für sie so notwendigen Arbeit aus dem Staatswalde vertrieben, mit dem Hinweis, dass es heute und noch mehrere Tage im Walde ruhig sein muss, *weil hohe Forst- oder Ministerialbeamte in dem betr. Revier auf der Jagd anwesend sind und das Wild nicht verscheucht werden darf.* Die meisten Bauern hatten anfangs des vorigen Jahrhunderts von ihren Wald- und Forstrechten noch Urkunden in ihren Häusern aufbewahrt. Die Forstbehörde hatte es aber verstanden, im Auftrage der Regierung vielen Bauern diese Urkunden herauszuschwindeln. *Alte Männer von Ruhpolding, z. B. Johann Bichler, Bauer in Brand, geb. 30. 8. 1820*[36], *Johann Fellner, Bauer in Froschsee, geb. 13. 6. 1816*[37], *erklärten im Jahre 1891 eidlich vor Gericht, dass sie sich mit aller Bestimmtheit erinnern können, dass Ende der Zwanziger Jahre durch den damaligen Schullehrer von den Kindern gefordert wurde, alte Urkunden, darunter alte Forstrechtsurkunden mit [einem in] einer Holzkapsel angehängten Churfürstlichen Siegel zur Schule zu bringen, wo*

---

35 Laub, das aus Mangel an Getreidestroh als Einstreu in den Viehställen diente; da das Laub als Humuslieferant für die Fruchtbarkeit des Waldbodens von ausschlaggebender Bedeutung ist, versuchten die Forstbehörden das Sammeln des Laubes als Streu einzuschränken. Vgl. Gustav RAMANN, Die Waldstreu und ihre Bedeutung für Boden und Wald nach dem gegenwärtigen Stande der Wissenschaft und eigenen Untersuchungen, Berlin 1890.

36 Johann Baptist Bichler (1820–1897), gen. Butzenbauer, in Brand, Gemeinde Ruhpolding. Vgl. BERGMAIER, Ruhpolding, 325.

37 Hierbei handelt es sich um Johann Baptist Fellner (1816–1890), Bauer am Unterrauchenbichl (nicht in Frossee), Gemeinde Ruhpolding. Vgl. BERGMAIER, Ruhpolding, 422 und 424.

diese Urkunden in Gegenwart des Schullehrers und Forstmeisters Dillis[38] *eingeliefert wurden. Die alten Männer konnten sich vor Gericht noch gut erinnern, dass der kgl. Forstmeister die Kinder gelobt hat, als sie einzeln die Urkunden zum Tisch des danebensitzenden Forstmeisters übergeben hatten. Die Urkunden sind jedoch nicht mehr zurückgegeben worden und seitdem verschwunden.* Nach den Urkunden hätten die forstberechtigten Bauern gesundes und grünes Brennholz aus dem Staatswald zu bekommen. Statt dessen wurde den Bauern dürres, halbverfaultes Brennholz angewiesen. Den Bauern wollte man trotz seines alten Rechtes das Vieh nur im beschränkten Masse auf die Weide treiben lassen. Die Tiere wurden oft in unberechtigter Weise von den Forstbeamten von der Weide weggetrieben, in den Pfandstall verbracht und die Bauern bekamen nicht selten Strafzettel obendrein. Die Bauern wendeten sich infolge dieser ganz unberechtigten Schikane von Seite der Forstbeamten mit Bittschriften und Petitionen an die Regierungsforstkammern und Ministerialforstabteilung, fanden aber überall taube Ohren. Das Tieftraurige bei dieser Bauernschikaniererei bestand darin, dass die *damalige bayerische Regierung mit der Unterdrückerei der forstberechtigten Bauern im Gebirge von Seite der Forstbeamten einverstanden war.* Im Jahre 1891 sagte der damalige, als Bedrücker der Forstberechtigten bekannte Oberforstrat Döderlein[39] zum damaligen Bürgermeister von Ruhpolding[40]: *„Solange Se. kgl. Hoheit der Prinzregent auf unserer Seite (der Forstbehörde) ist, dürfen Sie tun was Sie wollen, Sie werden nichts erreichen.“* Daher war es nicht zu verwundern, wenn sich die Forstbeamten gegenüber den Berechtigten manche ungerechte Behandlung sich erlauben konnten, z. B. der damalige Forstmeister Diepold von Reit im Winkel[41] hat die Bauern aufgefordert, *ihre Unterschrift auf unbeschriebene Bögen* abzugeben, zur Anerkennung der von den Forstbehörden aufgestellten neuen Forstkatastern. *(In den neu-*

38 Joseph Dillis (geb. 1775), Mitglied einer weitverzweigten Försterfamilie – aus der auch der bekannte Maler Johann Georg von Dillis (1759–1841) entstammt –, seit 1804 als Forstmeister und Oberförster Vorstand des Forstamtes Ruhpolding. Vgl. Allgemeine Forst- und Jagdzeitung vom 19. Januar 1830; BERGMAIER, Ruhpolding, 573.

39 Otto Döderlein, Forstrat in der Forstabteilung der Regierung von Oberbayern, später Abteilungsleiter, Träger des Verdienstordens vom Hl. Michael IV. Klasse. Vgl. Hof- und Staatshandbuch des Königreichs Bayern 1892. Nach dem Stande vom 5. Juli 1892, München o. J., 79 und 413.

40 Anton Pointner (1844–1932), gen. Kleingstatter, Landwirt von Ruhpolding, dort Bürgermeister 1882 bis 1893, Zentrum, Mitglied der Kammer der Abgeordneten 1899 bis 1907. Vgl. BERGMAIER, Ruhpolding, 362 und 545.

41 August Diepold, Forstmeister, Vorstand des Forstamtes Reit im Winkel (Bezirksamt Traunstein). Vgl. Hof- und Staatshandbuch des Königreichs Bayern 1890. Nach dem Stande vom 1. Juni 1890, München o. J., 401.

en Forstkatastern war ein grosser Teil der alten Rechte gestrichen.) Auf der einen Seite damals Schmälerung der Bauern durch die Kürzung der Rechte, auf der anderen Seite Vermehrung der Ausgaben durch Erhöhung der Steuern, Versicherungsbeiträge, Mehrausgaben für wachsende Militärlasten, dazu noch die Mehrausgabe anfangs der neunziger Jahre in Bayern für die gänzlich überflüssige, vom Zentrum damals im Landtag *beantragte* Aufbesserung der Minister und höchsten Beamten[42]. Es kam auch vor, dass die Bauern, wenn sie sich bei den zuständigen Oberforstbehörden über ihre Rechtsbeschränkung beschwerten, von manchen Forstbeamten noch mehr schikaniert wurden. Viele Bauern mussten sich diese Schikane ruhig gefallen lassen, weil sie auf der anderen Seite von den Forstbeamten wegen des Nebenverdienstes im Staatsforst abhängig waren. Auf diese Weise mussten viele Bauern mit der geballten Faust in der Tasche diese Schindereien sich gefallen lassen.
Im Jahre 1892 kam nach Ruhpolding ein Herr zum Sommeraufenthalt, der bei Gg. [Seite 7] Zeller in Mayergschwend[43] wohnte. Dieser Herr war der damalige freiresignierte Dr. Kleitner[44], früherer Professor am Kadettenkorps und Gemeindebevollmächtigter[45] [in München] und Mitglied des oberbayerischen Landrates[46] in München. G. Zeller war damals einer von den wenigen Bauern, die ihre Meinung frei und selbständig zum Ausdruck zu bringen sich trauten und die Interesselosigkeit der damaligen Zentrumspartei in der Vertretung für den Bauern und Mittelstand durchschaut hatte. Gg. Zeller klagte

42 Im Rahmen der kirchenpolitischen Entspannung nach dem Ende des Kulturkampfes kam es zwischen staatlicher Bürokratie und liberalen Abgeordneten einerseits sowie Zentrumspartei andererseits vermehrt zur Zusammenarbeit. Vgl. Einleitung, Anm. 17.

43 Johann Georg Zeller (1840–1900), Bauer in Mayrgschwendt, Gemeinde Ruhpolding. Vgl. BERGMAIER, Ruhpolding, 316.

44 Vgl. Einleitung, Anm. 24.

45 Mitglied des Gemeindeausschusses, dem die Wahl der Magistratsmitglieder zustand. Vgl. Wilhelm VOLKERT, Die Staats- und Kommunalverwaltung, in: Alois SCHMID (Hg.), Handbuch der bayerischen Geschichte Bd. 4/2, München ^{2}2007, 72–153, hier 91–94.

46 Der Landrat setzte sich zusammen aus Vertretern der innerhalb eines der acht bayerischen Kreise liegenden Distriktsgemeinden und kreisunmittelbaren Städte, aus Vertretern desjenigen Grundbesitzes, der ein bestimmtes Mindestmaß an Grundsteuer entrichtete, und drei Vertretern der selbstständigen Pfarrgeistlichkeit. Der Landrat hatte den Etat der Kreisgemeinde zu prüfen, die zur Deckung der Ausgaben erforderlichen Kreisumlagen festzustellen, die Rechnungen der Kreisgemeinde und die Verwaltung der Einrichtungen des Kreises zu überprüfen. Er durfte sich eigenständig „über den Zustand des Regierungsbezirkes und über die etwa wahrgenommenen Gebrechen der Verwaltung" äußern und „hierauf bezügliche Anträge zur Abhilfe und Verbesserung" stellen, wenn er sich regelmäßig im Herbst zu einer öffentlichen Tagung traf. Vgl. Gesetz vom 28. Mai 1852, die Landräthe betreffend, in: Die bayerischen Gemeindeordnungen 1808–1945. Textausgabe mit Einleitungen, hg. von Franz Ludwig KNEMEYER (Schriften zur öffentlichen Verwaltung 41), Köln 1994, 74–83.

dem Sommergast Dr. Kleitner die Leiden und Schikanen, welche die forstberechtigten Bauern ungerechterweise erdulden mussten. Dem Dr. Kleitner waren diese Klagen nicht mehr neu, weil er im Jahre 1891 in Reit im Winkel war, wo ihm die Forstberechtigten die gleichen Klagen mitgeteilt haben. In Reit im W. hat Dr. Kleitner auf Grund dieser Klagen sich bei verschiedenen forstlichen Behörden in München vorstellig gemacht, aber fast ohne wesentlichen Erfolg. Dr. Kleitner liess im Sommer 1892 mehrere forstberechtigte Bauern in Mayergschwend zur Besprechung kommen. Er sagte: „Bauern! Wenn ihr bessere Verhältnisse in Eueren Rechtsangelegenheiten haben wollt, *dann bleibt Euch nichts anderes übrig, als einig zu sein und einen Bund zu gründen,* der vorerst das bayerische Hochgebirge umfasst, später sich über ganz Bayern erstrecken soll. Dann könnt ihr einen Druck auf die Regierung und auf die herrschenden Parteien im Parlament ausüben.“ Dr. Kleitner sagte, wenn ihr einen Bund gründet, bin ich bereit die Führung zu übernehmen, bis ihr Leute aus euerer Mitte habt, die selbst den Bund leiten und führen können. Wir Bauern sahen ein, dass es eine andere Hilfe für uns nicht gibt, und beschlossen, den *Oberländerwaldbauernbund* zu gründen. [Seite 8] Am Sylvesterabend 1892 wurde in Mayergschwend der Grundstein zum Bunde gelegt. Gründungsmitglieder waren: Georg Zeller, Mayergschwend – Matthias Huber, Schuhmachermeister[47] – Ignatz Högl, Bauer in Neustadeln[48], Philipp Schweiger, Bauer in Froschsee[49], Georg Kendler, Bauer in Knogl[50]. Diese provisorische Vorstandschaft beauftragte das Mitglied Matthias Huber, in den benachbarten Gebirgsgemeinden in aller Stille Versammlungen vorzubereiten und die Bauern zu sammeln, damit sie bereit wären, aufzubrechen wie anno 1809[51], d. h. ihre Macht zu zeigen gegenüber den bauernfeindlichen Bestrebungen. Die Gründungsversammlung des Oberländer Waldbauernbundes soll eine machtvolle Kundgebung werden.

47 Matthias Huber (1861–1942), gen. Triftschusterbauer, Bürgermeister von Ruhpolding 1893 bis 1905. Vgl. BERGMAIER, Ruhpolding, 398 und 545.

48 Ignaz Högl (geb. 1834), Bauer in Neustadln, Gemeinde Ruhpolding. Vgl. BERGMAIER, Ruhpolding, 278.

49 Philipp Schwaiger (1847–1930), Bauer zu Riedt am Frossee, Gemeinde Ruhpolding. Vgl. BERGMAIER, Ruhpolding, 423.

50 Johann Georg Kendler (1842–1898), Bauer in Knogl, Gemeinde Ruhpolding. Vgl. BERGMAIER, Ruhpolding, 402.

51 Eisenberger spielt hier auf die von Andreas Hofer (1767–1810) angeführte Erhebung gegen die bayerische Besatzung Tirols während der napoleonischen Kriege an.

[4.1] *Die Bauern erwachen.*

Am 15. [!] Mai 1893 wurde von dem provisorischen Komitee in Ruhpolding ein öffentlicher Aufruf an die Oberländer Bauern erlassen, sich möglichst zahlreich zur Gründungsversammlung in Traunstein einzufinden, damit der Waldbauernbund gegründet werden könne[52]. Der Aufruf tat seine Wirkung. Bauern hatten aufgerufen und Bauern sind aufgebrochen, um in Traunstein, in dem damals das Zentrum auf hohem Rosse sass, [am 28. Mai 1893] den Willen zur Einheit kundzutun[53]. Über 400 Bauern sind aus den Gebirgsgemeinden gekommen. Bürger und Gewerbetreibende von Traunstein erschienen teils aus Neugierde, teils aus wirklichem Interesse. Der Landrat Dr. Kleitner führte in seiner Rede aus, dass es höchste Zeit sei, dass der Bauer sich wirtschaftlich einige. Im ganzen Bayernlandl werden aus den Kreisen der Waldbesitzern bittere Klagen über Entrechtung und Schikane geführt. Dr. Kleitner erinnerte da an die alten Rechte der Bauern. Damals sei der Wald Gemeingut der Markgenossenschaften gewesen, ebenso wie die Jagd Gemeingut war. Die Rechte des Bauern an seinem Waldbesitz seien auf das schwerste geschmälert worden und die Politik der Regierung sei bauernfeindlich. Es muss eine Änderung für den Bauernstand kommen und zwar muss diese Änderung auf dem Wege der Gesetzgebung erreicht werden. Die Parteien haben in dieser Beziehung nichts unternommen, der Bauer muss daher selbst dafür sorgen, dass die Parteien sich endlich einmal besinnen, für die Bauern etwas zu tun. Der Bauern- und Mittelstand muss sich einigen, er muss eine wirtschaftliche Organisation werden, damit die Regierung sieht, dass es sich nicht um das Aufbegehren einiger Unzufriedener handelt, sondern um den Wunsch grosser Massen, endlich zum Recht zu kommen, das ihnen nach Väter Art zusteht. Von den politischen Parteien und Parteiführern müssen wir uns befreien, das Gesamtinteresse muss über die Interessen der Parteien stehen, daher keine Knechtung mehr durch politische Parteien. Den politischen Parteien gegenüber wollen wir Neutralität bewahren und alle, die diesen politischen Parteien angehören, sollen zum Waldbauernbund kommen, der rein wirtschaftliche Ziele verfolgt und der um altes Bauernrecht kämpfen will.

---

52 Der Aufruf ist zu finden im TW vom 25. Mai 1893.

53 Zu dieser Versammlung vgl. TW vom 30. Mai und vom 1. Juni 1893. Der neuen Gründung wurde von dem persönlich anwesenden Vorstand der „Antisemitischen Volkspartei" Traunsteins die Zusammenarbeit angeboten. Zur „Antisemitischen Volkspartei" vgl. Dieter FRICKE, Antisemitische Parteien 1879–1894, in: Dieter FRICKE u. a. (Hg.), Lexikon zur Parteiengeschichte. Die bürgerlichen und kleinbürgerlichen Parteien und Verbände in Deutschland (1789–1945) Bd. 1, Leipzig 1983, 77–88, hier 83–86.

Die Ausführungen des Redners fanden begeisterten Widerhall. Sofort wurde an den Aufbau der Organisation herangegangen. Damit fanden die Satzungen einstimmige Annahme. In sechs Abschnitte und 24 Paragraphen zerfiel „die Verfassung“ der Partei:
Der Zweck des Oberländer Waldbauernbundes ist die Wahrung und Förderung der Rechte und Interessen der Landwirtschaft, insbesondere in ihren Beziehungen zur Forstwirtschaft und zum Jagdwesen. Als eine seiner wesentlichsten Aufgaben betrachtet der Waldbauernbund die Erhaltung und Weiterentwicklung des bäuerlichen Waldbesitzes. Die Erhaltung und Sicherung der auf uralten verbrieften Rechten und Privilegien beruhenden Wald- und Weidegrundgerechtigkeiten sowie Herstellung der durch das Herkommen und Bedürfnis bedingten und begründeten Begünstigungen, Erzielung wirksamen Schutzes vor Überhandnahme des Waldschadens auf gesetzmässigem Wege seien weitere Ziele des Bundes. Um diese Ziele zu erreichen, sind folgende Mittel geeignet:

„a. Vorstellungen und Petitionen an die staatlichen Verwaltungsbehörden, an den Landtag, den Landrat und die Distriktsräte[54] zur Wahrung der Interessen, Anliegen und Beschwerden des Bundes und seiner Mitglieder, ferner Information der an der Gesetzgebung mitwirkenden und zur Kontrolle der gesamten staatlichen [Seite 9] Verwaltung – also auch der Forstverwaltung – berechtigten Volksvertreter in den obengenannten Körperschaften.
b. Beistandleistung in gerichtlichen Streitfällen durch Gewährung von Vorschüssen.
c. Mitteilung der Mitglieder an die Vorstände und der Vorstandschaften zur Beschleunigung der Beistandsleistung im einzelnen Falle wie zur Übersicht der Gesamtlage.
d. Veranstaltung von regelmässigen und ausserordentlichen Versammlungen zur Besprechung wichtiger Land- und Forstwirtschaftlicher Fragen und sonstiger Bundesangelegenheiten.

---

54 Der Distriktsrat setzte sich zusammen aus Vertretern der im Gebiet eines Bezirksamts liegenden Gemeinden sowie aus Vertretern desjenigen Grundbesitzes, der ein bestimmtes Mindestmaß an Grundsteuer entrichtete. Der Distriktsrat hatte den Etat der Distriktsgemeinde zu prüfen, die zur Deckung der Ausgaben erforderlichen Distriktsumlagen festzustellen, die Rechnungen der Distriktsgemeinde und die Verwaltung der Einrichtungen des Distrikts zu überprüfen. Er durfte sich eigenständig „über den Zustand des Distriktes und über die etwa wahrgenommenen Gebrechen der Verwaltung“ äußern und „hierauf bezügliche Anträge“ stellen, wenn er sich regelmäßig im Herbst zu einer öffentlichen Tagung traf. Vgl. Gesetz vom 28. Mai 1852, die Distriktsräthe betreffend, in: Die bayerischen Gemeindeordnungen 1808–1945 (wie Anm. 46), 63–73.

e. Verbreitung nützlicher Kenntnisse und Anregungen durch Wort und Schrift in allen den Bundesgedanken und die land- und forstwirtschaftlichen Angelegenheiten berührenden Fragen."

In derselben Versammlung vom 28. Mai rief Dr. Kleitner den Bauern zu:

„Das merkt Euch, deutsche Bauern! Keiner Partei dienen, sondern über jeder Partei stehen. So werdet ihr an Euer Ziel gelangen."

Die nach der Rede Dr. Kleitners gebildete Vorstandschaft setzte sich folgendermassen zusammen:

1. Bundesmeister: Matthias Huber, Schuhmacher und Bauer in Ruhpolding
2. Bundesmeister: Der Bürgermeister von Reit im Winkl[55]
1. Bundesschriftwart: Georg Zeller, Bauer und Sägewerksbesitzer in Mayergschwend bei Ruhpolding
2. Bundesschriftwart: Pöschl, Schlosser in Staudach[56]
1. Kassenwart: I. Högl, Bauer in Neustadeln bei Ruhpolding
2. Kassenwart: Potschacher, Bauer in Karlstein bei Bad Reichenhall[57].

Bundesschöffen: Auer, Bauer in Reit im Winkl[58], Joh. Rieder, Bauer in Inzell[59], Holzner, Bauer und Bürgermeister in Weissbach[60], Moritz, Bauer in

---

55 Anton Hörderer, gen. Widhölzlbauer, Bürgermeister von Reit im Winkl 1888 bis zu seinem Tode 1899. Vgl. Ludwig PLANK – Franz HÖFLINGER (Red.), Der Reiter Winkel. Heimatbuch der Gemeinde Reit im Winkl, Reit im Winkl 1999, 209 und 584.

56 Georg Pöschl, gen. Schlosserbauer, von Staudach (Bezirksamt Traunstein), 17,08 Tagwerk. Vgl. StA München, Kataster Nr. 21803, Renoviertes Grundsteuer-Kataster der Steuergemeinde Egerndach 1893.

57 Georg Potschacher, gen. Gastagerbauer, von Karlstein (Bezirksamt Berchtesgaden), 39,26 Tagwerk. Vgl. StA München, Kataster Nr. 2074, Renoviertes Grundsteuer-Kataster der Steuergemeinde Karlstein 1896.

58 Stephan Auer, gen. Neuhauser, Bürgermeister von Reit im Winkl von 1906 bis 1910. Vgl. PLANK – HÖFLINGER, Reiter Winkel (wie Anm. 55), 207; Alfons EGGER, Namen- und Geschichtskunde der Gemeinde Reit im Winkl in Oberbayern, masch. Dissertation Ludwig-Maximilians-Universität München 1972, 83.

59 Johann Baptist Rieder (1829–1904), gen. Wallnerbauer am Wald, Bürgermeister von Inzell (Bezirksamt Traunstein) 1869 bis 1892. Vgl. Josef HÖCK, 800 Jahre Inzell. Überkommenes und Gesehenes, Erlauschtes und Erlebtes, Inzell 1970, 7 und 230–232.

60 Johann Holzner, gen. Pichlerbauer von Weißbach (Bezirksamt Berchtesgaden), 104,13 Tagwerk. Vgl. StA München, Kataster Nr. 2316, Umschreibheft zum Grundsteuer-Kataster der Steuergemeinde Weißbach.

Rottau[61], Stangassinger, Steinbruchbesitzer in Berchtesgaden[62] und Neumaier, Bauer in Bergen[63].

Als Bundesorgan für den Bezirk Traunstein wurde eine Traunsteiner Zeitung[64], für den Bezirk Berchtesgaden der Berchtesgadener Anzeiger, für den Bezirk Laufen das Laufener Wochenblatt bestimmt. Als Sitz des Bundes wurde Ruhpolding ausersehen.
Dieselbe Versammlung, in der der Oberländerwaldbauernbund gegründet worden ist, jubelte dem Beschluss zu, dass an den Prinzregenten Luitpold ein Huldigungstelegramm abgesandt worden ist.
Ich war damals als 29jähriger Bauer noch ein stiller Zuhörer, hatte aber meine grösste Freude daran, dass der Bauernstand endlich erwacht ist und sich aus den Klauen der politischen Parteien befreien will.

[4.2] *Die politischen Parteien sind misstrauisch geworden.*

Es gab Sturm im südöstlichen Winkel des Bayernlandes! 400 Bauern sind erwacht, 400 Bauern gehen der Partei verloren. Das Zentrum eröffnete einen wilden Kampf, der, wie in diesen Erinnerungen noch dargelegt wird, äusserst gehässige Formen annahm, und der fast einer Bauernverfolgung glich. Das Organ der beiden bayerischen Zentrumsführer Dr. Daller[65] und Dr. Orterer[66],

---

61 Michael Moritz, Bauer auf dem Fetzengut in Rottau (Bezirksamt Traunstein). Vgl. Stefan BREIT, Die Geschichte der Marktgemeinde Grassau. Häuserbuch von Grassau und Rottau, Grassau 2007, 558.

62 Kaspar Stanggassinger (gest. 1911), Landwirt, Steinbruchbesitzer und Fuhrunternehmer auf dem Unterkälberstein bei Berchtesgaden, Mitglied des Distriktsrates von Berchtesgaden und des oberbayerischen Landrates, Freund Rittlers, Vater des am 24. April 1988 seliggesprochenen Redemptoristenpaters gleichen Namens (1871–1899), über dessen Wunsch, Priester und Ordensmann zu werden, er – entsprechend seiner antiklerikalen politischen Orientierung – nicht erfreut war. Vgl. Otto WEISS, Tun, was der Tag verlangt. Das Leben von Pater Kaspar Stanggassinger, Freiburg im Breisgau 1988, 7–26, 28, 40–42.

63 Simon Neumeier, Landwirt in Mühlwinkl bei Bergen (Bezirksamt Traunstein), 49,54 Tagwerk. Vgl. StA München, Kataster Nr. 21771, Umschreibheft zum Grundsteuer-Kataster der Steuergemeinde Bergen.

64 Eisenberger meint das TW, das zum Hauptorgan der oberbayerischen Bauernbündler um Eisenberger wurde. Vgl. HOCHBERGER, Bauernbund, 151.

65 Balthasar Daller (1835–1911), kath. Priester, Gymnasialprofessor in Freising, Bayerische Patriotenpartei (ab 1887 Zentrum), Mitglied der Kammer der Abgeordneten 1871 bis 1911, ab 1891 Vorsitzender der Zentrumsfraktion in der Kammer der Abgeordneten, seit 1883 Vorsitzender des Bayerisch-Patriotischen Bauernvereins von Tuntenhausen.

66 Georg Orterer (1849–1916), Gymnasialprofessor in Eichstätt, Bayerische Patriotenpartei (ab 1887 Zentrum), Mitglied der Kammer der Abgeordneten 1883 bis 1916, seit 1893 Vor-

der „Wendelstein"[67], warnte vor der klerusfeindlichen Haltung des Waldbauernbundes und nannte ebenso die Bauernbundspresse, die zwar katholisch ist, klerusfeindlich und bemerkte, dass man seinen Katholizismus nicht zum Bauernfang ausbeuten dürfe. Obwohl von Seiten des Bundes kein Kampf gegen die Geistlichen proklamiert wurde, aber auch in gar keiner Weise ein Kampf gegen das Zentrum beabsichtigt war, setzte die Zentrumspresse ihre Polemiken fort. *Der Waldbauernbund sei höchst überflüssig und verdächtig, nur eine Bauernbewegung, die sich an den christlichen Tuntenhauser Bauernverein*[68] *anschliesst, ist berechtigt und unterstützungswürdig*[69].
Vor den Bauernbundsversammlungen ergriff die politischen Parteien Angst und Schrecken. Als am 24. Juni 1893 von Seiten des Waldbauernbundes eine Agitationsversammlung nach Waging [Seite 10] einberufen wurde[70], war in dieser damaligen Zentrumshochburg Alles in Aufruhr. Sofort berief das Zentrum gegen die Bauernbundsversammlung eine Gegenkundgebung ein[71]. Einberufer waren der Dekan von Traunstein, Meixner[72], und der Pfarrherr von Waging, Maier[73]. Mehrere andere Geistliche und Zentrumsschleppträger unterstützten das Vorhaben der beiden Priester. Die Versammlung des Zentrums nahm folgende Resolution an:

„1. Dem Zentrum gebührt der Dank für seine Tätigkeit im Landtag und im Reichstag.
2. Die zentrumsfeindliche Bauernbewegung, hervorgehend aus der Verkennung des Zentrums und die Irreführung der Massen bezweckend, ist im hohen Grade bedauerlich.

sitzender des Finanzausschusses der Kammer der Abgeordneten, ab 1899 deren Präsident, Mitglied des Reichstags 1884 bis 1886.

67 „Der Wendelstein. Katholisches Volksblatt für das bayerische Oberland", eine zentrumsnahe Tageszeitung aus Rosenheim. Vgl. STÄBLER, Weltwirtschaftskrise, 198.

68 Der Bayerisch-Patriotische Bauernverein von Tuntenhausen (Bezirksamt Aibling), gegründet am 19. September 1869 auf Initiative von Ludwig Graf Arco-Zinneberg (1840–1882) und Balthasar Daller, stellte keine wirtschaftspolitische Interessenvertretung der Landwirtschaft dar. Die zentrumsnahe Organisation verschrieb sich vielmehr der kulturpolitischen Interessenvertretung des kath. Landvolks während des Kulturkampfes. Vgl. STÄBLER, Bauernverein, 263–271.

69 Zu diesem Artikel aus dem Wendelstein vgl. TW vom 20. Juni 1893.

70 Zu dieser Versammlung vgl. TW vom 4. Juli 1893.

71 Zu dieser Versammlung, die einen Tag vor der Versammlung des Waldbauernbundes stattfand, vgl. TW vom 27. Juni 1893.

72 Heinrich Meixner (1829–1903), Pfarrer in Traunstein 1884 bis 1898. Vgl. Alexander LANGHEITER, Miesbach. Ein Kulturführer, Miesbach [2006], 368 f.

73 Georg Maier (geb. 1849), Pfarrer in Waging seit 1892. Vgl. Schematismus der Geistlichkeit des Erzbisthums München und Freising für das Jahr 1893. Mit einer Chronik des Jahres 1892, München o. J., 83.

3. Wir halten auch fernerhin treu zum Zentrum als der einzigen wahren Volkspartei und empfehlen die Wiederwahl der bisher bewährten Zentrumsabgeordneten."[74]

Wie die Zentrumsversammlung in Waging inszeniert worden ist, ist wirklich wert festgehalten zu werden. Am Vorabend vor der Waldbauernbundsversammlung hatte der Pfarrherr von Waging die Schulkinder zu den Bauern hinausgesandt und einen Aufmarsch der Bauernschaft proklamiert. Ein Männerverein wurde gegründet, Waging kam in Aufruhr; denn jeder war über die grosse Aktivität des Pfarrherrn erstaunt. Wird die Kirche gestürmt oder der Pfarrhof geplündert? *Die Religion ist in Gefahr!* Der Pfarrer gründete eine Leibwache von 75 Männern, die ihn schützend umgaben.
Als der Versammlungstag des Waldbauernbundes herankam, zogen aus den einsamsten Gehöften die Bauern nach Waging. Bei 600 Bauern drängten sich zum Versammlungslokal, keine Bilderstürmer, sondern treukatholische Bauern wie die Zentrümler selbst, keine Landaufwiegler, sondern königstreue Bayern wie die Zentrümler selbst, keine Profitjäger und Halsabschneider, sondern ehrliche, aber bedrängte Bauern wie die Zentrumsbauern selbst. Das Zentrum schickte ihre Horchposten und ihre streitbarsten Anhänger in die Versammlung. Man sah viele Kooperatoren, Pfarrherrn der Nachbarskirchen, Benefiziaten und so weiter. Dr. Kleitner sprach wie in Traunstein über die Ziele des Bauernbundes und stellte als Motto des Grundes der Bauernbewegungsgründung den Leitsatz auf: „Bauer, werde einig, besinne Dich auf Deine erdverwurzelte Kraft und dann hilft Dir Gott!" Als nach der Rede des Referenten Listen zur Einzeichnung der Mitgliedschaft zum Waldbauernbund aufgelegt worden waren, gingen die Geistlichen von Tisch zu Tisch und redeten auf die Bauern ein, dass sie eine Einzeichnung unterlassen sollten. So beschlossen die meisten Bauern, die Listen nach Hause zu nehmen und daheim dieselben auszufüllen, um den Frieden in der Gemeinde und auf dem Hofe nicht weiter zu stören.
Die Inszenierung des Kampfes des Zentrums gegen den Waldbauernbund wurde besonders raffiniert in den reinen Bauerngegenden ausgetüftelt. Man hetzte Bauer gegen Bauer auf, man spielte im Dunklen, man kam auf die Höfe wie die Trud[75], die Schlafkammer und Stall unsicher machte. So wurde auch die Waginger Versammlung schon zum Auftakt dieses Bruderkamp-

---

74 Die Resolution findet sich im Versammlungsbericht (TW vom 27. Juni 1893) nicht abgedruckt.

75 Schreckgestalt des Volksglaubens, die nachts die Menschen heimsucht und ihnen den Atem abdrückt. Vgl. Friedrich RANKE, Trude (Trute), in: Hanns BÄCHTOLD-STÄUBLI (Hg.), Handwörterbuch des deutschen Aberglaubens, Berlin 1936/1937, 1173 f.

fes von Hof gegen Hof. Pfarrer Maier versuchte alle Mitteln, um die Versammlung zu sprengen. Er wollte die Versammlung einfach beschliessen und appellierte an die Bauern, sie sollten das Lokal verlassen. Aber nur wenige befolgten diesen Appell. Als der Pfarrer mit „gutem Beispiel" vorangehen wollte in dem Glauben, dass alle, alle, die er rief, kommen werden, musste er eine bittere Enttäuschung erleben. Nur 15 bis 20 Mann von den 600 Bauern verliessen mit ihm den Saal. Ihm gellte noch das Hoch der Bauern auf ihre neue Bauernbewegung nach.
Ich war auch in dieser Waginger Versammlung. Gleich mir waren alle Bauern über das Benehmen des Mannes im Priesterkleid empört. Diese Empörung stieg noch, als der Pfarrer von Ruhpolding[76] eine Predigt in der Kirche gegen den Waldbauernbund hielt. Er bezeichnete die Führer des Bauernbundes als Verführer, als sibirische Wölfe, die Bauern als die Verführten. „Weiber", so rief der Prediger von der Kanzel herab, „betet für Euere Männer, wenn sie in die Versammlungen fahren!"
Der Bauernbund blieb beharrlich auf seinem Programm bestehen und liess sich in keinen politischen Kampf hineinreissen. Er rüttelte die Bauern auf, dass sie nicht der Fussschemmel gewisser politischer Parteien seien, sondern ein Ge[Seite 11]schlecht, das ein Recht habe zur Mitarbeit am Staate. Der Bauer lässt sich nicht mehr zusammentreten wie man einen Misthaufen zusammentritt, damit der Stickstoff nicht mehr ausdämpfen kann.
Zu der Reichstagswahl am 15. Juni 1893 beschloss der Bauernbund, der damals schon tausend Mitglieder zählte, für den Kandidaten des Zentrums, nämlich für den Photographen und Handwerker Lehemaier[77] von Trostberg einzutreten; denn dieser Mann war aus dem Mittelstand und hatte versprochen, auch die Belange des Mittel- und Bauernstandes im Reichstage zu vertreten. Lehemaier hatte seine ärgsten Feinde in den eigenen Reihen; denn gewisse Zentrümler wollten an seine Stelle einen Geistlichen in den Reichstag schicken.
Am 5. bezw. 12. August[78] 1893 fanden die Landtagswahlen statt. Die bisherigen Abgeordneten des Zentrums im [Wahl]Bezirk Traunstein, Bad Reichenhall und Berchtesgaden waren der Bauer und Hofbesitzer Hofstätter von Teisendorf und der Bauer Spett von St. Zeno bei Bad Reichenhall. Der Abgeordnete Spett war beim Zentrum in Ungnade gefallen, weil er in einem

76 Joseph Thalmayr (geb. 1850), Pfarrer in Ruhpolding 1890 bis 1896. Vgl. BERGMAIER, Ruhpolding, 40.

77 Anton Lehemair (1841–1933), Bürgermeister und Geschäftsmann von Trostberg (Bezirksamt Traunstein), Zentrum, Mitglied der Kammer der Abgeordneten 1887 bis 1907, des Reichstags 1890 bis 1912. Vgl. HAUNFELDER, Reichstagsabgeordnete (wie Anm. 14), 202.

78 Die Wahlen fanden tatsächlich am 5. (Urwahl) und 12. Juli 1893 statt.

Gasthof zu Inzell öffentlich gesagt hatte, dass es für die Bauern nicht besser werde, solange Geistliche usw. im Parlament sitzen. Spett hatte sich auch im Landtage schon mehrmals erlaubt, seine eigene Meinung zu sagen, weshalb schon längst in den Zentrumskreisen der Wunsch bestand, ihn abzusägen. Man wollte für Spett den in Ingolstadt nicht mehr beliebten Geistlichen und Domdekan Dr. Schädler[79] aufstellen. Aber das wagte man nicht mehr; denn die neue Bauernbewegung ging bereits zur berechtigten Kritik an den verschiedenen Abgeordneten über, sodass man den Gastwirt Prosinger[80] von Bad Reichenhall in Vorschlag brachte. Der Waldbauernbund stellte ebenfalls für die Bezirke bezw. den Wahlkreis Traunstein, Bad Reichenhall und Berchtesgaden zwei Kandidaten auf, nämlich Dr. Kleitner und den Bauern und Bürgermeister Hörterer[81] von Reit im Winkl. Obwohl der Waldbauernbund erst seit 6 Wochen öffentlich tätig war, konnte er von 120 Wahlmännerstimmen 47 für sich buchen. Nach der Wahl wurde die Bearbeitung der Bauernbevölkerung fortgesetzt und in verhältnismässig kurzer Zeit konnte das 2000. Mitglied eingetragen werden.

Nach der Reichstagsauflösung von 1893[82] griff der niederbayerische Bauernbund auch auf Oberbayern über und der Delegierte des niederbayerischen Bauernbundes, der Bauer Ebner-Ringkam[83], hielt am 22. Mai in Weilheim[84] vor 5 bis 600 Bauern eine schneidige Rede gegen den Liberalismus und gegen die mittelstandsfeindliche Politik des Zentrums. Er rief den Bauern zu: „Beten allein hilft nichts mehr, helfen wir uns selbst, wenn uns sonst niemand helfen will!“ Landrat Ehrhardt[85] betonte unter dem Jubel der Bauern, dass

79 Franz Schädler (1852–1913), Domdekan in Bamberg, Zentrum, Mitglied der Kammer der Abgeordneten 1891 bis 1911, des Deutschen Reichstages 1890 bis 1898. Vgl. Rudolf FENDLER, Franz Xaver Schädler 1852–1913. Der Bamberger „Schwarze Löwe aus Kurpfalz“ (Schriften des Diözesan-Archivs Speyer 18), Speyer 1994.

80 Conrad Prosinger (1838–1909), Bürgermeister und Realitätenbesitzer in Bad Reichenhall, Zentrum, Mitglied der Kammer der Abgeordneten 1893 bis 1904. Vgl. KÜRSCHNER, Landtag, 18.

81 Anton Hörderer. Vgl. Anm. 55.

82 Der Reichstag wurde aufgelöst, da die Erhöhung der Heeresstärke am Widerstand der SPD, einer Mehrheit des Zentrums und eines Teils der linksliberalen Freisinnigen Partei gescheitert war. Vgl. Wilfried LOTH, Katholiken im Kaiserreich. Der politische Katholizismus in der Krise des wilhelminischen Deutschlands (Beiträge zur Geschichte des Parlamentarismus und der politischen Parteien 75), Düsseldorf 1984, 48–51.

83 Nikolaus Ebner, Land- und Gastwirt in Rinkam (Steuergemeinde Atting, Bezirksamt Straubing), 29,5 Tagwerk. Vgl. StA Landshut, Grundsteuerkataster 17/7-16, Umschreibheft zum Renovirten Grundsteuer-Kataster der Steuergemeinde Atting.

84 Zu dieser Versammlung vgl. RIBLINGER, Radikalmittel, 71.

85 Max Erhardt (1859–1899), Gutsbesitzer und Posthalter von Hagenheim (Bezirksamt Landsberg am Lech), Bayerischer Bauernbund, Mitglied des oberbayerischen Landrates. Vgl. NfV vom 16./17. Januar 1899.

es notwendig sei, *in die Parlamente keine Geistlichen und keine Juden mehr zu schicken!*

Als einziger oberbayerischer Bauernbundskandidat konnte Bürgermeister Weinhardt[86], der in Weilheim aufgestellt worden ist, trotz des Kampfes des Zentrums in den Landtag einziehen. Allerdings geriet dieser Bauernbündler (vom niederbayerischen Bauernbund![87]) in das Fahrwasser des Zentrums. Er ertrank in der schwarzen Flut des Parlaments.

Am 15. Juni 1893 konnte der niederbayerische Bund in seinen sechs Wahlkreisen 40 951 Stimmen auf sich vereinigen und brachte Bachmeier von Pfarrkirchen[88], Brukner von Straubing[89] und Dr. Sigl von Kelheim[90] in den Reichstag. Dr. Pichler[91] konnte in Passau nur mit einem Plus von vier Stimmen einen „grünen" Gegenkandidaten[92] schlagen.

Bei der Landtagswahl am 12. Juli 1893 wurden in Niederbayern acht Bündler als Abgeordnete gewählt. Diese acht Bauernbündler, unter denen sich auch Dr. Ratzinger befand, bildeten im bayerischen Parlament das Zünglein an der Wage, da das Zentrum mit 74 und die Liberalen mit 67 keine Majorität mehr erreicht hatten. Durch diesen Wahlausgang wurde die bayerische Öffentlichkeit auf den Bauernbund ganz besonders aufmerksam. So regte sich in Schwaben und in Franken das bedrängte Bauernvolk immer mehr und mehr.

Am 12. November 1893 fand in Landshut eine Versammlung statt[93], in der die vier Bauernbundsdoktoren auftraten, nämlich Dr. Ratzinger, Dr. Gäch[94],

---

86 Oswald Weinhart (1840–1899), Bürgermeister und Fabrikant von Weilheim, zwischen Zentrum und Bayerischem Bauernbund schwankend, Mitglied der Kammer der Abgeordneten 1893 bis 1899. Vgl. KÜRSCHNER, Landtag, 11.

87 Die Bauernbundsinsel um Weilheim und Landsberg am Lech stellte einen Stützpunkt des Niederbayerischen Bauernbundes in Oberbayern dar. Vgl. KIRCHINGER, Bauernrebell, 135 und 224.

88 Benedikt Bachmaier (1852–1912), Gutsbesitzer von Mitterhaarbach (Bezirksamt Griesbach), Bayerischer Bauernbund, Mitglied der Kammer der Abgeordneten 1893 bis 1904, des Reichstags 1893 bis 1907. Vgl. KÜRSCHNER, Landtag, 35.

89 Joseph Bruckmaier (geb. 1848), Brauereibesitzer aus Bogen. Vgl. HOCHBERGER, Bauernbund, 285.

90 Vgl. Einleitung, Anm. 19.

91 Franz Seraph von Pichler (1852–1927), Domkapitular in Passau, Zentrum, Mitglied der Kammer der Abgeordneten 1893 bis 1918, des Reichstags 1893 bis 1911.

92 Joseph Wimmer (geb. 1844), Bürgermeister und Landwirt aus Döfreuth bei Eglsee (Bezirksamt Passau), Bayerischer Bauernbund, Mitglied der Kammer der Abgeordneten 1893 bis 1899. Vgl. KÜRSCHNER, Landtag, 38. – Die Stimmendifferenz zwischen Pichler und Wimmer betrug nicht vier, sondern 688 Stimmen, sie war also deutlich. Vgl. REIBEL, Handbuch, 247.

93 Zu dieser Versammlung vgl. AA vom 13. November 1893; NfV vom 15. November 1895; RIBLINGER, Radikalmittel, 56 f.

94 Vgl. Einleitung, Anm. 25.

Dr. Sigl und Dr. Kleitner. Auch die bündlerischen Reichs- und Landtagsabgeordneten waren anwesend. Dr. Kleitner überbrachte die Grüsse des oberbayerischen Bauernbundes [Seite 12] und forderte unter grossem Beifall der Versammelten, dass der Bauernbundsgedanke über das ganze Land getragen werden solle. Ich war bei dieser Versammlung anwesend und freute mich schon, dass hier ein Einigungswerk zustande kommen sollte, das für die Geschichte des bayerischen Bauerntums von eminenter Bedeutung gewesen wäre. Aber leider – es kam anders! Das sei im nächsten Kapitel behandelt. Im Herbste 1893 fanden im Chiemgauerschen die Gemeindewahlen statt. Dem Bauernbund gelang es, die Hälfte aller Bürgermeisterstellen zu erobern. Der bedeutendste Sieg wurde in Ruhpolding errungen, wo der Kandidat des Bauernbundes, 1. Bürgermeister Huber[95], von 136 Stimmen mit 116 gewählt worden ist, während sein Gegenkandidat, der „Zentrumsbürgermeister" Pointner nur 20 Stimmen erhielt. Nicht unerwähnt soll die Agitation des Zentrums bleiben. Am Vorabend der Wahl liess der Ruhpoldinger Ortspfarrer[96] in der Kirche beten, damit ein christlicher Bürgermeister auf Ruhpolding niederkomme. Aber der ganze Gemeinderat war nur aus Bauernbündlern zusammengesetzt. Auch ich kam als jüngstes Gemeinderatsmitglied an den Tisch, an dem über das Schicksal meiner Bergheimat beraten wurde. Meine erste Rede gefiel in Ruhpolding derart, dass man mich in den Gemeinderat hineinwählte[97].

[4.3] *Mein Eintritt in das politische Leben.*

Am 26. Dezember fand in Traunstein die erste Generalversammlung des Waldbauernbundes statt[98]. Über 1000 Bauern und Gewerbetreibende waren zur Versammlung erschienen. Dr. Kleitner referierte über seine Tätigkeit im oberbayerischen Landrate. Während seiner Rede erschien auch Dr. Sigl, der mit grossem Beifall empfangen wurde. An die Generalversammlung schloss sich eine grosse öffentliche Kundgebung an, die der für die Bauernbundssa-

---

95 Matthias Huber. Vgl. Anm. 47.

96 Joseph Thalmayr. Vgl. Anm. 76.

97 Eisenberger war seit 1893 Mitglied im Gemeindeausschuss von Ruhpolding, was der Beginn einer langjährigen kommunalpolitischen Karriere war: 1899 wurde er zum Beigeordneten, d. h. Stellvertreter des Bürgermeisters, gewählt; 1905 Bürgermeister; eine Wiederwahl lehnte er 1919 und 1924 ab; 1899 bis 1919 war er Mitglied des Traunsteiner Distriktsrats und Distriktsausschusses, d. h. der Vorstandschaft des Distriktsrates. Vgl. EISENBERGER, Eisenberger, 36–39.

98 Zu dieser Versammlung vgl. NfV vom 29. Dezember 1893; TW vom 4. Januar 1894; HUNDHAMMER, Geschichte, 36 f.; HOCHBERGER, Bauernbund, 75 f.

che begeisterte Anhänger Kaufmann August Jehl[99] in Traunstein leitete. Zu dieser Versammlung kamen auch die niederbayerischen Bauernbündler wie Dr. Gäch, Landrat Wieland[100] usw. Ich hielt eine Rede gegen die Verschwendung der staatlichen Mitteln, gegen die neuerlichen Steuer-Erhöhungen und gegen die weitere Belastung des Bauerntums. Wir sind auf dem besten Wege, führte ich aus, dass wir wie die galizischen Bauern noch daherkommen werden, völlig verarmt und zerlumpt. Ein grosser Fehler ist das Handelsvertrags-Gesetz mit dem Auslande. Der Bauer kann die Begünstigung von Russland und Österreich nicht verstehen; denn er selbst wird nicht begünstigt. Die Scheunen der Bauern sind mit Getreide gefüllt und nirgends gibt es für dieses Getreide einen Absatz. Deutsches Getreide verfault und ausländisches Getreide wird bezogen. Wer an den Grenzbahnhöfen Acht gibt, der kann beobachten, welche riesige Mengen Getreide angeführt werden. Zum Schlusse meiner Rede verwahrte ich mich gegen die Angriffe des Zentrums, als wären wir Bauernbündler, wir Bauern überhaupt, gottesfeindlich. Wir Bauern haben unseren Herrgottswinkel und stehen treu zur Kirche. Wir protestieren gegen den Kampf und die Verleumdungen des Zentrums. Nach meiner Rede kam auf mich Dr. Sigl zu und drückte mir die Hand, dabei die Worte sprechend: „Aus solchem Holze müssen unsere Abgeordneten geschnitzt werden.“ Wieland trat für die Bauerneinigung ein. Es darf nicht heissen: hie Gebirgsbauer und hie Flachlandsbauer. Dr. Gäch wandte sich gegen die Verschwendung der Staatsgelder zu Gunsten der Parteibonzen. In Niederbayern gebe es die reichsten Pfarreien, sodass die Bauern schon sagen: Die Seelsorge haben sie verpachtet und die Ökonomie betreiben sie[101]. Unter grösster Heiterkeit geisselte der Redner die Flucht der Zentrumsabgeordneten Pfleiderer, Lampert und Fischer nach Amerika[102]. Ihnen folgte auch der „Zentrums-

99 Mehlhändler in Traunstein. Einer der wichtigsten Mitstreiter Eisenbergers. Vgl. HUNDHAMMER, Geschichte, passim; HOCHBERGER, Bauernbund, passim.

100 Vgl. Einleitung, Anm. 21.

101 Die Pfründen, mit denen die Pfarreien zum Unterhalt der Seelsorger ausgestattet waren, konnten von den Pfarrern verpachtet oder in Eigenregie bewirtschaftet werden, was aus ihnen dann so genannte Ökonomiepfarrer machte. Vgl. Alois SCHMID, Weltklerus und Landwirtschaft, in: Erwin GATZ (Hg.), Der Diözesanklerus (Geschichte des kirchlichen Lebens in den deutschsprachigen Ländern seit dem Ende des 18. Jahrhunderts 4), Freiburg im Breisgau 1995, 319–345.

102 Laut der NfV vom 6. Dezember 1893 handelte es sich dabei um den Verleger Konrad Fischer und seinen Wirtschaftsredakteur namens Pfleiderer. Fischer war zu dem Zeitpunkt nicht auffindbar, von Pfleiderer war bekannt, dass er sich in den Vereinigten Staaten aufhielt. Die Person hinter dem Namen „Lampert“ konnte nicht ermittelt werden. Abgeordneter war nur Fischer – laut NfV vom 29. Dezember 1893 sprach Gäch auch nicht von Zentrumsabgeordneten, das tut nur Eisenberger. Zu Fischer (geb. 1854, Zeitungsunternehmer, Besitzer des Bayerischen Kurier, des Münchner Fremdenblattes und des Volksblattes, Zentrum,

konditor“ Leonhard Schmid mit dem Fersengeld von 27 000 Mark nach[103]. Wenn das so weitergehe, dann werde das Zentrum noch direkt international. Der Bauer müsse endlich die Augen aufmachen und dann wird er sehen, dass es das beste ist, die Zentrumsabgeordneten beim Krawattl zu nehmen. Das grösste Interesse fand die Rede des Dr. Sigl, der die Zentrumspartei als *die* bauernfeindliche Partei und als *die* scheinheilige Partei bezeichnete. Mit dem Rufe „Bauern, seid einig und mutig!“ schloss Dr. Sigl. Dr. Kleitner trat dann nochmals für die Bauerneinigung ein.

[Seite 13] Meine in dieser Versammlung gehaltene Rede hatte für mich das Verhängnisvolle, dass ich von diesem Tage an in den Strudel der Politik hineingezogen wurde, was mir im Laufe meiner 40jährigen politischen Tätigkeit viel Verdruss, Aufregung und oftmals Bedrohung meiner Ehre gebracht hatte. Viel Geld und Zeit hat es mir gekostet. Meiner Familie, meinem Hofe und meiner Scholle bin ich beinahe entfremdet worden. Enttäuschungen und viel Undank erntete ich, obwohl ich für die Bauern nur Gutes gesät hatte.

Die Vorstandschaft des aus dem Waldbauernbund herausgebildeten und nun festgefügten oberbayerischen Bauernbundes berief mich zur Mitarbeit[104].

[4.4] *Vom Waldbauernbund zum Bayerischen Bauernbund.*

Man hiess uns immer den oberbayerischen Bauernbund zum Unterschiede gegen den niederbayerischen Bauernbund. Offiziell wurde der oberbayerische Bauernbund erst in der obigen Versammlung vom 26. Dezember 1893 gegründet. Der oberbayerische Bauernbund hatte dasselbe Programm wie der niederbayerische Bauernbund. Das Programm enthielt folgende wichtige Paragraphen[105]:

„1. Einführung einer stufenweise aufsteigenden Einkommenssteuer.
2. Revision des Gebührenwesens unter Gleichstellung des landwirtschaftlichen Grundbesitzes mit den beweglichen Vermögen, Minderung der

Mitglied des Reichstags 1890 bis 1893) vgl. MÖCKL, Prinzregentenzeit, 279 f.; HAUNFELDER, Reichstagsabgeordnete (wie Anm. 14), 153.

103 Zur Affäre um den Landtagsabgeordneten Leonhard Schmitt (geb. 1847, Konditor und Bürgermeister in Gerolzhofen, Zentrum) vgl. Sitzung am 20. Dezember 1893, in: Die Protokolle der Landtagsfraktion der Bayerischen Zentrumspartei Bd. 1, 106 f.; NfV vom 24. Dezember 1893.

104 Eisenberger wurde am 26. Dezember 1893 zum Stellvertretenden Vorsitzenden des Oberbayerischen Bauernbundes gewählt.

105 Das Programm ist abgedruckt in: HUNDHAMMER, Geschichte, 219 f.

Gebühren bei Hypothekenbestellung und bessere Gestaltung des Hypothekenkredits.
3. Abänderung des Heimatgesetzes[106].
4. Verstaatlichung der Mobilarversicherung[107].
5. Änderung des Forstgesetzes vom 28. März 1852.
6. Übernahme der Distriktsstrassen durch den Staat.
7. Übernahme der Armenlasten durch grössere Verbände.
8. Verstaatlichung der Volksschulen und sämtlicher Mittelschulen behufs finanzieller Entlastung der Gemeinden und des Kreises.
9. Grössere Sparsamkeit im Staatshaushalte und möglichste Entlastung des Handels und des Gewerbes, dafür Heranziehung des mobilen Kapitals und der Börse, sowie Zuweisung einzelner staatlicher Einnahmequellen an die Gemeinden.
10. Errichtung von Landwirtschaftskammern.
11. Ankauf von Militärpferden von bayerischen Bauern und Pferdezüchtern.
12. Beseitigung des Zwischenhandels von Lieferung von Getreide, Gemüse und sonstigen Lebensmitteln an die Militärverwaltung und den Zivilärar.
13. Regelung des Submissionswesens auf reeller Grundlage.
14. Beseitigung der Konkurrenz durch die Zuchthausarbeiten.
15. Verschärfung der Bestimmungen über den Hausierhandel, die Wanderlager und die Abzahlungsgeschäfte.
16. Anregung zur Abänderung der Bestimmungen über Sonntagsruhe, Wapperlgesetz[108] und Unfallversicherung.
17. Erhaltung der Öffentlichkeit und Mündlichkeit des bayerischen Militärgerichtsverfahrens.
18. Verwendung der [steuerlichen] Millionenüberschüsse zur Entlastung der Landwirtschaft und des Gewerbes.

106 Zum Problem des bayerischen Heimat- und Armenrechts, das die Unterstützungspflicht den Herkunftsgemeinden der Unterstützungsberechtigten aufbürdete, weshalb in Folge der Landflucht vor allem die ländlichen Gemeinden belastet waren, vgl. BREWKA, Zentrum, 311–316.

107 Bei der Forderung nach Errichtung einer staatlichen Mobiliarbrandversicherung ging es darum, eine Versorgung der Landwirtschaft zu günstigen Konditionen zu gewährleisten, da die private Versicherungswirtschaft aufgrund des hohen Brandrisikos landwirtschaftlicher Anwesen an deren Versicherung nicht interessiert war und die Beiträge deshalb entsprechend hoch lagen. Vgl. BREWKA, Zentrum, 320–323.

108 Alters- und Invaliditätsversicherung.

'19. Einführung der direkten Wahl der Abgeordneten in die Landtagskammer[109]."

Das war unser Programm! Die Versammlung vom 26. Dezember 1893, die Gründung des oberbayerischen Bauernbundes und die Aufstellung eines gemeinsamen Programms hat in das Lager des Zentrums und des Liberalismus furchtbar eingeschlagen. Das Organ des Zentrumsführers Dr. Orterer, der „Wendelstein", schrieb damals: „Wo bleiben in Traunstein die wackeren katholischen Bürger von ehedem? Ihrer war doch immer die Mehrheit! Die letzten Wahlen zeigen, dass die so braven Männer entweder schlafen oder nahe am Aussterben sind. Diese unheimliche Ruhe, diese verderbliche Abstimmung der Gutgesinnten muss ein Ende nehmen, sie müssen sich endlich wieder aufraffen, soll dort nicht Alles verloren sein. Darum wacht auf, ihr katholischen Männer [Seite 14] von Traunstein und schliesst euch zusammen, bekennt Euch wieder öffentlich zu den Grundsätzen des Zentrums, die allein eine Bürgschaft sind gegenüber den grossen Gefahren, mit welchen die Sozialdemokraten den Thron und Altar gefährden. Schau Dich um, der Fuchs geht um!"[110]
Allmählich wurde die gesamte Geistlichkeit und auch der Staatsapparat gegen die Bauernbündler mobil gemacht. „Man will den oberbayerischen Bauernbund derwutzeln", hiess es allgemein. Man berief nach Traunstein am 14. Januar 1894 eine Versammlung[111] des Volksvereins für das katholische Deutschland[112] ein, wozu Dr. von Orterer, Dr. Jäger[113], Dr. Pichler, Hofstätter, Prosinger, Chefredakteur Frick[114] vom Hauptzentrumsblatt, der Augs-

109 Kammer der Abgeordneten des Bayerischen Landtags.

110 Der Wendelstein vom 24. Dezember 1893.

111 Zu dieser Versammlung vgl. NfV vom 15./16. Januar 1894, der Eisenberger allerdings noch derart unbekannt war, dass er als „Kutzenauer" bezeichnet wurde: „Besonders schwer im Magen liegt den Leuten die Rede eines schlichten Bauern, Eisenberger mit Namen, gen. Kutzenauer, von Ruhpolding. Dieser schlichte Landmann sprach gewandt und forderte, daß auf der Basis des Bauernbundes eine wahre, wirkliche Volkspartei sich bilde."

112 Außerparlamentarische Organisation des politischen Katholizismus, als solche zentrumsnah und um kath. Bildungsarbeit bemüht. Vgl. Gotthard KLEIN, Der Volksverein für das Katholische Deutschland 1890–1933. Geschichte, Bedeutung, Untergang (VKZ B/75), Paderborn 1996.

113 Dr. Franz Paul Joseph Eugen Jäger (1842–1926), Buchdruckereibesitzer und Schriftsteller in Speyer, Zentrum, Mitglied der Kammer der Abgeordneten 1887 bis 1911. Vgl. KÜRSCHNER, Landtag, 154.

114 Philipp Frick (geb. 1857), pfälzischer Journalist, Redakteur bei verschiedenen klerikalen bzw. zentrumsnahen Blättern im gesamten Deutschen Reich, Chefredakteur der Augsburger Postzeitung 1893 bis 1903, Chefredakteur der Bayerischen Staatszeitung von 1913 bis 1916, Redakteur der Amtlichen Bayerischen Pressestelle 1923 bis 1931. Vgl. HOSER, Tagespresse, 1107 f.

burger Postzeitung, vier weitere Zentrumsabgeordnete und die Geistlichen der ganzen Umgebung erschienen waren. Der Stadtpfarrer von Traunstein[115] eröffnete die Versammlung mit dem Hinweis, dass Christus nicht nur in den Tempeln und in den Synagogen, sondern auch auf den Strassen und Plätzen gesprochen hatte. Der erste Redner war der mit Hilfe des Bauernbundes vor einem halben Jahre gewählte Reichstagsabgeordnete Lehemeier von Trostberg, der betonte, dass von Berlin aus eine neue Bewegung und eine neue Gefahr das Land bedrohe, nämlich das Agrariertum[116] und die Bauernbundsbewegung. Sein Hauptangriff richtete sich gegen Dr. Kleitner, dem er vorwarf, dass er den Weg über Ruhpolding in die Abgeordnetenkammer zu finden suche. (Zurufe: „Dös san Sprüch'!") Die Interessen des Waldbauerntums werden vom Zentrum ruhiger und deshalb vielleicht erspriesslicher vertreten als von Dr. Kleitner. (Zurufe: „Ham mir no nichts gespürt!") Als der Redner den Bauernbündler Dr. Gäch aus Niederbayern einen sonderbaren Volksvertreter und Volksbeglücker bezeichnete, entstand große Unruhe bei den anwesenden Bauernbündlern. Dr. Sigl, so führte Lehemeier aus, habe Päpste, Bischöfe und Geistliche in den Dreck gezogen. (Stürmische Zurufe: „Dös is a Lug!") Zu lauten Protestrufen kam es, als Lehemeier die Bauernabgeordneten als Volksaufrührer bezeichnete. Eisenberger, hiess es in der zentrümlichen Strafpredigt weiter, habe den Wunsch ausgedrückt, dass die Bauern nun zu denken anfangen, aber daran denken die Bauern nicht, dass sie von Leuten wie Eisenberger blos verhetzt werden. Der Tumult der Versammlung wurde immer grösser, sodass ein anwesender Polizeikommissär[117] dem Leiter der Versammlung nahelegte, den Redner zu mahnen, dass er die gehässigen Angriffe gegen Gegner, die nicht anwesend seien, zu unterlassen [habe]. Der Redner bemerkte zum Schlusse, die Zentrumsabgeordneten bräuchten sich nicht zu beschönigen, sie seien keine Höflinge, aber auch keine Volksaufwiegler. (Zuruf: „Wir Bauernbündler auch nicht!") Wir werden vielmehr bestrebt sein, Gott zu geben, was Gottes ist, dem Kaiser zu geben, was des Kaisers ist. (Zuruf: „Und dem Volke?") Nach der Rede von Dr. Orterer und Dr. Jäger wie Chefredakteur Frick ergriff ich als Diskussionsredner das Wort. Obwohl ich politisch nicht geschult war, stieg ich in die Hölle des Löwen und stellte an den Hauptredner Lehemeier die Frage: Ich kann mit mei-

115 Heinrich Meixner. Vgl. Anm. 72.

116 Gemeint ist damit der in Berlin gegründete Bund der Landwirte, die erste richtiggehende landwirtschaftliche Interessenvertretung im Deutschen Reich. Vgl. PUHLE, Interessenpolitik; FLEMMING, Interessen; ULLMANN, Interessenverbände.

117 Nach dem geltenden Versammlungsrecht war die staatliche Bürokratie zur Überwachung politischer Versammlungen berechtigt. Vgl. Versammlungs- und Vereinsgesetz vom 26. Februar 1850, in: Gesetz-Blatt für das Königreich Bayern vom 27. Februar 1850, 53–66.

nem schwachen Bauernverstand nicht begreifen, warum man jetzt so bemüht ist, katholische Männervereine zu gründen? Sind denn die Bauern jetzt auf einmal lauter Heiden geworden? Rätselhafte Gedanken durchziehen unsere Bauerngehirne, warum eigentlich jetzt katholische Männervereine gegründet werden. Will man dem Bauernbund kriegerisch entgegentreten? Warum hat man diese christlichen Männervereine nicht vor zwanzig Jahren gegründet? Zur Zeit des Kulturkampfes? Jetzt, wo Landwirtschaft und Gewerbe darniederliegt, wo der Bauer, der der Selbsthilfe überlassen ist und wir den festen Entschluss gefasst hatten, uns in einem Bund zu einigen, jetzt sei auf einmal die Religion in Gefahr! Dort, wo der christliche Männerverein grossgezogen wird, könne kein Friede sein und kein Segen Gottes könne in einer solchen Gemeinde walten. Noch dazu, wenn die Geistlichen statt Nächstenliebe Politik betreiben! Wo Feindschaft und Lüge herrscht, treibt der Teufel sein Spiel. Man solle doch an die Verzweiflung der Bauern denken! Wenn den Bauern geholfen wird, dann kommt wieder Friede unter das Volk! Ich kann durchaus nicht begreifen, warum der Bauernbund nicht katholisch sein soll! (Dr. Orterer selbst nicht!) Traurigkeit erfüllt unser Bauernherz, wenn man uns solche ungerechte Äusserungen entgegenwirft. Ich bin der Meinung, dass solche Reden überhaupt nicht aus christlichem Munde kommen sollen. Es ist unverschämt, einen Volksstand wie den Bauernstand, der seit [Seite 15] einem Jahrtausend die Religion hochschätzte, als ungläubig hinzustellen. Wir seien halbe Sozialdemokraten? Sind dies Sozialdemokraten, die vom frühesten Morgen bis zum späten Abend arbeiten, damit sie den Besitz erhalten können, wie es die Bauern tun? Es soll mir einer entgegentreten und behaupten, dass wir Bauern seit dem Augenblick, in dem wir dem Bauernbund angehören, nun aufeinmal unsere religiösen Pflichten nicht mehr erfüllen? Wir sind keine monarchistisch gesinnten Bauern? Schindet sich der Bauer und der Handwerker nicht den ganzen Tag, damit er seine Steuern und Abgaben zahlen kann und damit seinen Söhnen, die beim Militär sind, etwas schicken kann? Ich kann mir schon denken, warum wir nicht mehr katholisch in ihren Augen sind! Weil wir nicht Dr. von Orterer, Dr. Daller, Baron Soden[118], Graf Preising[119] und so weiter als Führer haben. (Donnernder Beifall) Mit dem Zentrum gehen wir nicht mehr. Wir sind von den Worten und dem schö-

118 Maximilian Graf von Soden-Fraunhofen (1844–1922), Gutsbesitzer, Jurist und Agrarexperte, Bayerische Patriotenpartei (ab 1887 Zentrum), Mitglied der Kammer der Abgeordneten 1875 bis 1893, der Kammer der Reichsräte 1895 bis 1918, des Reichstags 1874 bis 1884, bayerischer Innenminister 1912 bis 1916.

119 Konrad Graf von Preysing-Lichtenegg-Moos (1843–1903), Gutsbesitzer, Bayerische Patriotenpartei (ab 1887 Zentrum), Mitglied der Kammer der Reichsräte 1880 bis 1903, Mitglied des Reichstags 1871 bis 1893 und 1900 bis 1903, führender Politiker des hochadeligen Zen-

nen ministeriellen Wohlwollen nicht satt geworden! Was hat das Zentrum in den letzten 20 Jahren für die Bauern getan? Ja, es hat ein Herz für die hohen Herrn und die Liberalen, aber kein Herz für die Bauern! Wo ist denn beim Zentrum die Religion, wenn es mit den Liberalen zusammengeht[120]? Ist denn nicht die christliche Nächstenliebe aus dem Zentrum gewichen und statt dessen Pflichtvergessenheit gegenüber dem Bauernstand Tagesordnung geworden? Traurige Erinnerungen beschäftigen das Herz des Bauern, wenn er durch den Staatswald geht und denkt an die Vergangenheit zurück, wo die Vorfahren Miteigentümer dieser Wälder waren. Mit traurigem Herzen geht der Bauer durch seine Getreidefluren und denkt daran, dass seine Eltern und Grosseltern aus den Getreideböden noch rentable Erträgnisse erzielt haben. Heute reichen diese Erträgnisse nicht mehr aus. Der Bauernwohlstand verschwindet immer mehr. Und der Handwerker? Der Bauern- und Mittelstand leidet und darbt! Darf man das nicht mehr sagen? Sollen wir Bauern und Handwerker uns von anderen Ständen an der Nase herumführen lassen? Zum Schlusse möchte ich sagen: Vertrauen wir fest auf unseren Herrgott, bleiben wir treu der wahren Religion und unserem König, aber stehen wir fest zu unserem Bunde. Bevor ich abtrete, möchte ich noch fragen: Was hat der Reichstagsabgeordnete Lehemeier hier in Traunstein zu tun? Warum ist er nicht in Berlin, wo seine Anwesenheit sehr wichtig wäre, weil das Wohl und Wehe von Tausenden von Bauern- und Mittelstandsfamilien von den neuen Steuergesetz-Beratungen[121] abhängt? Die Versammlung, in der Dr. von Orterer nochmals das Wort ergreifen wollte, billigte meine Ausführungen mit stürmischen Beifallskundgebungen. Mit einem Hoch auf Papst und den Prinzregenten schloss die Versammlung. Ein Chiemgaubauer schrieb in der Bauernbundspresse folgenden Vers in das Stammbuch des Zentrums:

„Die Trauben sind bei uns Euch wohl
Etwas zu hoch gehangen,

---

trumsflügels. Vgl. Doeberl, Preysing, 843–855; Haunfelder, Reichstagsabgeordnete (wie Anm. 14), 234 f.

120 Im Reichstag waren es Abgeordnete des Zentrums, die der Wirtschafts- und Sozialpolitik der Reichsregierung nach dem Ende des Kulturkampfes in der Hoffnung auf kirchenpolitische Zugeständnisse jeweils zu einer Mehrheit verhalfen. Diese Politik stellte den Anlass für die Bauernbundsbewegung dar, da sie als landwirtschaftsfeindlich empfunden wurde. Vgl. Einleitung.

121 Eisenberger zielt hier auf die Beratungen zum Tabaksteuergesetz (Sitzung am 11., 12., 13. und 15. Januar 1894, in: Sten. Ber. über die Verh. d. Reichstags 1893/1894 Bd. 1, Berlin 1894, 567–679) und zum Weinsteuergesetz (Sitzung am 18., 19. und 20. Januar 1894, in: Sten. Ber. über die Verh. d. Reichstags 1893/1894 Bd. 1, Berlin 1894, 711–807) ab.

Darum versucht es das nächstemal
Wo anders Bauern zu fangen."

Seit diesem grossen Erfolge wurde ich für die Bauernbundssache immer mehr begeistert. Die Bewegung wuchs und wuchs. Da kamen dann die Schikanen des damaligen bayerischen Innenministers Freiherrn von Feilitsch[122]. So mussten die Versammlungen eine bestimmte Zeit vorher angemeldet werden und dann, wenn sie genehmigt wurden, wurden sie von einem Bezirksamtsbeamten überwacht. Dann kam es soweit, dass fast jede Versammlung von sechs bis acht Gendarmen überwacht worden ist. In einer Versammlung zu Engelsberg[123] waren sogar 12 Gendarmen gekommen. Von Beichtstuhl und Kanzel aus wurde gearbeitet. Müttervereine, Gesellenvereine, Burschen- und Dienstbotenvereine wurden gegründet. Sie alle wurden ja doch am politischen Nasenring des Zentrums herumgeführt. Aus der Angst um die Stimmen auf dem Lande hat das Zentrum in hundsmiserabelster Weise den Kampf gegen den Bauernbund entfesselt. Die Sozi, die ja auf dem Lande nichts zu suchen hatten und die deshalb keine Konkurrenz für die Zentrümler waren, waren die reinsten Engel gegen uns Bauernbündler. Der Kampf wurde nicht wegen der Gefährdung der Religion geführt, denn die wurde ja von uns nicht angegriffen, sondern zur Erhaltung der Jahrhunderte alten Macht, die die privilegierten Stände zum Schaden des Bauernstandes auszunützen gewohnt waren, sodass hier wohl das Sprichwort gilt: „Die Katze lässt das Mausen nicht!"
[Seite 16] Am 11. März 1894 wurde in Palling[124], am 26. März in Obing[125], am 15. April in Höslwang[126] eine Versammlung abgehalten. Überall das gleiche Bild: Geistliche als Diskussionsredner, Gründung von Männervereinen und Reiffeisenverbänden[127]. Am 22. April wollten wir in Rosenheim eine Versammlung abhalten; aber es war auf einmal kein Saal mehr aufzutreiben, sodass die Versammlung in dem Rosenheim benachbarten Bad Aibling ab-

122 Maximilian Freiherr (ab 1904 Graf) von Feilitzsch (1834–1913), bayerischer Innenminister 1881 bis 1907.
123 Bezirksamt Traunstein.
124 Bezirksamt Laufen. Zu dieser Versammlung vgl. NfV vom 16. März 1894.
125 Bezirksamt Traunstein. Zu dieser Versammlung vgl. BV vom 28. März 1894; TW vom 3., 7., 12., 14., 19. und 21. April 1894.
126 Bezirksamt Rosenheim. Zu dieser Versammlung vgl. TW vom 28. April, 1. und 3. Mai 1894.
127 Die Errichtung von genossenschaftlichen Selbsthilfeeinrichtungen für die Landwirtschaft wurde von der Geistlichkeit und der staatlichen Bürokratie als geeignetes Mittel zur Eindämmung der Bauernbundsbewegung betrachtet. Vgl. HÜTTL, Genossenschaftsverband, 27–129.

gehalten werden musste[128]. In dieser Versammlung trat ein Kooperator auf, der behauptete, dass die Bauernbündler keinen Respekt vor der Obrigkeit und der Geistlichkeit hätten. Das erregte stürmischen Widerspruch und es wurde dem Geistlichen auseinandergesetzt, dass der Bauer immer den Priesterrock geehrt hatte und ehren wird. In einer Versammlung zu Moosrein bei Miesbach[129], die von 600 Bauern besucht war, rechnete Dr. Kleitner mit den Reichsräten Baron von Hertling[130] und Graf Törring[131] wegen ihrer Haltung in den Forstrechtsfragen scharf ab, dagegen wurde allgemein das Verhalten des Prinzen Ludwig von Bayern[132], der in Bezug auf die Mobilarversicherung für die Bauerninteressen eintrat, anerkannt und an den Prinzen ein Huldigungs- und Danktelegramm gerichtet. Dieses Telegramm wurde dem Bauernbund zum ersten schweren Verhängnis. Es erregte die Stellungsnahme des Dr. Sigl, der sich in der Nummer 115 [des Bayerischen Vaterlandes] vom 25. Mai 1894 folgendermassen ausliess:

> „Als dritter Redner in Moosrein sprach Herr Dr. Kleitner über Forst- und Streurechte, polemisierte gegen Baron Hertling und plädierte unter tiefen Verbeugungen vor dem Prinzen Ludwig, so schreibt die Augsburger Zeitung[133], der wir den Bericht entnehmen, für Errichtung einer staatlichen Mobilarversicherung. Auf Dr. Kleitners Vorschlag ist an Prinz Ludwig ein (sehr überflüssiges) heisses Dank-, Belobigungs- und Huldigungstelegramm nach Neustadt a. d. Hardt abgeschickt worden. Was wollte Dr. Kleitner mit seiner Telegrafiererei. Die goldenen Worte der Liebe, Einsicht und Gerechtigkeit des Prinzen in der Reichsratskammer[134] haben anderen höchstens silbern (also möglicherweise auch blechern D. V.) er-

---

128 Zu dieser Versammlung vgl. AA vom 24. April 1894; demnach fand sie am 21. April statt.

129 Moosrain. Zu dieser Versammlung vgl. AA vom 21. Mai 1894; demnach fand sie am 20. Mai statt.

130 Georg von Hertling (1843–1919), kath. Sozialethiker und Philosophieprofessor, Zentrum, Mitglied der Kammer der Reichsräte 1891 bis 1918, des Reichstags 1875 bis 1890 und 1896 bis 1912, Vorsitzender der dortigen Zentrumsfraktion 1909 bis 1912, Vorsitzender des bayerischen Ministerrates 1912 bis 1917, Reichskanzler 1917 bis 1918.

131 Hans Veit Graf von Toerring-Jettenbach (1862–1929), Gutsbesitzer, als Agrarexperte umstritten, da er wirtschaftsliberale Positionen vertrat, Mitglied der Kammer der Reichsräte 1892 bis 1918. Vgl. LÖFFLER, Kammer, 198–202.

132 Ludwig von Bayern (1845–1921), Sohn des Prinzregenten Luitpold, Agrarexperte, Mitglied der Kammer der Reichsräte 1863 bis 1912, Prinzregent 1912/1913, letzter König von Bayern 1913 bis 1918.

133 Eisenberger gibt den Bericht des Bayerischen Vaterland nicht wortgetreu wieder. An dieser Stelle steht ihm Original „Abztg.“. Gemeint ist also die Augsburger Abendzeitung.

134 Erste, aus Adeligen (Geburtsadel sowie geadelte Reichsräte bürgerlicher Herkunft) bestehende Kammer des Bayerischen Landtages. Vgl. dazu LÖFFLER, Kammer.

schienen und waren sicher nicht von der Bedeutung, die ihnen Dr. Kleitner zuschrieb, um ein solches Huldigungstelegramm zu motivieren. Bis aber Prinz Ludwig König wird, dürfte Herr Dr. Kleitner auch schon ein sehr alter Herr sein. Im übrigen meinen wir, wenn eine Bauernversammlung partout jemand antelegraphieren will, sollte man an erster Stelle des Staatsoberhauptes gedenken und das ist das Prinzregent und nicht Prinz Ludwig oder ein anderer Prinz."

Durch die Reibereien zwischen Dr. Sigl und Dr. Kleitner in Oberbayern und durch die Streitigkeiten zwischen Dr. Gäch und Wieland[135] in Niederbayern hat die soviel versprechende Bauernbewegung schweren Schaden erlitten. Die Gegner des Bauernbundes erhielten zugleich aber neue Anhaltspunkte für ihren Kampf gegen die Bauernbewegung.

[4.5] *II. Kapitel* *Schwere Proben für den Bestand der Bauernbewegung: Der Streit unter den Bundesführern.*

Dr. Sigl hatte 1895 im „Vaterland" geschrieben: „Im Gründungsjahr war Blühen und Gedeihen, aber im zweiten Jahr 1894 ging es schon schief, im dritten Jahr 1895 fiel der Bauernbund und begrub sich selbst. Um diesen Preis hätten die bayerischen Bauern auch beim Zentrum bleiben können und keine Fühlung mit den Konservativen suchen brauchen: denn beide Parteien waren und sind bauernfeindlich."

Ich will nun die Meinungsverschiedenheiten der Führer näher begründen:

Dr. Ratzinger, der ja bekanntlich ein katholischer Geistlicher war und im Landtage die im Jahre 1893 gewählte Bauernbundsfraktion führte, nahm anfangs 1894 an den Statuten [Seite 17] des Bundes Anstoss. Es war der Paragraph 3 2[136]. Derselbe verlangte, dass die Abgeordneten des Bauernbundes im Einverständnisse mit dem Bundesausschuss und der Bundesvorstandschaft zu stimmen und zu handeln haben und zwar bei besonders wichtigen Angelegenheiten, z.B. Abschluss von Handelsverträgen, von einschneidenden Gesetzen. Dieser Paragraph sollte bezwecken, dass die Abgeordneten des Bauernbundes nicht in den politischen Klubs versinken, sondern mit den Wählern in Fühlung bleiben und die Interessen der Wähler damit auch

135 Hier irrt Eisenberger. Ein Zerwürfnis zwischen Wieland und Gäch gab es zu keiner Zeit. Die zu Beginn des Jahres 1895 vor allem in der Zentrumspresse kolportierten Gerüchte entbehrten der Grundlage. Vgl. KIRCHINGER, Bauernrebell, 113 f.

136 Gemeint war damit der Paragraf 3, Absatz 2.

besser vertreten können. Nur Dr. Ratzinger war gegen den Paragraph und trat auch aus dem niederbayerischen Bauernbunde aus[137]. So entstanden zwei Richtungen: die gemässigte (Dr. Ratzinger) und eine radikale (Wieland und Gäch). Die letzte Gruppe war die stärkere. Dr. Ratzinger versuchte nun den niederbayerischen Bauernbund gegen den oberbayerischen Bauernbund auszuspielen. Der Zorn Dr. Ratzingers richtete sich dann auch gegen Dr. Kleitner. Dr. Ratzinger hatte nämlich durch Dr. Sigl kurz vor Pfingsten bei der Vorstandschaft des oberbayerischen Bauernbundes in Traunstein brieflich anfragen lassen, ob der oberbayerische Bauernbund den § 3 2 fallen lasse, in diesem Falle werde er – wenn die Vorstandschaft ihn einlade – dem oberbayerischen Bauernbund als Mitglied beitreten. Wir von der Vorstandschaft gaben dann zur Antwort, dass der oberbayerische Bauernbund den § 3 2 nicht fallen lassen werde, um Friede und Eintracht mit dem niederbayerischen Bauernbund zu halten etc. Für den Korb, den sich Dr. Ratzinger und Dr. Sigl in Traunstein geholt hatten, machten beide ungerechterweise Dr. Kleitner verantwortlich. Nun setzte gegen Dr. Kleitner eine Fehde ein, die aber die Einheit des oberbayerischen Bauernbundes mit dem niederbayerischen Bauernbunde nicht zerschlagen konnte. Dr. Ratzinger und – ihm zuliebe – Dr. Sigl hatten sich damit zwischen zwei Mühlen gesetzt. Am 10. Juni 1894 rechtfertigte Dr. Kleitner die Notwendigkeit des § 3 2 und die 700 bis 800 Bauern, die zu dieser Versammlung in Landsberg am Lech[138] gekommen waren, stimmten dem zu, sodass der ebenfalls mit zwei „Kammerstenographen" anwesende Dr. Sigl die Gewissheit mitnehmen musste, dass gegen die Einigkeit des Bauernbundes nichts mit Erfolg unternommen werden könne. In einer weiteren Versammlung, am 8. Juli in Fürstenzell bei Passau[139], zu der Dr. Ratzinger, Sinzinger[140], Wimmer[141], Bachmeier und Dr. Sigl kamen, wurde nochmals die Lage des Bundes in Bezug auf § 3 2 besprochen. Die Versammlung gestaltete sich dann noch interessanter, als Wieland und ich erschienen. Dr. Ratzinger nahm eingehend gegen den § 3 2 Stellung und erklärte, dass er nur Gott, seinem Gewissen und seinen Wählern verantwortlich sei. Ratzinger wurde durch Zurufe unterbrochen. Man forderte ihn aus der Versammlung heraus zum Verlassen der Versammlung auf. Als Dr. Sigl

---

137 Seinen Austritt erklärte er am 1. Mai 1894 in Sigls Bayerischem Vaterland.

138 Zu dieser Versammlung vgl. AA vom 11. Juni 1894.

139 Zur Fürstenzeller Versammlung vgl. MNN vom 9. Juli 1894; ferner RIBLINGER, Radikalmittel, 60–64; BAUERNFREUND, Muster-Partei, 17–24.

140 Hans Sinzinger (1858–1906), Kaufmann in Pfarrkirchen, Bayerischer Bauernbund, Mitglied der Kammer der Abgeordneten 1893 bis 1903, führender Politiker der gemäßigten Richtung in der Bauernbundsbewegung. Vgl. KÜRSCHNER, Landtag, 36.

141 Joseph Wimmer. Vgl. Anm. 92.

ihm beistehen wollte, wurde er ausgepfiffen. Dr. Sigl stellte an die Versammelten die Frage, ob er weiterreden soll oder nicht. Nur wenige erklärten sich für ein Weitersprechenlassen Dr. Sigls[142]. Wenn Dr. Sigl weitersprecne, dann verlasse der Grossteil den Saal. Ich erklärte, dass wir an dem Paragraph 3 2 festhalten, weil die bisherigen Vertreter zu sehr Politik der freien Hand betrieben hätten. Wer Liebe zum Volke habe, stosse sich an § 3 2 nicht. Es sei besser, wenn zwei oder drei aus dem Bunde ausscheiden, als dass der ganze Bund in Trümmer gehe. Wieland und ich haben mit unseren Ausführungen donnernden Beifall gefunden. An unseren Bauernschädeln haben sich die Doktorschädel eingerannt.

Am gleichen Tage fand in Weilheim eine Versammlung statt, die durch die Reden Dr. Kleitners und Dr. Gächs eine besondere Bedeutung erhielt. Auch dort wurde das Festhalten an Paragraph 3 2 bejubelt. So kam es, dass durch die beiden Versammlungen in Weilheim und Fürstenzell die beiden Bünde Oberbayern und Niederbayern aneinander nähergebracht wurden. In der Presse konnte man lesen: Graf Preysing und Dr. Ratzinger, ebenso Dr. Sigl mögen in Kamerun einen Katholischen Bauernbund gründen – ohne § 3 2 – dorthin kommen weder Wieland noch Eisenberger.

Dr. Sigl hat über die Versammlung in Fürstenzell folgendes geschrieben: Eisenberger soll seine Weisheit, die er in Fürstenzell zum Besten gab, seinen Ochsen und Kühen auf der Alm vortragen, die fressen es vielleicht lieber als die nieder[Seite 18]bayerischen Bauern[143]. – Von diesem Zeitpunkt an wurde ich nur mehr von Dr. Sigl als

„der Eisenfresser von Ruhpolding"

in seinem Blatte bezeichnet[144]. Dr. Sigl machte sich durch seinen Pressekampf so unmöglich, dass er sich von dem Bunde zurückzog. Er hatte ausgespielt. Die Agitation auf den Dörfern und Marktflecken ging weiter. In einer Versammlung am Ammersee[145] am 29. Juli [1894] sagte ich zu den Bauern:

142 Die MNN vom 9. Juli 1894 berichteten hingegen, eine große Mehrheit habe sich dafür ausgesprochen, Sigl weitersprechen zu lassen.

143 BV vom 20. Juli 1894: „Eisenberger, der Abgesandte des Bundes-Herodes Confusius Loquax [d. i. Kleitner], wollte auch mithelfen zur Verurtheilung des Herrn Dr. Ratzinger; bei dem wär's aber besser gewesen, wenn er daheim geblieben und den Schmarrn, den er in Fürstenzell vorgebracht, daheim auf der Alm seinen Kälbern erzählt hätte. Es hat gar nicht viel gefehlt, dann wäre dieser oberbayerischen Grasmücke von den Rotthaler Bauern die Lederhose ordentlich ausgestaubt worden."

144 So etwa im BV vom 6. Oktober 1896.

145 Die Versammlung fand in Dießen (Bezirksamt Landsberg am Lech) statt. Zu dieser Versammlung vgl. BV vom 1. August 1894; NfV vom 1. August 1894.

„Los vom Zentrum" bedeute nicht „Los von der Religion", sondern heisse: Los von den Verführern!

Der Bauer Klas[146] von Steinebach führte folgendes aus:

„Ihm habe geträumt, dass im Rottal[147] ein Krieg ausgebrochen sei und unter Führung des Grafen Preysing, der seinen Generälen Dr. Ratzinger und Dr. Sigl Befehle erteilte. Dahinter standen als Offiziere viele Geistliche, die sich gerade über die Gehaltsaufbesserung[148] unterhielten und hinter diesen standen die Soldaten, die ‚dummen Bauern', die sauere Milch[149] bekamen. Das ist der Bund ohne § 3 2."

Am 19. August [1894] kam ich neben anderen Führern des Bauernbundes nach *Altötting*[150]. Das war historisches Geschehen. Viele Zentrumsbauern unter der Führung von Abg. Huber, Kastl[151], und zahlreicher Geistlicher und Seminaristen waren erschienen. Sie beherrschten das Feld vollständig. Es kam zu stürmischen Auseinandersetzungen. Der Enderfolg war die Gründung einer Ortsgruppe des Bauernbundes.
Am 7. Oktober fand eine bemerkenswerte Versammlung in Lauingen (Schwaben) statt, zu der von unserer Seite Dr. Kleitner, Jehl und ich erschie-

---

146 Michael Klas, Landwirt in Steinebach (Bezirksamt Landsberg am Lech), Obmann der Bauernbundssektion Landsberg am Lech. Vgl. Kreis-Amtsblatt von Oberbayern vom 24. März 1894, 40; NfV vom 23. Mai 1895. Laut BV vom 1. August 1894 Mitglied des oberbayerischen Landrates, findet sich sein Name nicht in der Liste der im Frühjahr 1894 gewählten Landratsmitglieder (Kreis-Amtsblatt von Oberbayern vom 11. April 1894, 69–71).

147 Zentrum der gemäßigten Richtung der Bauernbundsbewegung.

148 Im bayerischen Konkordat von 1817 wurde der katholischen Pfarrgeistlichkeit von Seiten des Staates als Ausgleich für die Säkularisation ein Mindesteinkommen garantiert, dessen Anhebung im Landtag beschlossen werden musste. Vgl. Heinrich Ludwig KRICK, Handbuch des Katholischen Pfründewesens mit Rücksicht auf die im Königreiche Bayern geltenden staatlichen Bestimmungen (Handbibliothek für die pfarramtliche Geschäftsführung im Königreiche Bayern 2), Kempten ^{4}1905, 86–102.

149 Damit spielte Klas auf einen Ratschlag Ratzingers an. Dieser hatte die wirtschaftlichen Probleme der Landwirtschaft auf einen zu hohen Lebensstandard der Bauernfamilien zurückgeführt, weshalb er seinen bäuerlichen Lesern in der Passauer Donau-Zeitung geraten hatte, saure Milch zu trinken und Zwillichhosen anzuziehen, womit er starke Empörung hervorrief. Vgl. dazu BAUERNFREUND, Muster-Partei, 52 f.

150 Zu dieser Versammlung vgl. RIBLINGER, Radikalmittel, 78.

151 Joseph Huber (1844–1911), Landwirt und Ziegeleibesitzer aus Oberaltenbuch (Gemeinde Forstkastl bei Mühldorf), Bayerische Patriotenpartei (ab 1887 Zentrum), Mitglied der Kammer der Abgeordneten 1883 bis 1907. Vgl. KÜRSCHNER, Landtag, 20.

nen waren[152]. Auf der anderen Seite war der Zentrumsgraf Max Preysing[153] aufmarschiert. Als letzter erklärte, dass der Bund nur die Unzufriedenheit unter den Bauern wachrufe, entstand auch hier ein derartiger Tumult, dass der Zentrumsgraf nicht mehr weitersprechen konnte. Der nächste Redner, der Zentrumsredakteur Raster[154] aus Augsburg, verzichtete auf sein Wort. Dr. Kleitner erwiderte den Diskussionsrednern, dass der Bauernbund zur Besorgung seiner Geschäfte keinen Grafen brauche. Auch hier wurde eine „Sektion" des Bauernbundes gegründet.

Am 2. Dezember [1894] Versammlung in Murnau[155]. Eine Resolution Dr. Kleitners fand einstimmige Annahme, die eine Einigung des Bauern- und Mittelstandes fordert und die mittelstandsfeindliche Politik des Zentrums, das bald mit den Junkern, bald mit den Sozialdemokraten Arm in Arm geht, verfemt wird. Sie richtete sich auch gegen den niederbayerischen Bauernbund, der mit den „Adeligen" und den Zentrümlern in Verhandlungen trat. Die Resolution war förmlich eine Kriegserklärung des oberbayerischen Bauernbundes an den niederbayerischen Bauernbund. Damit war die Trennung zwischen den beiden Bünden vollzogen.

Wir vom oberbayerischen Bauernbund führten die Agitation mit allen Mitteln fort. Eine Petition des Waldbauernbundes betreffs einer Reform des Forst- und Jagdgesetzes zirkulierte in ganz Bayern herum und erreichte Tausende von Unterschriften. Am 16. Dezember 1894 fanden sich 80 Sektionsvorstände aus Oberbayern und Schwaben zu einer Beratung in München (Restaurant Trefler) zusammen[156]. Dr. Kleitner wurde einstimmig zum Vorsitzenden gewählt. In dieser Versammlung wurde die Ausarbeitung eines Programms für eine Mittelstandspartei, Bürger und Bauern zusammenfassend, beschlossen. Zugleich wurde festgestellt, dass ein Anschluss an das Zentrum, an den Bund der Landwirte[157] oder gar an die Sozialdemokratie nie in Betracht kommen könne. Nur ein einziger Redner, Gutsbesitzer Bader von Edelstetten[158] in Schwaben, sprach sich für den Anschluss an den nord-

---

152 Zu dieser Versammlung vgl. NfV vom 11. Oktober 1894.

153 Maximilian Graf von Preysing-Lichtenegg-Moos (1849–1926), Gutsbesitzer, Bayerische Patriotenpartei (ab 1887 Zentrum), Mitglied der Kammer der Abgeordneten 1880 bis 1886, des Reichstags 1890 bis 1893. Vgl. HAUNFELDER, Reichstagsabgeordnete (wie Anm. 14), 234.

154 Hierbei handelte es sich um einen Herrn namens Raster von der Augsburger Postzeitung. Vgl. NfV vom 11. Oktober 1894.

155 Bezirksamt Weilheim. Zu dieser Versammlung vgl. RIBLINGER, Radikalmittel, 80.

156 Zu dieser Versammlung vgl. AA vom 19. Dezember 1894.

157 Vgl. Anm. 116.

158 August Bader, Land- und Gastwirt in Edelstetten (Bezirksamt Krumbach). Vgl. HOCHBERGER, Bauernbund, 229.

deutschen Agrarierbund aus. Alle Verstaatlichungsversuche, wie Getreidemonopol[159], Hypothekenverstaatlichung usw. wurden abgelehnt, dagegen die Ausdehnung des Genossenschaftswesens befürwortet. Behufs Gründung eines bayerischen Bauernbundes wurde beschlossen, mit den Niederbayern und Franken in Verbindung zu treten.

[Seite 19] Einen sehr bemerkenswerten Verlauf nahm die am 29. Dezember 1894 in Straubing abgehaltene Generalversammlung des niederbayerischen Bauernbundes[160]. Zum besseren Verständnis der folgenden Geschichte muss bemerkt werden, dass nach dem Ausscheiden des Dr. Ratzinger sich unter der Führung des Abgeordneten Sinzingers [!] ein gemässigter Flügel im Bund sich herausgebildet hatte, der mehrere Vorstösse gegen die radikale Richtung des Dr. Gäch und Wieland unternahm. Sinzinger konnte mit seinen Vorstössen nichts ausrichten; denn die niederbayerischen Schädel waren hart und blieben hart. Dr. Gäch und Wieland erhielten das Vertrauen der Bauernbündler ausgesprochen. Bundesvorsitzender Hien[161] eröffnete die Sitzung und gab bekannt, dass zur Delegiertenversammlung nach München betreff Gründung eines bayerischen Bauernbundes Wimmer, Wieland und Wasserburger[162] geschickt werden sollen. Wieland erstattete Bericht über seine Erfahrungen im Landrate von Niederbayern. Wieland sagte, man müsse oft scharf auftreten, weil man so verfolgt werde. Die Geistlichen brauchen wir in der Kirche und nicht in der Politik. Den Geistlichen müsse die Wahrheit gesagt werden. Die sind die Nachfolger der Betrüger von 1848[163]. Der Betrug von 1848 (wegen Bodenzinse) beläuft sich für die Bauern auf jährlich 20 Millionen. Das muss für die Zukunft beseitigt werden. Wieland fragte zum Schlusse, ob gegen die Geistlichen usw. weiterhin agitiert werden solle, und zwar gegen jene, die sich in die Politik einmischen. Dieser Frage folgte stürmischer Zustimmungsbeifall. Auch eine Einigung des Bauernbundes müsse

159 Vgl. Anm. 173 und 183.

160 Zu dieser Versammlung vgl. AA vom 31. Dezember 1894; ferner BAUERNFREUND, Muster-Partei, 24–29; RIBLINGER, Radikalmittel, 64–67.

161 Xaver Hien, Gutsbesitzer von Mitterharthausen bei Straubing, Vorsitzender des Bundes der niederbayerischen Landwirte von der Gründung 1893 bis zum Zusammenschluss mit der fränkischen Bauernbundsbewegung am 2. März 1895, stand in dieser Funktion immer im Schatten Wielands. Vgl. KIRCHINGER, Bauernrebell, 49–54.

162 Xaver Wasserburger, Brauereibesitzer in Dingolfing, Mitglied des niederbayerischen Landrates. Vgl. Protokoll über die Verh. d. Landrathes von Niederbayern vom 12. November bis 23. November 1894 (Außerordentliche Beilage zum Hauptblatte des Kreis-Amtsblattes von Niederbayern vom 7. Dezember 1894).

163 Wieland zielte darauf ab, dass die katholische Geistlichkeit im Jahr 1848 im eigenen finanziellen Interesse gegen die restlose Abschaffung der Bodenzinse war. Vgl. dazu STOLLEIS, Gesetzgebung, 105 f.

kommen. Er habe sich mit dem in dieser Versammlung anwesenden Dr. Kleitner dahin geeinigt, dass jeder Kreis seine Forderungen aufstelle, die dann entsprechend vertreten werden würden. In dieser Beziehung habe er sich auch an die fränkischen Demokraten gewendet, die ohne Grund den Bauernbund bekämpfen. Heute, wo die Reaktion wieder so mächtig ihr Haupt erhebe, sei es notwendig, dass die demokratisch gutgesinnten Elemente des Mittelstandes zusammengehen und zusammenarbeiten. Den Bund der Landwirte dürfe man nicht ganz abweisen, wenn man auch den preussischen Konservativen in politischer Beziehung nicht zustimmen könne.[164]
Hierauf stellte Dr. Gäch folgende Forderungen auf:

„1.) Einführung des Getreidemonopols oder eine ähnlich wirkende Einrichtung.
2.) Aufhebung der gemischten Transitlager[165] und jeglichen Zollkredits für Getreide.
3.) Ordnung der internationalen Währungsverhältnisse[166].
4.) Verstaatlichung der Reichsbank und Ermöglichung der Hingabe billigen Geldes auch für den kleinen Mann.
5.) Zuziehung des Laienbeirates zur Rechtsprechung in allen Strafsachen und bürgerlichen Rechtsstreitigkeiten in allen Instanzen, Einrichtung von Gemeindegerichten ohne Zulassung von Advokaten; dabei sollen die Strafen der Gemeindegerichte den Gemeinde-Armenkassen zufliessen.
7.) Reform des Gebührenwesens.
8.) Aufhebung der ungerechten Bodenzinse und Grundlasten.
9.) Revision des sogenannten Forstgesetzes.
10.) Erbauung von Kleinbahnen und staatlichen Korn- und Getreidehäusern.“

Zu Punkt 9 bemerkte der Redner, dass das Forstgesetz gar nicht zu Recht bestehe, weil seinerzeit 1852 nicht die erforderliche Zweidrittelmehrheit,

164 Die fünf letzten Sätze in diesem Absatz stammen von „Auch eine Einigung …“ bis „… nicht zustimmen könne“ nach Ausweis der in Anm. 160 genannten Quellen nicht wie Eisenberger es darstellt von Wieland, sondern von Gäch.

165 Getreidetransitlager dienten der Lagerung von Getreide, das für den Transit bestimmt und deshalb zollfrei war. In den so genannten gemischten Getreidetransitlagern wurde auch inländisches Getreide gelagert, weshalb sie den Argwohn der Agrarier auf sich zogen, die behaupteten, dass der Getreidehandel mit ihrer Hilfe den Zoll umgehe. Vgl. STEINKÜHLER, Industriestaat, 184–186.

166 Vgl. Anm. 201.

nämlich nur 68 von 86 Abgeordneten, dafür gestimmt hätten[167]. Dr. Kleitner protestierte in der Diskussion gegen das Getreidemonopol. Er erlitt jedoch eine Niederlage in dieser Versammlung.

[4.6] *Der Herr Bezirksamtsassessor Kahr*[168].

Am 23. [!] Januar 1895 fand in Erding eine grosse Bauernbundsversammlung statt, in der ich referierte[169]. Ich sagte: Das Volk gebe dem Kaiser, was des Kaisers sei, verlange aber auch, dass das Volk an seinen Rechten nicht ganz beschnitten werde. Der damalige die Versammlung überwachende Bezirksamtsassessor Kahr hat mich unterbrochen, da er in meinen Ausführungen eine Aufreizung erblicke. Der Leiter der Versammlung[170] entzog mir in etwas voreiliger Art das Wort. Der nächste Redner, Dr. Kleitner, rechnete nun mit dem Bezirksassessor ab, indem er betonte, dass die Umsturzvorlage[171] noch nicht Gesetz sei und auch nicht Gesetz werde. Er stellte an die Versammlung [Seite 20] die Frage, ob sie mit dem Vorgehen des Herrn Assessors Kahr einverstanden sei und ob Eisenberger weiterreden solle. Die Versammlung verlangte einstimmig, dass ich weiterreden solle. Gegen Kahr haben wir bei der Regierung von Oberbayern Beschwerde eingelegt, die Herrn Kahr eine Nase gab. Der zweite Redner, Kaufmann Jehl von Traunstein, warnte

167 Zur Meinung, dass das Forstgesetz verfassungsändernden Charakter besitze und deshalb eine qualifizierte Mehrheit zur Annahme benötige, vgl. Sitzung am 16. Februar 1852, in: Verh. d. Kammer d. Abg. 1852. Sten. Ber. Bd. 3, München o. J., 524. Das Abstimmungsergebnis, das Gäch in seiner Rede ansprach, bezieht sich auf Art. 30, die Ablösungsmodalitäten der Forstrechte betreffend. Dieser Artikel wurde mit 68 der 128 anwesenden Mitglieder angenommen (529 f.).

168 Gustav von Kahr (1862–1934), Bezirksamtsassessor von Erding, seit 1917 Regierungspräsident von Oberbayern, Ministerpräsident von Bayern 1920/1921, Generalstaatskommissar 1923/1924. Zu Kahrs Beamtenkarriere vgl. insbesondere Stephan DEUTINGER, Gustav von Kahr. Regierungspräsident von Oberbayern 1917–1924, in Stephan DEUTINGER – Karl-Ulrich GELBERG – Michael STEPHAN (Hg.), Die Regierungspräsidenten von Oberbayern im 19. und 20. Jahrhundert, München 2005, 218–231.

169 Laut dem Versammlungsbericht in der NfV vom 16. Januar 1895 fand die Versammlung am 13. Januar statt.

170 Landwirt Eschbaumer von Moosinning (Bezirksamt Erding), Vorsitzender der Bauernbundssektion Erding, als Befürworter des Anschlusses an den Thüngenbund ein innerbündlerischer Gegner Eisenbergers, Stellvertretender Bundesmeister des Bayerischen Bauern- und Bürgerbundes (Kleitnerbund). Vgl. HUNDHAMMER, Geschichte, 58 f. Wohl identisch mit Wolfgang Eschbaumer, gen. Zehmerbauer von Moosinning, dort Bürgermeister 1882 bis 1896. Vgl. Josef GAMMEL, Moosinning in Vergangenheit und Gegenwart. Kurze Geschichte der Pfarrei Moosinning, Moosinning 1929, 63.

171 Eine gegen die Sozialdemokratie gerichtete Verschärfung des geltenden Vereins-, Versammlungs- und Presserechts, die sich auch auf die Bauernbundsbewegung negativ auszuwirken drohte. Vgl. Anm. 191.

vor Baron Thüngen[172], der mit seiner scheinbaren Bauernfreundlichkeit nur bezwecken wollte, damit die süddeutschen Bauern in den Stall [des Bundes] der Landwirte getrieben und dann an den Wagen der Deutschkonservativen Partei gespannt werden. Zum Schlusse der Versammlung wurde wieder eine Resolution von Dr. Kleitner angenommen, die sich gegen den russischen Handelsvertrag wandte. Mit dieser Resolution, durch welche Dr. Kleitner ein Ersatzmittel für den Antrag Kanitz[173] schaffen wollte, kam nun auch der oberbayerische Bauernbund auf die schiefe Ebene. Die Resolutions- und Petitionswut Dr. Kleitners hat uns in grosse Verlegenheit gebracht. Man warf Dr. Kleitner vor, dass seine Forderungen ebenso verwerflich und schädigend wären wie die Forderungen von Kanitz.

Am 10. Februar 1895 fanden in Traunstein die Generalversammlungen des Oberländer-Waldbauernbundes und des oberbayerischen Bauernbundes statt[174]. In der Generalversammlung des Oberländer-Waldbauernbundes wurde auf Wunsch vieler Interessenten beschlossen, den Oberländer-Waldbauernbund in „Bayerischen Waldbauernbund" umzutaufen. Als Bundesmeister wurde Bürgermeister Huber und als Schriftführer meine Wenigkeit [wieder]gewählt. In meiner Rede erklärte ich, dass der fränkische Baron von Thüngen empfohlen habe, die Bauern Frankens möchten sich an den Bund der Landwirte anschliessen. Der Baron werde bei seinen Plänen sogar von den niederbayerischen Bauernführern Wieland und Gäch, dann von den Sozialdemokraten Schwab[175] und Memminger[176] sowie von Dr. Sigl als Führer eines bayerischen Bauernbundes bestens „rekommandiert". Von Thüngen empfehle zugleich den Antrag Kanitz als das Allheilmittel für die kranke Landwirtschaft. Der oberbayerische Bauernbund werde sich weder von den Junkern noch von dem Klerus, der immer gleich Himmel und Hölle in Bewegung setzt, noch von den Sozialdemokraten beirren lassen. Zum Schlusse forderte ich die Bauern zum Zusammenhalten auf. Man möge vor allem die Handwerker und Gewerbetreibenden wie die christlichen Geschäfte un-

172 Vgl. Einleitung, Anm. 31.

173 Benannt nach Hans Wilhelm Alexander Graf von Kanitz (1841–1913), Mitglied des Reichstags 1889 bis 1913 für den Bund der Landwirte, zielte der Antrag auf die Verstaatlichung der Getreideeinfuhr ab. Vgl. PUHLE, Interessenpolitik, 230–232.

174 Zu dieser Versammlung vgl. AA vom 12. Februar 1895; NfV vom 15. Februar 1895; TW vom 14. und 16. Februar 1895.

175 Alois Schwab (geb. 1847), ehemaliger Sozialdemokrat, Redakteur der NfV, die er von gemäßigt klerikaler zu bündlerischer Orientierung führte. Vgl. BayHStA, MInn 73455, Innenminister Feilitzsch an Prinzregent Luitpold, 27. Mai 1897; KIRCHINGER, Bauernrebell, 161.

176 Vgl. Einleitung, Anm. 34.

terstützen und nicht das Grosskapital, das meist jüdisch sei[177]. Dr. Kleitner wandte sich dann gegen den Antrag Kanitz, der nicht auf dem Acker des Grafen Kanitz-Podangen gewachsen sei, sondern von dem französischen Sozialistenführer Jaurès, der diesen Antrag am 17. Februar 1894 in der französischen Abgeordnetenkammer eingebracht habe[178], übernommen worden sei. Wenn die Monopole eingeführt werden würden, dann wäre der sozialistische Zukunftsstaat fertig. Der Bauernstand im Kirchenstaat sei eben wegen des Getreidemonopols zugrundegegangen[179]. Man wolle die bayerischen Bauern durch den Antrag Kanitz hypnotisieren. Über den Vorwurf von Thüngens, er selber solle hinter seinen Büchern bleiben, da er von der Landwirtschaft nichts verstehe, gehe er – Dr. Kleitner – mit „Indignation“ hinweg. Von Baron von Thüngen sei auch nur bekannt, dass er als österreichischer Offizier 1866 die Schlacht bei Königgrätz mitverloren habe[180]. Der Redner schloss dann seinen Vortrag mit der Erörterung der Statuten des neuzugründenden Bauern- und Bürgerbundes.

Am 2. März 1895 fanden sich in Regensburg die Delegierten aller bayerischen Bauernbünde ein, um über die Gründung eines bayerischen Bauernbundes zu beraten[181]. An der hinter verschlossenen Türen abgehaltenen Versammlung beteiligten sich 68 Delegierte aller Schattierungen, aus allen Kreisen Bayerns herbeigeströmt. Unter den Delegierten befanden sich 12 Abgeord-

---

177 Diese Aussage traf Eisenberger nach dem Bericht des TW vom 14. Februar 1895 tatsächlich. Es liegt deshalb hier ein Rechtfertigungsversuch Eisenbergers gegenüber den Nationalsozialisten vor, der allerdings einer gewissen judenfeindlichen Grundlage in Eisenbergers politischem Weltbild nicht entbehrt.

178 Vgl. LEHMANN, Agrarfrage, 81; ALDENHOFF-HÜBINGER, Agrarpolitik, 182.

179 Eisenberger spielt hier auf die päpstliche „Annona“ an. Diese wurde im 16. Jahrhundert gegründet. Ihre Aufgabe bestand darin, die Getreidepreise zu fixieren und den Getreidehandel zu überwachen. Der Zweck dieser Maßnahmen bestand darin, den Getreidepreis im Interesse der Bevölkerung Roms niedrig zu halten. Vgl. Joseph HERGENRÖTHER, Der Kirchenstaat seit der französischen Revolution. Historisch-statistische Studien und Skizzen, Freiburg im Breisgau 1860, 123 f. Zu der am Ende des 19. Jahrhunderts geführten Diskussion um die Verantwortung der Päpste für den Verfall der römischen Landwirtschaft vgl. Veit ELM, Die Moderne und der Kirchenstaat. Aufklärung und römisch-katholische Staatlichkeit im Urteil der Geschichtsschreibung vom 18. Jahrhundert bis zur Postmoderne (Historische Forschungen 72), Berlin 2001, 94–125.

180 Hierbei handelt es sich um eine Verwechslung. Es war nicht der Bauernbundspolitiker Karl Ernst, sondern sein Bruder Ernst von Thüngen-Roßbach (1841–1911), der als „Unterlieutenant 1. Classe“ beim 2. Dragonerregiment im Militär-Schematismus des österreichischen Kaiserthumes für 1866, Wien 1866, 388 verzeichnet ist. Vgl. zu ihm Genealogisches Handbuch des in Bayern immatrikulierten Adels Bd. 6, Neustadt an der Aisch 1957, 346–349.

181 Zu dieser Versammlung vgl. AA vom 4. März 1895; NA vom 5. März 1895; NfV vom 4./5. und vom 6. März 1895; BAUERNFREUND, Muster-Partei, 88–104; RIBLINGER, Radikalmittel, 67–69; HUNDHAMMER, Geschichte, 51–57 und 220 f.

nete, darunter Dr. Sigl, ferner Baron von Thüngen und Landrat Wieland. Die Tagung stand ganz unter dem Eindruck des Antrages Kanitz. Alle Vertreter der Presse, welche nicht bündlerisch waren, und sogar auch Dr. Kleitner, Jehl und ich, die als Delegierte von Oberbayern erschienen waren, wurden aus der Versammlung ausgeschlossen. Die Vorstandschaft des Oberbayerischen Bundes der Landwirte und Gewerbetreibenden protestierte in einem Aufruf gegen das Gebaren der in Regensburg Versammelten.

An meinen Regensburger Hinauswurf knüpft sich eine Familien-Erinnerung. Meine Frau lag im Wochenbett und wollte mich absolut nicht fortlassen. Aber ich gehorchte in meinem politischen Übereifer der Bäuerin nicht, sondern begab mich zum Regens[Seite 21]burger Kongress. Als ich nach meinem Hinauswurf wieder zum Hutzenauer Hof zurückkam, hatte meine Frau ein Mädchen zur Welt gebracht[182]. Im Hutzenauer Hof herrschte wenigstens wieder Freude.

Durch den Hinauswurf aus Regensburg war der Bruch für immer herbeigeführt worden. Den Regensburger Kongress beschäftigte vor allem folgende Tagesordnung: Antrag Kanitz, Beseitigung der Bodenzinse, Errichtung einer Staatshypothekenbank, Herabsetzung des Zinsfusses und Ablösung der bäuerlichen Hypothekenschulden durch den Staat.

Der Antrag Kanitz hatte folgenden Wortlaut[183]:

> „Der Reichstag wolle beschliessen, den Reichskanzler zu ersuchen, dem Reichstage baldigst einen Gesetzentwurf vorzulegen, wonach:
> 1. Der Einkauf und Verkauf des zum Verbrauch im Zollgebiet bestimmten ausländischen Getreides, mit Einschluss der Mühlenfabrikate, ausschliesslich für Rechnung des Reiches erfolgt.
> 2. Der Verkaufswert des Getreides nach den inländischen Durchschnittspreisen der Periode 1850 bis 1890, die Verkaufspreise der Mühlenfabrikate nach den wirklichen Ausbeuteverhältnissen, dem Getreidepreis entsprechend, bemessen werden, solange hierdurch die Ankaufspreise gedeckt sind, während bei höheren Einkaufspreisen auch die Verkaufspreise entsprechend zu erhöhen sind.
> 3. Über die Verwendung der aus dem Verkauf des Getreides und der Mühlenfabrikate zu erzielenden Überschüsse derart Bestimmung getroffen wird, dass

182 Anna, Eisenbergers zweites Kind und erste Tochter, später Sennerin auf der Schwarzachenalm. Vgl. EISENBERGER, Eisenberger, 15.

183 Eisenberger gibt hier den Antrag vom 13. März 1895 fast wortgetreu wieder. Vgl. Verh. d. Reichstages 1894/1895. Anlagen Bd. 2, Berlin 1895, Nr. 211.

a.) alljährlich eine den jetzigen Getreidezoll-Einnahmen mindestens gleichkommende Summe an die Reichskasse abgeführt wird.
b.) zur Ansammlung von Vorräten für ausserordentliche Bedürfnisse (Kriegsfall) die nötigen Mitteln bereitgestellt werden.
c.) dass ein Reservefond gebildet wird, um in Zeiten hoher In- und Auslandspreise die Zahlung der an die Reichskasse jährlich abzuführenden Summe (a) sicherzustellen.

Unterschriften: Abg. Holz[184], Graf Kanitz-Podangen, von Kardorf[185], Graf zur Limburg Stirum[186], Lotze[187], von Plötz[188], Graf Schwerin-Löhnitz[189]"

Wir oberbayerischen Bündler waren deshalb gegen diesen Antrag Kanitz, weil er unser Untergang gewesen wäre. Es bestand nämlich zwischen Nord und Süd, West und Ost in den deutschen Getreidepreisen die grösste Ungleichheit. Zwischen Königsberg in Ostpreussen und Lindau in Bayern existierten im Jahre 1894 z. B. Preisunterschiede bis zu 60 Mark [pro Tonne]. Wäre der Antrag Kanitz durchgegangen, dann hätten die süddeutschen Bauern ihre Preise herabsetzen und die ostdeutschen Grossbauern hätten die Preise hinaufsetzen müssen, d. h. die Bauern im Süden wären schwer geschädigt und die Grossgrundbesitzer beinahe belobigt worden.
Der Regensburger Kongress hatte für den niederbayerischen Bauernbund bei den kommenden Wahlen eine schwere Schlappe zur Folge. Die Bündler verloren überall[190].

---

184 Otto Holtz (geb. 1845), Rittergutsbesitzer, Deutsche Reichspartei, Mitglied des Reichstags 1887 bis 1896. Vgl. SCHWARZ, MdR, 354.

185 Wilhelm von Kardorff (1828–1907), Rittergutsbesitzer, Freikonservative Vereinigung bzw. Deutsche Reichspartei, Mitglied des Reichstags 1871 bis 1906. Vgl. Bernd HAUNFELDER, Biographisches Handbuch für das preußische Abgeordnetenhaus 1849–1867 (Handbücher zur Geschichte des Parlamentarismus und der politischen Parteien 5), Düsseldorf 1994, 141.

186 Friedrich Wilhelm Graf zu Limburg-Stirum (1835–1912), Gutsbesitzer, Konservative Partei, Mitglied des Reichstags 1893 bis 1907. Vgl. SCHWARZ, MdR, 389.

187 Carl Friedrich Lotze (geb. 1837), Rittergutsbesitzer, Deutschsoziale Reformpartei, Mitglied des Reichstags 1893 bis 1903. Vgl. SCHWARZ, MdR, 392.

188 Berthold Friedrich August von Ploetz (1844–1898), Rittergutsbesitzer, Konservative Partei, Mitglied des Reichstags 1893 bis 1898. Vgl. SCHWARZ, MdR, 425.

189 Dr. Hans Graf von Schwerin-Löwitz (1847–1918), Rittergutsbesitzer, Konservative Partei, Mitglied des Reichstags 1893 bis 1918. Vgl. SCHWARZ, MdR, 461.

190 Eisenberger meint hier die verlorenen Reichstagsnachwahlen von Passau und Aschaffenburg sowie die Landtagsersatzwahl von Landau an der Isar. Vgl. HUNDHAMMER, Geschichte, 60–62.

In meiner Chronik muss noch vermerkt werden, dass die Herrn Dr. Sigl und Wieland sich – wenigstens äusserlich – ausgesöhnt hatten. Am 11. Januar 1895 hielt Dr. Sigl im Reichstage eine schneidige Rede gegen die Umsturzvorlage[191]. Diese Rede war auch die Brücke, auf der sich die beiden Bauernführer treffen konnten.
Zum Regensburger Kongress ist noch nachzutragen, dass der „Bayerische Bauernbund" konstituiert worden ist. Gewählt wurden Freiherr von Thüngen als Präsident des Vorstandes, als Mitglieder des Vorstandes ausserdem noch:

Oberbayern: Riebenak, Landwirt in Weitzacker bei Weilheim[192],
Niederbayern: Wieland, Gutsbesitzer und Landrat in Hirlbach bei Straubing,
Oberpfalz: Schäfer, Landwirt in Pondorf[193],
Oberfranken: Friedel, Bierbrauereibesitzer und Landtagsabgeordneter in Oberkonnersreuth[194],
Mittelfranken: Singer, Landwirt in Neuherberg bei Uffenheim[195],
Unterfranken: Schunk, Landwirt und Müller in Waltershausen[196],
Schwaben: Seitz, Landwirt in Meitingen[197],
Bundeskassier: Assistent Seitz in Zeitlofs (Unterfranken)[198].

---

191 Sitzung am 11. Januar 1895, in: Sten. Ber. über die Verh. d. Reichstags 1894/1895 Bd. 1, Berlin 1895, 282–286.

192 Johann Riebenack, Besitzer von Gut Waitzacker bei Weilheim. Vgl. KIRCHINGER, Bauernrebell, 117 f. und 135.

193 Karl Schäfer, Landwirt und Bäcker von Pondorf bei Beilngries, am 25. Februar 1899 zum Stellvertretenden Vorsitzenden des Bayerischen Bauernbundes gewählt. Vgl. KIRCHINGER, Bauernrebell, 117 f., 160, 222, 225 und 239 f.

194 Johann Friedel (1856–1902), Landwirt und Bierbrauer aus Oberkonnersreuth (Bezirksamt Bayreuth), zwischen der Nationalliberalen Partei und dem Bayerischen Bauernbund bzw. dem Bund der Landwirte schwankend, Mitglied der Kammer der Abgeordneten 1892 bis 1902, des Reichstags 1900 bis 1902. Vgl. Bernd HAUNFELDER, Die Liberalen Abgeordneten des Deutschen Reichstags 1871–1918, Münster 2004, 145.

195 Adam Singer, Landwirt in Neuherberg bei Uffenheim. Vgl. HOCHBERGER, Bauernbund, 81.

196 Martin Schunk (1853–1933), Mühlen- und Sägewerksbesitzer von Waltershausen (Bezirksamt Königshofen). Vgl. HOCHBERGER, Bauernbund, 60 f.

197 August Seitz, Landwirt in Meitingen (Bezirksamt Wertingen). Vgl. HOCHBERGER, Bauernbund, 78 f.

198 Die in Anm. 181 genannten Zeitungsberichte über die Regensburger Versammlung vom 2. März 1895 erwähnen keinen „Assistent Seitz" aus Zeitlofs (Bezirksamt Brückenau) als Bundeskassier. Er könnte aus dem Umkreis Thüngens stammen. Denn der in unmittelbarer Nähe Rossbachs liegende Markt Zeitlofs war Sitz einer thüngenschen Nebenlinie. Vgl. Genealogisches Handbuch des in Bayern immatrikulierten Adels (wie Anm. 180), 353–356.

Von diesem Tage an gab es ausser dem „oberbayerischen Bauernbund“ und dem „christlichen Bauernverein“[199] in Bayern nur mehr den „Bayerischen Bauernbund“, der den niederbayerischen Bauernbund und die fränkischen Bünde in sich schloss.

[Seite 22] Das Programm dieses Bundes enthielt folgende Punkte: Von der Reichsgesetzgebung wird gefordert: 1. Verstaatlichung der Getreideeinfuhr, 2. Kündigung der Meistbegünstigungsverträge allen Staaten gegenüber, deren landwirtschaftliche Produkte den heimischen Produkten gefährliche Konkurrenz machen, 3. Aufhebung der gemischten Getreidetransitlager[200], 4. Reform der Getreidebörsen auf der Grundlage des reellen Geschäftes und wirklicher Lieferung, 5. Fernhaltung der Einschleppungsgefahr von Viehseuchen durch die denkbar schärfsten Massregeln dem Auslande gegenüber; Verbot der Einfuhr fremden Fleisches. Strenge Gesetze gegen Verfälschung von Molkereiprodukten, 6. Reform der Branntweinsteuer behufs Erleichterung der kleinen und mittleren landwirtschaftlichen Brennereien und Herbeiführung besserer Ausfuhrbedingungen für den deutschen Spiritus, 7. Reform der Versicherungsgesetzgebung, 8. Regelung der Währungswirren in der Richtung der vertragsmässigen Doppelwährung an Stelle der Goldwährung[201], 9. Verstaatlichung der Reichsbank. Von der Landesgesetzgebung wurde gefordert: grösstmögliche Sparsamkeit im gesamten öffentlichen Haushalt; Einführung einer allgemeinen progressiven Einkommensteuer an Stelle der bestehenden direkten Steuern, damit der überbürdete Grundbesitz und das Kleingewerbe entlastet und das zur Zeit höchstbegünstigte grosse Geldkapital und die hohen Einkommen schärfer herangezogen werden; Beseitigung der Bodenzinse; weitere Erleichterungen auf dem Gebiete des Gebührenwesens, soweit es sich um land- und forstwirtschaftlich benutzten Grund und Boden handelt, unter Berücksichtigung der auf demselben lastenden Schulden; Ablösung der bäuerlichen Hypothekenschulden durch den Staat; Schaffung einer genossenschaftlichen Landeskreditanstalt mit dem Rechte der Pfandbriefausgabe; Verstaatlichung der Mobilarfeuerversicherung; bessere Gestaltung des bäuerlichen Erbrechtes; Erlass eines Gesetzes über den Unterstützungswohnsitz; Revision des Forst- und Jagdgesetzes im bauernfreundlichen Sinn. Am folgenden Tage, am 3. März, fand dann nach dem Regensburger Kongresse

---

199 Vgl. Einleitung, Anm. 27.

200 Vgl. Anm. 165.

201 Die Befürworter der Doppelwährung aus Gold und Silber anstatt der geltenden reinen Goldwährung erhofften sich dadurch eine Steigerung der Getreidepreise. Vgl. PUHLE, Interessenpolitik, 232 f.

eine öffentliche Versammlung statt[202], in der Baron von Thüngen sich äusserte; sollte die bei der Eröffnung des Brandenburgischen Provinziallandtages gefallene Äusserung des Kaisers, „der Antrag Kanitz sei eine Utopie", [sich bestätigen], dann bliebe den Bauern nichts anderes übrig, als in schärfste Opposition zum Kaiser zu treten.

Während nun in den ersten Tagen des März 1895 in Regensburg die Kanitzianer sich zum „bayerischen Bauernbund" unter dem Präsidium des Baron von Thüngen zusammenfanden, wurde in den letzten Tages desselben Monats von uns, also den Antikanitzianern, ein „Bayerischer Bauern- und Bürgerbund" unter Leitung Dr. Kleitners gewählt[203]. Das Programm des „Bayerischen Bauern- und Bürgerbundes enthielt folgende Punkte:

(Das Programm beiliegend, gehört hier eingeschaltet)[204]

---

202 Zur Kundgebung Thüngens am 3. März 1895 vgl. BV vom 6. März 1895; AA vom 6. März 1895.

203 Die Gründung des Bayerischen Bauern- und Bürgerbundes fand am 30. März 1895 in München statt. Vgl. MNN vom 2. April 1895; NA vom 14. April 1895; RIBLINGER, Radikalmittel, 85–89; HUNDHAMMER, Geschichte, 57–59; HOCHBERGER, Bauernbund, 90 f.

204 Abgedruckt in: HUNDHAMMER, Geschichte, 222 f.: „Programm des Bayerischen Bauern- und Bürgerbundes. / Der Bayerische Bauern- und Bürgerbund betrachtet folgende Forderungen seines allgemeinen Programmes als besonders dringlich und in näherer Zukunft der vereinten Volkskraft erreichbar: / I. Politischer Teil. / 1. Wahrung der Selbständigkeit Bayerns gegenüber dem erneuten Ansturm der großpreußischen Zentralisationsbestrebungen. Ausbau der Reichs- und Landesverfassung im volkstümlich freiheitlichen Geiste. / 2. Volle Vereins-, Versammlungs- und Preßfreiheit. / 3. Allgemeines, gleiches, direktes und geheimes Wahlrecht für alle parlamentarischen Vertretungen. / 4. Gewährung von Diäten an alle Reichs- und Landtagsabgeordneten, Landrats- und Distriktsratsmitglieder. / 5. Reform der Rechtspflege unter grundsätzlicher Heranziehung des Laienelementes; Ständigkeit, Selbständigkeit, Öffentlichkeit und Mündlichkeit der Militärgerichte. / 6. Erhaltung des Friedens auf kirchlichem Gebiet und Hebung des Unterrichtswesens, insbesondere der landwirtschaftlichen und gewerblichen Fachausbildung. / II. Wirtschaftlicher Teil. / 7. Berufsgenossenschaftliche Organisation der Landwirtschaft und des Gewerbes. Schutz für dieselben vor der Konkurrenz des Auslandes wie vor dem Großkapitalismus des Inlandes; Wiedereinführung des Identitätsnachweises für Getreide usw. Reform der Branntweinsteuer, Abschaffung des Exportprämienunwesens; Widerstand gegen aufsaugende Verkehrs- oder Tarifpolitik eines einzelnen Bundesstaates. / 8. Herabminderung der Militärlasten. / 9. Hebung der Getreidepreise durch Übertragung des gesamten Getreidehandels an die berufsgenossenschaftlich organisierte Landwirtschaft. Abschaffung der gemischten Transitlager und der Zollkredite. / 10. Seuchenabwehr durch strenge Kontrolle und Kontumaz für Nutz- und Schlachtvieh dem Auslande wie verseuchten Reichsgebieten gegenüber. Gesetzliche Abwehr der Verfälschung von Molkereiprodukten; die süddeutschen Verhältnisse mitberücksichtigende Gestaltung des Margarinegesetzentwurfes. / 11. Internationale Festsetzung eines bestimmten Wertverhältnisses zwischen Gold und Silber (Doppelwährung). / 12. Reform der gesamten Versicherungsgesetzgebung unter Entlastung der erwerbenden Volksklassen. / 13. Scharfe Scheidung der Gewerbegesetzgebung nach Großbetrieb und

Mit diesem Programm hatten wir bald grossen Erfolg und Anklang. Am 19. Mai 1895 beschloss die Sektion Landsberg, dem Bauern- und Bürgerbund beizutreten[205]. Am 26. Dezember fand in Ruhpolding die Generalversammlung des bayerischen Waldbauernbundes statt, zu der die Bauern aus Berchtesgaden, aus dem Pinzgauerschen und aus dem Achentale herbeigeströmt kamen[206]. Dr. Kleitner forderte die Abänderung des Forstgesetzes und die Erhaltung des Waldbauernbundes, ohne den die Bauern ihre letzten Rechte verloren hätten. „Mit Herz und Mund, für Gott, König und Bauernbund", schloss Dr. Kleitner seine Rede.

Anlässlich dieser Versammlung kam es zu einem kleinen Zwischenfall. In dem Saal, in dem die Versammlung stattfand, waren die Bilder des Kaisers und der Kaiserin aufgehängt. Diese Bilder nahm ich weg und hängte dafür zwei Bilder von Andreas Hofer und ein Bild des unglücklichen Bayernkönigs Ludwig II. [auf.] Ein Forstbeamter erkundigte sich bei der Wirtin, wie es „oben im Saal beim Eisenberger zugehe". Die Wirtin antwortete, dass der Eisenberger den Kaiser abgehängt habe, weil die Bauern ihn nicht brauchen. Dies teilte der Forstbeamte der Staatsanwaltschaft mit und gegen mich wurde ein Verfahren wegen Majestätsbeleidigung eingeleitet. Das Verfahren verlief jedoch für mich günstig.

Wie immer, so wurde auch in dieser Ruhpoldinger Versammlung die Forderung erhoben, dass den Bauern die Holz-, Streu-, Weide- und sonstigen

---

Kleinbetrieb; dem Mittel- und Kleingewerbe Rechnung tragende Reform des Handelsgesetzes und der Konkursverordnung. / 14. Beseitigung der gewerblichen Zuchthausarbeit durch Verwendung der Strafgefangenen für Kulturunternehmungen. / Weitere Entlastung des Gewerbes von der großindustriellen Schleuderkonkurrenz. / 15. Übertragung von Staatslieferungen an das organisierte Gewerbe. / 16. Einführung der allgemeinen progressiven Einkommen-, beziehungsweise Besitzsteuer. / 17. Beseitigung der Bodenzinse mittels der Ersparnisse durch Konvertierung. / Aufhebung der Fideikommißgesetze. Einziehung der Lehensgüter. Abschaffung der Umlagefreiheit der Standesherren. / 18. Schaffung einer lebens- und konkurrenzfähigen genossenschaftlichen Landeskreditanstalt. / 19. Staatliche Versicherung gegen Elementarschäden, wie gegen Viehverluste (Pferde eingeschlossen). / 20. Durchgreifende Reform der gesamten Forst- und Jagdgesetzgebung unter vollster Würdigung der Rechte und Bedürfnisse der Landwirtschaft und des Gewerbes."

205 Zu dieser Versammlung in Epfenhausen (Bezirksamt Landsberg am Lech) vgl. NfV vom 23. Mai 1895. Anders als von Eisenberger behauptet, beschloss die Bauernbundssektion Landsberg jedoch nicht den Anschluss an den Bayerischen Bauern- und Bürgerbund Kleitners, sondern an den Bayerischen Bauernbund Thüngens und Wielands, und zwar einstimmig. Obwohl die Haltung der Landsberger Bauernbündler nicht eindeutig war und sich eine Versammlung der Bauernbundssektion Landsberg am Beginn des Jahres 1895 gegen den Antrag Kanitz ausgesprochen hatte (vgl. BV vom 2. Februar 1895), blieb Landsberg eine Enklave der niederbayerischen Bundesrichtung.

206 Zur Generalversammlung des Waldbauernbundes vgl. AA vom 2. Januar 1896; BV vom 15. Januar 1896.

Forstrechte gesichert werden. Weiters wurde gefordert: für Ablösung von Forstrechten die Abtretung eines ent[Seite 23]sprechenden Teiles von Grund und Boden; Vorbeugung der grossen Wildgehege; Bildung von kleinen Jagdbezirken in den Gemeinden; Einsetzung von gemischten Kommissionen zur Aufstellung von Wirtschaft- und Streunutzungsplänen, [die] bei Streitfällen bezüglich der Forst- und Weiderechte sowie bezüglich der Schutzwaldungen und Wildhege, bei Festsetzung von Wildschäden und dergleichen, berücksichtigt werden. Diese Petition[207] wurde im Oktober 1895 im Landtage beraten und zugleich beschlossen, die Petition der Regierung zur Kenntnisnahme hinüberzugeben[208].

Eine der interessantesten Versammlungen war die vom 6. April 1896 in Mitterlern[209], zu der das Vorstandsmitglied des „Bayerischen Bauernbundes" Riebenack von Weitzacker unter anderen erschienen war. Vom Bauern- und Bürgerbund waren Jehl und ich anwesend. Wir beide versuchten, den Bauernbund mit unserem Bund zu einigen[210]. Jehl fand stürmischen Beifall, als er erklärte: „Ich bin nicht gewillt, den Sack, in den man uns Bauern hineingesteckt hatte, von einem Junker oder Konservativen zubinden zu lassen."

Nach einer Reihe von Versammlungen fand in Rosenheim am 17. Mai 1896 die Generalversammlung des oberbayerischen Bauern- und Bürgerbundes statt, die von 74 Delegierten aus allen Gauen Oberbayerns besucht war[211]. Dr. Kleitner wurde einstimmig das Vertrauen ausgesprochen. Bezeichnend war ein Schreiben des Führers Dr. Gäch vom Bayerischen Bauernbund, der betonte, dass er alles tun werde, um die Bünde zu einigen.

Sensationell war die Inzeller Versammlung vom 25. Mai 1896[212], in der die beiden Zentrumsabgeordneten Pfarrer Dr. Frank[213] und Pfarrer Dai-

---

207 Vgl. Sitzung des Petitionsausschusses am 22. Mai 1894, in: Verh. d. Kammer d. Abg. 1893/1894. Beilagen Bd. 2, München o. J., Nr. 344.

208 Dies bedeutete bereits eine Abschwächung gegenüber der Möglichkeit, die Petition der Staatsregierung zur Berücksichtigung zu übergeben. Zur Debatte vgl. Verh. d. Kammer d. Abg. 1895/1896. Sten. Ber. Bd. 2, München o. J., Sitzung am 17. Oktober, 182–186; 18. Oktober, 187–209; 23. Oktober, 211–230; 24. Oktober, 231–250; 25. Oktober 1895, 251–261.

209 Bezirksamt Erding. Zu dieser Versammlung vgl. AA vom 8. April 1896.

210 Eisenberger, so die AA (wie Anm. 209), „blies die Friedensschalmeien mit vollen Backen" gegenüber den niederbayerischen Bundesführern um Wieland.

211 Zu dieser Versammlung vgl. AA vom 18. Mai 1896; HUNDHAMMER, Geschichte, 68.

212 Zu dieser Versammlung vgl. NfV vom 5./6. Juni 1896.

213 Dr. Friedrich Frank (1832–1904), kath. Spitalpfarrer in Königshofen im Grabfeld, Bayerische Patriotenpartei (ab 1887 Zentrum), Mitglied der Kammer der Abgeordneten 1875 bis 1899, des Reichstags 1877/1878. Vgl. Manfred EDER, „Ich habe gar keine Abneigung gegen die Juden als solche". Georg Ratzingers Haltung zum Judentum, in: Johann KIRCHINGER – Ernst SCHÜTZ, Georg Ratzinger (1844–1899). Ein Leben zwischen Politik, Geschichte und Seelsorge, Regensburg 2008, 221–289, hier 281–283.

ser[214] für ihre freundliche Haltung bei der Beratung der Ruhpoldinger Petition im Landtage durch Beschluss sämtlicher Markgenossenschaften[215] des Waldbauernbundes zu Ehrenmitgliedern des Bundes ernannt wurden. Die beiden christlichen Abgeordneten wurden dann durch Fraktionsbeschluss des Zentrums aus der Partei ausgeschlossen[216].
Immer grösser wurde die Arbeit und immer mehr musste die Versammlungstätigkeit erhöht werden. Von den viertausend Versammlungen, die ich mitgemacht hatte, steht mir die von Fuchsmühl am 16. August 1896 noch in bester Erinnerung[217]. Fuchsmühl liegt ungefähr dreiviertel Stunden westlich von der Bahnstation Wiesau. Zu der Landgemeinde Fuchsmühl gehören die Ortschaften Fürstenhof, Herzogöd und Gütern, welche damals 196 Wohnhäuser und 1156 Einwohner hatten. Diese bildeten den Gutsbezirk des Krongutes Fuchsmühl, welches damals dem kgl. Kämmerer und Landgerichtsrate Freiherrn von Zoller[218] übertragen worden war und zur Verwaltung dem Bezirksamte Tirschenreuth unterstand. Schon das Äussere liess erkennen, dass die Ortschaften keinen Bauernwohlstand beherbergen, sondern dass unter dem Dache der Bauernhütten die Not zu Hause war. Es war eben die Steinpfalz. Armer Boden – arme Leute! Wenigstens hatten die Bauerngütler das Recht des Holzbezuges aus dem 2500 Tagwerk grossen Lehenswalde. Um dieses Holzbezugsrecht musste bitter gekämpft und gestritten werden[219]. Der Lehensherr bezw. der Vorfahre des damaligen Lehensherrn führte gegen die Holzberechtigten Streit und Prozess, obwohl er wusste, dass das Holzbezugsrecht den Bauern so notwendig war wie die Kartoffel und das tägliche Brot. Das Appellationsgericht von Oberpfalz entschied am 26. Juli 1883 auch zu Gunsten der Holzrechtler. Aber darum kümmerte sich der Lehensherr nicht, er stritt und prozessierte weiter. Der Lehensträger wollte die Holz-

---

214 Karl Daiser (1847–1914), Pfarrer in Ettal (Bezirksamt Garmisch), Zentrum, Mitglied der Kammer der Abgeordneten 1893 bis 1911. Vgl. KÜRSCHNER, Landtag, 13.

215 Mit diesem Begriff wurden die kleinsten organisatorischen Einheiten der oberbayerischen Bauernbundsbewegung benannt.

216 Daiser und Frank wurden keineswegs aus der Fraktion ausgeschlossen, obschon sie Schwierigkeiten wegen der Ehrung durch den Waldbauernbund bekamen, weshalb sie die Ehrenmitgliedschaft ablehnten. Vgl. Sitzung am 6. Juni und am 11. Juni 1896, in: Die Protokolle der Landtagsfraktion der Bayerischen Zentrumspartei Bd. 1, 280–285.

217 Bezirksamt Tirschenreuth. Zu dieser Versammlung vgl. WOLFSTEINER, Holzschlacht, 160–162.

218 Ludwig Freiherr von Zoller, Inhaber des kgl. Lehens Fuchsmühl seit 1885, Landgerichtsrat in München, Bruder des Chefs der Geheimkanzlei des Prinzregenten. Vgl. WOLFSTEINER, Holzschlacht, passim.

219 Zum Holzrechtsstreit, der in der Fuchsmühler Holzschlacht von 1894 eskalierte, vgl. ALBRECHT, Ereignisse, 307–354; STELZLE, Verhältnisse, 487–540; WOLFSTEINER, Holzschlacht.

berechtigten ablösen, aber die Holzberechtigten waren damit nicht einverstanden. Der Lehensherr erhob im Oktober 1893 die Feststellungsklage und verweigerte 1893 und 1894 die Holzabgabe. Das Jahr 1893 war noch dazu ein sehr trockenes Jahr, sodass in der Steinpfalz bei Anbruch des Winters Futternot herrschte. Dazu hatten die Bauern auch kein Holz mehr. Bauernkrieg drohte für das Land! Bauern waren in grösste Not geraten! Bauernrecht war und blieb Bauernrecht – also holten die Holzberechtigten auf eigene Faust ihr Holz. Die Axt dröhnte im Lehenswalde, obwohl jeder Schlag verboten war. Am 29. Oktober 1894 nämlich machten sich die Holzberechtigten, durch kleine Zettel, die an den Hütten angeschlagen waren, aufgefordert und ermuntert, auf den Marsch zum Lehenswalde. Mit Kind und Kegel zogen die Holzberechtigten aus. Die Dienstboten schlossen sich an! Es war ein stattlicher Zug! Dann krachte die Axt in das verbotene Holz – unermüdlich arbeiteten Männer, Frauen, Kinder, Knechte und Mägde. Am Abend war schon eine grosse Masse von Stämmen gefällt und zu Brennholz verarbeitet [Seite 24] worden. Gegenüber dieser grossen Menschenmenge war das Forstpersonal machtlos. Aber auch die Gendarmen konnten nichts unternehmen; denn die Holzrechtler liessen sich in ihrer Arbeit nicht stören. Wenn sie ihr ihnen zustehendes Holz bekommen würden, würden sie sofort das Holzfällen aufgeben, erklärten die Ältesten der Holzrechtler. Da griff das Bezirksamt ein. Bürgermeister Stock[220] und die beiden Gemeinderatsmitglieder Reger[221] und Pappenberger[222] wurden auf Anordnung des Bezirksamtmannes Wall[223] verhaftet und nach Waldsassen abgeführt. Sie waren die Führer der Aufwiegler, wurde erklärt!

Am Abend des 29. Oktober liess Bezirksamtmann Wall telephonisch vom Amberger 6. Infanterie-Regiment eine Abteilung abkommandieren. Als am 30. Oktober die Holzrechtler wieder ihren Marsch zum Lehenswalde begannen, setzte sich von Amberg eine Militärabteilung von 4 Sergeanten, einem Unteroffizier, einem Spielmann und 44 Infanteristen unter Kommando des Premierleutnants Mayer[224] [!] in Marsch. Mittags um 11 Uhr kam das Militär in das Gebiet der Holzrebellen. Die Holzrechtler hörten plötzlich

---

220 Josef Stock (geb. 1867), Landwirt in Fürstenhof, Bürgermeister von Fuchsmühl 1894 bis 1906. Vgl. WOLFSTEINER, Holzschlacht, passim.

221 Johann Reger (geb. 1852), Kaufmann in Fuchsmühl. Vgl. WOLFSTEINER, Holzschlacht, passim.

222 Alois Pappenberger (geb. 1851), Kaufmann in Fuchsmühl. Vgl. WOLFSTEINER, Holzschlacht, passim.

223 Johann Nepomuk Wall, Bezirksamtmann von Tirschenreuth. Vgl. Hof- und Staatshandbuch des Königreichs Bayern 1894. Nach dem Stande vom 1. Juli 1894, München o. J., 328.

224 Hermann Mayr (1860–1940). Vgl. WOLFSTEINER, Holzschlacht, passim.

Trommelwirbel und als sie Ausschau hielten, entdeckten sie die Soldaten. Sämtliche Holzfäller wurden aufgefordert, ihre Werkzeuge niederzulegen und die Arbeit einzustellen. Nach einer Pause von zwei Minuten wurde der Trommelwirbel und die Aufforderung nochmals wiederholt. Man musste zum drittenmale die Aufforderung wiederholen, wobei bemerkt wurde, dass nötigenfalls eine Gewehrsalve abgegeben würde. Die Holzfäller kümmerten sich um diese Drohung soviel wie gar nicht. Nur einige legten die Werkzeuge aus der Hand und liefen auf die Soldaten zu. Der Bezirksamtmann erklärte, dass diese Holzfäller ganz den Anschein erweckten, als würden sie gegen das Militär vorgehen. Der Leutnant liess sofort die Soldaten ausschwärmen. Mit aufgepflanztem Bajonett und unter Trommelschlag wurde der Wald gestürmt. Zwei Bauern wurden getötet, 17 Bauern teils leicht, teils schwer verletzt. Die Militärabteilung zog nach der Vertreibung der Bauern ab und nahm im Schlosse des Lehensherrn Quartier.
Dieses Ereignis stand im Hintergrund der Versammlung, die wir für die Holzrechtler in Fuchsmühl abgehalten haben. Auch die Versammlung bot schon ein bewegtes und stürmisches Bild. Dr. Heim[225], der damals noch ein junger Lehrer in Ansbach war, hatte sich mit seinen Studenten eingefunden. Pater Lorenz vom Kloster Waldsassen[226] erschien mit einem grossen Anhang. Schon bei der Wahl des Versammlungsleiters kam es zu schweren Zusammenstössen zwischen Dr. Kleitner und Dr. Heim. Die Fuchsmühler Bauern wollten als Leiter der Versammlung einen der Ihrigen, der bei der Holzfäller-Rebellion verwundet worden ist. Dr. Heim wollte einen der Seinigen durchbringen. 7 bis 800 Steinpfalzbauern jubelten der Wahl eines der Ihrigen zu. Dieser eröffnete die Versammlung mit dem Hinweis auf die Holzfäller-Rebellion. Als er in die Versammlung hineinrief, dass das Blut der Bauern zum Himmel schreie, sprang der überwachende Bezirksamtsassessor Ruprecht von Tirschenreuth[227] auf und verwarnte den Redner. Dr. Kleitner seinerseits kündigte dem Assessor an, dass er über sein Benehmen Beschwerde bei der Regierung erheben werde. Als der Fuchsmühler Bauer weiter über die Vorgänge im Lehenswalde sprach, sprang der Assessor abermals auf und

225 Vgl. Einleitung, Anm. 28.

226 Michael Lorenz (geb. 1828), Beichtvater der Zisterzienserinnen von Waldsassen (Bezirksamt Tirschenreuth), kein Ordens-, sondern Weltgeistlicher, einer der engagiertesten und aufgrund seiner Heftigkeit auch umstrittensten Zentrumsagitatoren in der nördlichen Oberpfalz. Zu Lorenz vgl. Schematismus der Geistlichkeit des Bisthums Regensburg für das Jahr 1895. Mit einigen chronologischen Notizen, Regensburg o. J., 107 und 141; HATTENKOFER, Regierende, 96–104.

227 Otto Rupprecht. Vgl. Hof- und Staatshandbuch des Königreichs Bayern 1896. Schluß der Redaktion 22. Oktober 1896, München o. J., 338.

erklärte die Versammlung für geschlossen. Dr. Kleitner erwiderte: „Sie haben ihre Mütze noch auf! Die Versammlung schliessen dann wir!“ Nachdem der Fuchsmühler Bauer die Rednertribüne verliess, konnte die Versammlung doch noch weitergeführt werden. Zuerst sprach ich, dann ergriff Dr. Kleitner das Wort, der an die beiden Gräber erinnerte, die die Toten vom 30. Oktober aufgenommen hatten. Zwei einfache Holzkreuze schmücken die beiden Bauerngräber und auf einem dieser Kreuze stand das Motto: „Im Himmel wird es noch eine Gerechtigkeit geben!“ Diese Kreuzesinschrift zeigt am besten, so führte Dr. Kleitner aus, wie verzweifelt die Bauern in dieser Notgegend seien. Als er auf die Gründung einer Waldbauernbund-Markgenossenschaft zu sprechen kam, sprang Pater Lorenz auf und schrie dem Redner entgegen: „Wir brauchen keinen Waldbauernbund, weil wir schon den christlichen Bauernverein haben!“ Dr. Heim als Diskussionsredner wurde niedergeschrieen. Es entstand ein solcher Tumult, dass kein Wort mehr verstanden worden ist. Dr. Kleitner und ich versuchten wiederholt zu schlichten. Dies gelang uns erst, als wir ein Hoch auf den Prinzen Ludwig ausbrachten. Dr. Heim schlich von dannen …

[Seite 25] Am 13. September [1896] fand in München durch Vermittlung des Schriftstellers Riblinger[228] eine Besprechung zwecks Einigung des bayerischen Bauernbundes mit dem Bauern- und Bürgerbund statt[229]. Es kam ein einheitlicher Wille zur Einigung zum Ausdruck. Ende September 1896 ist dann ein Aufruf in der Bundespresse erschienen, der zur Einigungsversammlung einlud[230].

Am 3. Oktober 1896 fand dann im [Münchner] Orpheum die von 120 bis 130 Delegierten besuchte Versammlung statt[231]. Das Resultat dieser Versammlung war zwar immer noch nicht die Einigung, aber wenigstens wurden die strittigen Punkte bereinigt.

Am 7. Oktober war von Baron von Thüngen nach Nürnberg eine Versammlung einberufen, in der Baron von Thüngen das Festhalten an dem bewährten Wirtschaftsprogramm des Bayerischen Bauernbundes proklamierte[232]. In

---

228 Johann Riblinger, Schriftsteller, ehemals Mitglied der linksliberalen Deutschen Volkspartei, versuchte nach seinem Austritt sein politisches Glück bei der bayerischen Bauernbundsbewegung. Vgl. HOCHBERGER, Bauernbund, 92, 145 und 193.

229 Zu dieser Besprechung vgl. NfV vom 17. September 1896; HUNDHAMMER, Geschichte, 70 f.; KIRCHINGER, Bauernrebell, 158 f.

230 NfV vom 25. September 1896. Zur Problematik dieses Aufrufes vgl. KIRCHINGER, Bauernrebell, 160–162.

231 Zu dieser Versammlung, die von Wieland nicht besucht wurde, vgl. BV vom 6. Oktober 1896; NfV vom 7. Oktober 1896; KIRCHINGER, Bauernrebell, 229.

232 Zu dieser Versammlung vgl. AA vom 9. Oktober 1896; BV vom 9. Oktober 1896; NfV vom 10. Oktober 1896; WAHRMUND, Bauernbund, 38 f.; HUNDHAMMER, Geschichte, 71 f.; KIR-

dieser Versammlung wurde Wieland als erster Präsident und Schunck von Waltershausen als zweiter Präsident gewählt, nachdem Baron von Thüngen eine Wiederwahl zum ersten Präsidenten abgelehnt hatte. Damit war die Einigung wieder um einen Schritt der Wirklichkeit nähergebracht.
Versammlung folgte auf Versammlung. In diesen Versammlungen kam hauptsächlich der Unwille der Bauern über Einfuhr von Vieh aus dem Auslande und der Wunsch nach Regelung der Forstrechte zum Ausdruck.
Am 7. Februar 1897 wagten wir uns wieder in das Tuntenhausener Gebiet. Wir hielten eine Versammlung in Grafing ab[233], die die Zentrumsleute sprengen wollten. Ein Kooperator äusserte: „Lieber komme mir ein Hagelwetter über Grafing als eine Bauernbundsversammlung." Ein anderer Geistlicher wollte die Situation retten und sprach mit versöhnenden Worten. Wenn der eine oder andere Geistliche einmal eine Dummheit mache, dann solle man nicht den ganzen Stand dafür verantwortlich machen. Die Geistlichen dürfen nicht gleichgültig sein gegen die Not der Bauern. Er selbst, so meinte der Redner im Priesterrocke, habe eine Ökonomie mit 260 Tagwerk und wäre nicht Wald dabei, dann müsste er daraufzahlen. Die Bauern, erklärte der Priester weiter, müssten dem Pfarrherrn lieber sein als die Grossgrundbesitzer und die Juden.
Das Frühjahr 1897 brachte wieder eine rege Agitationstätigkeit für unsere Bestrebungen nach sich. Nebenbei wurde der Wunsch nach restloser Einigung der Bauern stets stärker. Eine Versammlung in Rossholzen am 2. Mai 1897 nahm einen äusserst stürmischen Verlauf, da sehr viele Gegner anwesend waren[234]. Ich konnte mit meiner Rede kaum durchdringen. Mit Stöcken und Regenschirmen wollte man auf mich losgehen. Ein Rosenheimer Assessor sprang in diesem Augenblick auf den Tisch und gebot energisch Ruhe. Das wirkte so, dass eine regelrechte Kirchweihrauferei vermieden werden konnte. In der Versammlung ergriff dann Pfarrer Ragl[235], der Führer der dortigen Zentrumsleute, das Wort und gab uns die Mahnung auf den Weg, dass die Bauernbündler in dieser Gegend keinen Boden finden dürften.

CHINGER, Bauernrebell, 162–165.

233 Bezirksamt Ebersberg. Zu dieser Versammlung vgl. AA vom 18. Februar 1897.

234 Bezirksamt Rosenheim. Zu dieser Versammlung vgl. NfV vom 8. Mai 1897, wonach fünf Sechstel der Zuhörer Zentrumsanhänger gewesen sein sollen. Vgl. auch NfV vom 14. Mai 1897.

235 Joseph Ragl (geb. 1856), seit 1892 Pfarrer in Neubeuern (Bezirksamt Rosenheim). Vgl. Schematismus 1893 (wie Anm. 73), 68.

Drei Wochen darauf erfolgte die Einberufung einer Versammlung nach Au bei Bad Aibling[236]. Ich habe – ich darf es jetzt sagen, dass ich mit den Haberern[237] in Verbindung stand – dem Haberermeister geschrieben, er und seine Anhänger sollen sich recht zahlreich zur Versammlung einfinden. Der Haberermeister hatte gerufen und alle, alle kamen – das Lokal war bald überfüllt. Ein Bauer hatte mich am Bahnhof mit seinem Schrannenwagerl abgeholt. Zugleich kam auch Pfarrer Ragl in einem feinen Herrschaftsfuhrwerk angefahren. Vor dem Orte fuhr er mir vor. Eine vielversprechende Begegnung! Die Versammlung wurde für den Bauernbund zu einem grossen Erfolg. Die Haberer hatten schon gut dafür gesorgt.

Am 13. Juni – in den Wochen vorher waren ununterbrochen Versammlungen abgehalten worden – kam es in Oberding bei Erding zu einer unerwarteten Begegnung[238]. Dr. Sigl war erschienen und bekundete, dass nichts mehr der Einigung der Bünde im Wege stehe.

Im September war in Landshut der Katholikentag[239], auf dem der Zentrumsabgeordnete Gröber[240] uns zu den Sozi zählte und uns den Kampf bis aufs Messer ansagte. Diese Äusserung auf dem Katholikentag zu Landshut hat uns zu denken gegeben und so haben wir eine Delegiertenversammlung nach München einberufen. 80 Delegierte sämtlicher Markgenossenschaften waren am 25. September nach München gekommen. Die Einigung der beiden Bünde in einen „Bayerischen Bauernbund“ wurde vollzogen. Wieland wurde zum 1. Bundespräsidenten, meine Wenigkeit zum zweiten Bundespräsidenten gewählt[241].

---

236 Diese Versammlung konnte weder in der überörtlichen Bundespresse noch in der Lokalpresse nachgewiesen werden.

237 Organisatoren eines Haberfeldtreibens, d. h. eines ländlichen Rügegerichts, das als Selbstjustiz obrigkeitlich verboten und verfolgt wurde. Vgl. Elmar M. SCHIEDER, Das Haberfeldtreiben – Ursprung, Wesen, Deutung – (MBM 125), München 1983.

238 Die Versammlung, auf der Sigl unerwartet erschien, fand am 13. Juni in Westerham (Bezirksamt Aibling) statt. Nach Oberding war für diesen Tag ebenfalls eine Bauernbundsversammlung angesetzt worden, musste jedoch „infolge Quertreibereien Seitens des Zentrums“ abgesagt werden. Vgl. AA vom 14. Juni 1897.

239 Der deutsche Katholikentag des Jahres 1897 fand vom 29. August bis 2. September in Landshut statt, um die Bauernbundsbewegung in ihrem geografischen Zentrum zu bekämpfen. Dementsprechend standen agrarpolitische Fragen und die Agitation gegen den Bayerischen Bauernbund im Vordergrund der Verhandlungen. Vgl. Johannes B. KISSLING, Geschichte der deutschen Katholikentage Bd. 2, Münster 1923, 273–276.

240 Adolf Gröber (1854–1919), Jurist aus Württemberg, Vorstandsmitglied des Volksvereins für das katholische Deutschland, Zentrum, Mitglied des Reichstags 1887 bis 1918, der Nationalversammlung in Weimar 1919. Vgl. HAUNFELDER, Reichstagsabgeordnete (wie Anm. 14), 167 f.

241 Die Einigung wurde erst am 26. September auf der Delegiertenversammlung des Bayerischen Bauernbundes vollzogen. Vgl. NfV vom 27. September und vom 28. September 1897;

(Programm handschriftlich anbei)[242]

[Seite 26] [Am] 21. Oktober 1897 war im Wahlkreis Landau a. d. Isar Nachwahl zum bayerischen Landtage, bei der Wieland mit 84 gegen 67 Stimmen gegen Amtsrichter Söldner gewählt worden ist[243]. Ein grosser Erfolg für den Bauernbündler.

AA vom 27. September 1897; HUNDHAMMER, Geschichte, 75–77; HOCHBERGER, Bauernbund, 94; KIRCHINGER, Bauernrebell, 167–170.

242 Abgedruckt in: HUNDHAMMER, Geschichte, 223–225: „Programm des Bayerischen Bauernbundes vom 11. September 1897. / I. Politischer Teil. / 1. Aufrechterhaltung der Selbständigkeit Bayerns. Zeitgemäße Reformen an den Verfassungsgrundlagen Bayerns und des Reiches. / 2. Abschaffung der Reichsratskammer. / 3. Vollständige Öffentlichkeit der Beratungen aller gesetzlichen Vertretungskörper. / 4. Volle Vereins-, Versammlungs- und Preßfreiheit. / 5. Allgemeines, gleiches, direktes und geheimes Wahlrecht für alle gesetzlichen Vertretungskörper nebst Gewährung von Diäten auch für die Reichstagsabgeordneten. / 6. Reform der Rechtspflege unter überwiegender Heranziehung des Laienelementes nebst Öffentlichkeit aller gerichtlichen Verhandlungen, besonders der Militärgerichte. Aufhebung des Anwaltszwanges. / 7. Erhaltung des Friedens auf kirchlichem Gebiet, dagegen strenge Unterscheidung zwischen Religion und Politik. / 8. Verstaatlichung des gesamten Schulwesens. Fachaufsicht in den Schulen unter Wahrung der Rechte der Kirche auf den Religionsunterricht. / II. Wirtschaftlicher Teil. / A. Reichsgesetzgebung. / 1. Hebung der Getreide- und Viehpreise sowie überhaupt aller landwirtschaftlichen Produkte auf eine den Produktionspreisen entsprechende Höhe durch irgend eine gesetzliche Einrichtung. Schutz vor Seucheneinschleppung. / 2. Reform der gesamten Versicherungsgesetzgebung. / 3. Herabminderung der Militärlasten. Schaffung eines internationalen Schiedsgerichtes. / 4. Reform der Branntweinsteuer behufs Erleichterung der kleinen und mittleren landwirtschaftlichen Brennereien. / 5. Regelung des Währungswesens. / 6. Besserer Schutz des Kleingewerbes gegenüber dem Großbetrieb. Einführung des Befähigungsnachweises. Verbot der Wanderlager und des Detailreisens, Beschränkung des Hausierhandels und der Konkurrenz der Zuchthausarbeit. Ausbau der Organisation des Gewerbes. / 7. Regelung des Submissionswesens unter besonderer Berücksichtigung der gewerblichen Berufsgenossenschaft. / B. Landesgesetzgebung. / 1. Abschaffung der Bodenzinse. Überhaupt Entlastung der Landwirtschaft. / 2. Reform des Steuersystems durch Einführung einer allgemeinen progressiven Einkommensteuer und Aufhebung aller übrigen Steuern. / 3. Konvertierung aller Staatsschulden auf drei Prozent. / 4. Verstaatlichung der Mobiliar- und Hagelversicherung unter Ausschluß aller Versicherungsgesellschaften. / 5. Ablösung der bäuerlichen Hypothekenschulden durch den Staat zum Zwecke der allgemeinen Herabsetzung des Zinsfußes. Aufhebung der Privilegien der Aktienhypothekenbanken. / 6. Aufhebung aller Vorrechte des Adels. / 7. Bessere Gestaltung des bäuerlichen Erbrechtes. / 8. Durchgreifende Reform des Forst- und Jagdgesetzes. Förderung der Alpenwirtschaft. Wiedereinführung des Kahlhiebtriebes. Abminderung des Wildstandes. / 9. Übernahme der Distriktsstraßen durch den Staat. Heranziehung aller ausmärkischen Waldungen und Ländereien zu den gemeindlichen und distriktiven Lasten. / 10. Größtmögliche Sparsamkeit im gesamten öffentlichen Haushalt, besonders durch Herabminderung der Pensionslasten. / 11. Berufsgenossenschaftliche Organisation der wirklichen Landwirte. Förderung der Produktivgenossenschaften.“

243 Zur Landauer Nachwahl und zur Person des Zentrumspolitikers Max Söldner (1858–1908) vgl. BREWKA, Zentrum, 337–339; KIRCHINGER, Bauernrebell, 189 f.

Am 14. November war in Landsberg am Lech eine Versammlung, über die die gesamte Presse – es waren 2000 Bauern und Bürger gekommen – mit Begeisterung schrieb[244]. Mit dieser Versammlung verbindet sich eine Episode, die ich hier anführen möchte.
In der Woche vor der Versammlung musste ich am Rauschberg Streu holen. Das Streu wurde auch im Sommer auf Schlitten abtransportiert. Dabei rutschte ich aus und kam unter den Schlitten zu liegen. Am Kopfe wurde mir die Haut aufgeschlitzt, sodass ich mich vom Dorfbader verbinden lassen musste. Mit dem verbundenen Kopfe musste ich nach Landsberg zur Versammlung. Eingangs meiner Rede gab ich dann die Erklärung ab, dass dieser Kopf nicht bei einer Versammlung verletzt worden ist, sondern beim Laubstreuholen. Als ich nach München zurückfuhr und am Bahnhof ausstieg, kam auf mich ein Gendarm zu. Ich muss hier einschalten, dass um diese Zeit besonders eifrig nach den Haberern im Gebirge nachgeforscht wurde. Einen Monat später fand ja in München vor dem Schwurgericht die berühmte Verhandlung gegen die Westerhamer Haberer statt[245]. Der Gendarm, der siegesbewusst vor mir stand, meinen Kopf und meine Gebirgstracht misstrauisch musterte, fragte:

„Woher sind sie?"
„ausm Gebürg…"
„Da bin ich auch her…"
„So?..."
„Ja! So! Ich habe aber noch nie Haberfeld getrieben", meinte der Gendarm spöttisch.
„I aber a nöt" antwortete ich.
„Woher hams dann Ihren Kopf, ha?"
„Den? Beim Laubstreuholen ist mir ein Unglück passiert."
„So a Unglück! Dös is eine Ausrede. Beim Haberfeldtreiben waren Sie!"

Der Gendarm liess sich nicht überzeugen. Erst, als mein Freund Städele[246] erklärte, dass der – auf mich zeigend – der zweite Bundespräsident des Bauernbundes sei, war er überzeugt.

---

244 Zu dieser Versammlung vgl. NfV vom 18. November 1897.

245 Der Haberermeister des letzten großen Haberfeldtreibens in Miesbach 1893 stammte aus Westerham. Er wurde 1896 gemeinsam mit 130 weiteren Bauern, Bauernsöhnen und Knechten verhaftet. Vgl. Wilhelm KALTENSTADLER, Das Haberfeldtreiben. Theorie, Entwicklung, Sexualität und Moral, Sozialer Wandel und soziale Konflikte, Staatliche Bürokratie, Niedergang, Organisation, München 1999, 97–99; LANGHEITER, Miesbach (wie Anm. 72), 268 f.

246 Anton Staedele (geb. 1873), Journalist in München, Mitarbeiter der NfV, Bayerischer Bau-

Am 26. Dezember 1897 war in Traunstein Generalversammlung des Waldbauernbundes[247]. Der Waldbauernbund blieb nämlich als eigene wirtschaftliche Vereinigung speziell für Forst- und Waldrechte bestehen. Der erste Bundesvorsitzende[248] forderte die Versammelten auf, zusammenzuhalten und keinen Unterschied zwischen Wald-, Berg- und Flachlandsbauern aufkommen zu lassen.
Am 20. Januar 1898 war in Wisselsing bei Osterhofen eine Versammlung[249]. In Passau hatte ich vier Stunden Aufenthalt. Ich sah mir das wunderbare und historische Bauwerk des Domes an, als mich ein Mann, ein Kriminalbeamter in Zivil, ansprach. Nach den üblichen Fragen erklärte er mir, dass ich von meiner Frau gesucht werde und dass der Hut mit dem Gemsbart und meine Tracht ganz zu der Kleidung passe, wie sie der Mann tragen soll, der von seiner Frau gesucht wird. Da ich keine Legitimation bei mir hatte, musste ich seiner Aufforderung, mit ihm auf die Polizei zu gehen, Folge leisten. „Ja, haben Sie denn keine Bekannten in Passau", fragte er immer wieder. „Einer kennt mich. Der Domvikar Pichler. Aber der mag mich nicht!" Ein Brauereibesitzer, der zur Sommerfrische in Ruhpolding war, müsste mich kennen, setzte ich dann hinzu. „Ja, sind Sie dann der Eisenberger?" Damit war der Zwischenfall erledigt. Auf der Delegierten-Versammlung am 19. Februar 1898, zu der 400 Delegierte erschienen waren, ebenso sämtliche Abgeordneten des Bauernbundes, wurde auf Antrag Wielands beschlossen, die Statuten einheitlich für das Reich auszuarbeiten[250].
Am 6. Mai 1898 wurde der Reichstag durch den Kaiser geschlossen. Es begann für mich die aufreibendste Tätigkeit. Jeden Tag war Versammlung. Es galt

---

ernbund, Mitglied des Bayerischen Landtags 1919 bis 1932, seit 1920 Vorsitzender der Bauernbundsfraktion. Vgl. LILLA, Landtag, 514.

247 Zu dieser Versammlung vgl. AA vom 29. Dezember 1897.

248 Matthias Huber. Vgl. Anm. 47.

249 Zu dieser Versammlung vgl. NfV vom 24./25. Januar 1898.

250 Zu dieser Versammlung, die in München stattfand, vgl. AA vom 20. Februar 1898; NfV vom 21./22. Februar 1898; BV vom 22. Februar 1898; Bayerischer Kurier vom 22. Februar 1898; KIRCHINGER, Bauernrebell, 212. – Die Bauernbundsfraktion, die angesichts der anstehenden Reichstagswahlen in seltener Einmütigkeit auftrat, bestand damals aus Bachmaier (vgl. Anm. 88), Adalbert Braun (1843–1915, Landwirt in Vorderelexenau bei Simbach am Inn, Mitglied der Kammer der Abgeordneten 1893 bis 1907; vgl. KÜRSCHNER, Landtag, 37), Georg Häring (1833–1910, Gastwirt und Gutsbesitzer aus Pankofen, Bezirksamt Deggendorf, Mitglied der Kammer der Abgeordneten von 1863 bis 1869 und 1870/1871 für die Bayerische Patriotenpartei, 1893 bis 1899 für den Bayerischen Bauernbund; vgl. HOCHBERGER, Bauernbund, 286), Friedrich Kurz (1837–1916, Kaufmann und Bürgermeister aus Winzer, Bezirksamt Deggendorf, Mitglied der Kammer der Abgeordneten von 1893 bis 1899; vgl. HOCHBERGER, Bauernbund, 287), Lutz (vgl. Anm. 319), Ratzinger (vgl. Einleitung, Anm. 33), Sigl (vgl. Einleitung, Anm. 19), Sinzinger (vgl. Anm. 140), Wieland (vgl. Einleitung, Anm. 21), Wimmer (vgl. Anm. 92).

eine grosse Schlacht zu schlagen, zumal das Zentrum alles in Bewegung gesetzt hatte, um ihre Wähler zusammenzuhalten. In einem zum Bistum Eichstädt gehörigen Dorfe hielt ein Zentrumsmann eine Rede, in der er sagte, dass der Wahlzettel gleich einem Beichtzettel sei und vor Gott müsse man Rechenschaft ablegen, ob man seiner Wahlpflicht richtig genügt habe. Der Wahlausgang war grossartig. 1893 hatte der Bauernbund 60 000 Stimmen, 1898 140 000 Stimmen[251]. Sofort nach der Wahl setzte die Agitation mit gleicher Wucht wieder ein. Auf einer Versammlung machte mir ein Pfarrer den Vorschlag, der Bauernbund solle mit dem Zentrum zusammengehen. Ich antwortete ihm: [Seite 27] „Ich habe nichts dagegen, wenn das Zentrum mit uns gehen will, aber der Bauernbund kann niemals mit dem Zentrum gehen."
Am 8. Januar 1899 war im Mathäser in München Delegiertenversammlung, auf der beschlossen wurde, dass der Bayerische Bauern- und Bürgerbund als wieder auferstanden erklärt werde und damit die Trennung vom Bayerischen Bauernbunde zum Ausdruck gebracht sei[252]. Wieland hat es fertiggebracht, die Doktoren, die den Bauernbund nur blamiert hätten, aus diesem zu entfernen. Dr. Sigl hielt eine Ansprache, in der er zur Einigkeit der Bauern aufrief. Der 25. Februar 1899 war für den „Bayerischen Bauernbund" ein wichtiger Tag. In der Delegiertenversammlung zu Regensburg wurde Wieland zum 1. und Schäfer zum 2. Vorsitzenden gewählt[253]. Es wurde eine vollständige Einigkeit zwischen Oberpfalz, Niederbayern, Schwaben und einem Teil von Oberbayern konstatiert[254]. Die Vorlesung der Denkschrift der Franken wurde abgelehnt. Das Programm blieb bei uns Oberbayern genau so unberührt wie bei den Niederbayern und ein Aufruf wurde von Wieland als 1. Vorsitzender des „Bayerischen Bauernbundes" und von Eisenberger als 1. Vorsitzender des bayerischen Bauern- und Bürgerbundes unterzeichnet[255].

---

251 Nach HOCHBERGER, Bauernbund, 223 kam der Bayerische Bauernbund auf 131 396 Stimmen.

252 Zu dieser Versammlung vgl. NfV vom 11. Januar 1899; AA vom 6. Januar 1899; AA vom 9. Januar 1899; HUNDHAMMER, Geschichte, 82.

253 Zu dieser Versammlung vgl. NfV vom 1. März 1899; AA vom 27. Februar 1899; HUNDHAMMER, Geschichte, 83; KIRCHINGER, Bauernrebell, 224 f.

254 Mit dieser Formulierung versucht Eisenberger einen harmonischen Eindruck von der Versammlung zu erwecken. Denn er erwähnt nicht, dass die Franken sowie die Oberbayern um ihn und Kleitner aus Protest gegen Wielands Führungsstil fern geblieben waren.

255 NfV vom 23. März 1899. Eisenberger und Wieland rufen darin dazu auf, die NfV zu lesen. Dies ist vor allem deshalb merkwürdig, da sich Eisenberger am 9. Januar 1899 auf der oberbayerischen Kreisdelegiertenversammlung des Bayerischen Bauernbundes in München mit seinem Anhang ausdrücklich von Wieland distanziert und einen eigenen Bayerischen Bauern- und Bürgerbund (wieder)gegründet hatte (vgl. dazu NfV vom 11. Januar 1899; AA vom 9. Januar 1899; HUNDHAMMER, Geschichte, 82). Bei dem Aufruf handelte es sich deshalb wohl um eine der bekannten Eigenmächtigkeiten Schwabs (zu Schwab vgl. Anm. 175).

Georg Eisenberger vor dem Landtagsgebäude in München 1913.

Der kleine Georg Eisenberger (ein Führer des Bayr. Bauernbund.) mit dem Manuskript seiner ersten Rede

[illegible] 1867 [illegible]

Georg Eisenberger, Bauer aus Hutzenau, Führer des Bayerischen Bauern- und Mittelstandsbunds, ist in seiner Kindheit nicht weit über sein bayerisches Heimatdorf hinausgekommen. Er war ein stolzer Bub, denn es wurde ihm immer erzählt, daß er der zweite freie Bauer in der Familie sei und daß das verpflichte. Sein Großvater war noch Grundholde des Barons von Winkel bei Grabenstätt und hatte keine persönlichen Freiheiten. Nicht einmal heiraten durfte er ohne Erlaubnis des Barons. Das scheint dem Abgeordneten Eisenberger das Schlimmste zu sein. Auf die Frage, was für eine Papierrolle er auf der Photographie in der Hand hält, erwidert er: „Halt meine erste Red!"

Georg Eisenberger um 1905.

Georg Eisenberger als vierjähriges Kind mit seinem Großvater Georg Eisenberger (1802 – 1885), Foto mit zugehörigem Zeitungsausschnitt aus dem Nachlass Georg Eisenbergers.

Georg Eisenberger mit seiner Ehefrau Maria, geb. Dagn.

Rechts oben: Familie Eisenberger um 1900. Hintere Reihe: Maria und Georg Eisenberger, vordere Reihe: Sohn Josef, Tochter Anna, Schwiegervater Georg Dagn, Tochter Therese Plenk (unehelich), Sohn Hans-Georg.

Rechts unten: Familie Eisenberger um 1913/14.

Familie Eisenberger mit Knechten, ca. 1916. Hintere Reihe: Ziehsohn Lex Beilhack, Sohn Josef, Magd Susanne, Knecht Johann Fellner, Tochter Anna, Tochter Therese Plenk (unehelich), Ziehsohn Valentin Gugg („Gugg Voit"), Sohn Hans-Georg (gen. Hansjörg). Vordere Reihe: Georg Eisenberger, Tochter Maria, Ehefrau Maria.

Familie Eisenberger mit Freunden in der Stube auf dem Hutzenauerhof.

Faschingsbild mit Karl Gandorfer (rechts neben Georg Eisenberger).

Bauernbundversammlung, rechts hinter Georg Eisenberger stehend Karl Gandorfer.

Familie Eisenberger mit Sommergast, der Gattin des Reichstagsabgeordneten Richard Schönborn vom Zentrum, Juli 1926.

Der Hutzenauerhof um 1916, Familie Eisenberger auf dem Balkon.

Heuernte auf dem Hutzenauerhof, ca. 1916; Georg Eisenberger ganz rechts.

Heuernte auf dem Hutzenauerhof, Juni/Juli 1924.

Hochzeit von Eisenbergers Sohn Hans-Georg (gen. Hansjörg), Foto mit Bauernbundprominenz, 1921: MdL Bernhard Engelsberger (hintere Reihe, ganz links), Schriftleiter Ferdinand Schmidschneider von der Neuen Freien Volkszeitung als Trauzeuge (mittlere Reihe ganz links), der Reichstagsabgeordnete und spätere Reichslandwirtschaftsminister Prof. Dr. Anton Fehr (mittlere Reihe, 5. v. l.).

Georg Eisenberger und Reichstagspräsident Paul Löbe (SPD), der wiederholt Sommergast in Hutzenau war.

Interessante Erschei

Generaloberst von Seeckt,
der frühere Chef der Heeresleitung,
jetzt Abgeordneter der Deutschen
Volkspartei

Dr. Goebbels (NSoz.)
Gegen ihn schwebte Haftbefehl; kurz
vor der Eröffnung erreichte er den
schützenden Boden des Reichstags

Ein bekanntes Orig
.der Abgeordnete
(Bayr. Bauernbun'
in heimatlicher

Ausschnitt aus der Kölnischen Illustrierten Zeitung zur Reichstagseröffnung im Oktober 1930 aus dem Nachlass Georg Eisenbergers.

es neuen Parlaments

s:
r
en

Zivilmantel über der Uniform:
Graf Reventlow und der neue Vize-
präsident Stöhr (NSoz.) in dem in
Preußen verbotenen Braunhemd

Die 73jährige Kommunistin
Klara Zetkin
mit einem Parteigenossen auf dem Weg
zur ersten Reichstagssitzung

Georg Eisenberger um 1925.

Georg Eisenberger um 1930.

Andenken

an Herrn

Georg Eisenberger

Hutzenauerbauer

ehem. Landtags- und Reichstagsabgeordneter des Bayer. Bauernbundes langjähr. Bürgermeister und Ehrenbürger von Ruhpolding

welcher nach kurzer Krankheit im Alter von 83 Jahren, versehen mit den hl. Sterbesakramenten, am 1. Mai 1945 selig im Herrn entschlafen ist.

Er ruhe in Frieden!

Sterbebild Georg Eisenbergers.

Am Osterdienstag aber kam es in Osterhofen bei einer Versammlung der niederbayerischen Vertrauensmänner des Bayerischen Bauernbundes zu einem schweren Konflikt zwischen Wieland und Abg. Esslinger[256]. Wieland legte seinen Vorsitz nieder. Seit diesem Tage gab es in Niederbayern zwei Strömungen. Am 29. April 1899 war wieder Vertrauensmännerversammlung in Niederbayern, in der Wieland zum 1. Bundesvorsitzenden des Bayerischen Bauernbundes gewählt wurde[257]. Wieland nahm die Wahl an.
Bei der [Landtags-]Wahl am 13. [!] Juli [1899] im Wahlkreis [Traunstein] sind Dr. Kleitner und ich unterlegen[258]. Und das war kein Wunder! Das Zentrum kämpfte mit Kanzel und Lügen gegen unsere Bewegung. Am Vorabend vor der Hauptwahl waren die Wahlmänner des Zentrums in Traunstein im Gasthaus zum Lamm versammelt, stellten auf einen Tisch ein Kreuz zwischen zwei brennenden Kerzen auf; vor diesem Kreuze im Wirtshause verpflichteten sich die Wahlmänner, nur das Zentrum zu wählen. Der Pfarrer von Übersee[259] meinte zu mir: „Eisenberger mach' ma an Kompromiss. Ihr lasst's den Dr. Kleitner fallen und wir lassen den Pointner fallen und Sie werden sein Nachfolger. Ihr seid's ja alle beide von Ruhpolding!" Ich sagte zum Pfarrer: „Wenn wir Bauernbündler bei der Wahlagitation einen Teil vom Schwanz des Teufels, einen Teil vom Fegfeuer, dann von der Höll' und vom Himmel hätten, täten wir uns auch leichter!" Nach der Landtagswahl 1899, bei der wir in Oberbayern keinen Abgeordneten zusammenbrachten und Niederbayern-Schwaben statt bisher 9 nur 6 durchbrachte[260], herrschte Verzagtheit, die auch auf einer Obmännerversammlung in München zum

256 Der Konflikt ging darauf zurück, dass Wielands radikalagrarische Agitation von Eßlinger für die jüngsten Wahlniederlagen des Bayerischen Bauernbundes verantwortlich gemacht wurde. Zu dieser Versammlung am 4. April 1899 vgl. NfV vom 6./7. April 1899; AA vom 6. April 1899; HUNDHAMMER, Geschichte, 84. Franz Xaver Eßlinger (geb. 1859), Guts- und Brauereibesitzer von Leiblfing (Bezirksamt Straubing), Bayerischer Bauernbund, Mitglied des Reichstags 1898/1899. Vgl. StA Landshut, Präsidium der Regierung von Niederbayern (Rep. 168/5) 1073, Bezirksamtmann Eugen Crusilla (Straubing) an Regierungspräsident Ludwig Freiherr Fuchs von Bimbach und Dornheim, 18. Mai 1897.

257 Die Versammlung fand in Regensburg statt. Sie war besucht von Anhängern Wielands, die überwiegend, aber nicht ausschließlich aus Niederbayern stammten. Vgl. NfV vom 4. Mai 1899; AA vom 3. Mai 1899; HUNDHAMMER, Geschichte, 84; KIRCHINGER, Bauernrebell, 233.

258 Die Urwahlen fanden am 7. Juli statt. Vgl. HOCHBERGER, Bauernbund, 229–231.

259 Kaspar Kreitlhuber (geb. 1854), Pfarrer in Übersee (Bezirksamt Traunstein) seit November 1898. Vgl. Schematismus der Geistlichkeit des Erzbisthums München und Freising für das Jahr 1899. Mit einer Chronik des Jahres 1898, München o. J., 93.

260 Gewählt wurden: Bachmaier (vgl. Anm. 88), Braun (vgl. Anm. 250) und Sinzinger (vgl. Anm. 140) in Pfarrkirchen; Röckl (vgl. Anm. 266) und Gäch (vgl. Einleitung, Anm. 25) in Straubing; Dirr (vgl. Anm. 399) in Günzburg. Zur Landtagswahl des Jahres 1899 vgl. HOCHBERGER, Bauernbund, 229 f.

Ausdruck kam[261]. Städele, der damals noch sehr jung war, und mir gelang es, eine vollständige Auflösung des Bundes zu vermeiden. Der Mühldorfer Stadt- und Landbote triumphierte über uns und schrieb: „Eisenberger, der verführte Hutzenauerbauer, wird noch einer von den Unsrigen, wenn es ihm gelingt, den Krallen seiner Führer zu entrinnen.“[262] Ich antwortete in der Presse, dass es eine himmelschreiende Sünde wäre, für das Zentrum nur einen Finger zu rühren; denn diese Herren sind die würdigen Nachfolger derer, über die unser Herrgott schon im Evangelium ein schweres Gericht ergehen liess, wie beim Evangelisten Lukas geschrieben steht im 11. Kapitel, 46. Vers: „Wehe Euch, Ihr Gesetzesgelehrten und Pharisäer; denn ihr leget dem Volke Lasten auf, die es nicht tragen kann und ihr selbst berührt die Bürden mit keinem Euerer Finger!“

Am 10. Juli haben die politischen Geistlichen mit den Sozialdemokraten Bruderschaft geschlossen und sind mit den roten Teufeln bei den Wahlen Hand in Hand gegangen[263]. Das gibt für die Nachwelt einen Wunderbaren roten Abschnitt in der sonst so kohlrabenschwarzen Zentrumsgeschichte. Da musste unser Herrgott eine grosse Freude haben an solchen politisch rotscheckigen Geistlichen! Bei einer Versammlung in Matzing[264] habe ich das den Herrn gesagt. Vom Tische der Führer wurde mir zugerufen: „Man muss von zwei Übeln das kleinere wählen! Die Liberalen sind doch nicht staatsgefährlich!“ Nun – bei der Landtagswahl haben sie das grössere Übel gewählt, die Sozialdemokraten! Durch die Zentrumskatzenmusik wurden die Bauern so damisch gemacht, dass sie niederfielen vor dem Zentrumsgötzenbild und es anbeteten, wie seinerzeit die dummen Babylonier vor dem goldenen Götzenbild niederfielen und es anbeteten, damit sie nicht in den Feuerofen geworfen werden[265]. [Seite 28] In jeder Markgenossenschaft soll eine kleine Bibliothek angelegt werden. Die Bauern sollen die Bauernkriegsgeschichte von 1525 lesen, dann werfen sie das Zentrum in die Rumpelkammer. So – das waren die Hauptpunkte der Antwort des Hutzenauerbauern auf die Angriffe des Zentrums.

---

261 Diese Versammlung konnte in der Presse nicht nachgewiesen werden.

262 Dieses Zitat findet sich abgedruckt auch in der NfV vom 18./19. September 1899 und basiert auf dem Mühldorfer Stadt- und Landboten Nr. 81/1899.

263 Zum Wahlbündnis, das das Zentrum mit den Sozialdemokraten für die Landtagswahl 1899 geschlossen hatte, vgl. MÖCKL, Prinzregentenzeit, 486–490.

264 Bezirksamt Traunstein.

265 Buch Daniel, Kapitel 3.

Im Landtagswahlkreis Straubing wurden am 17. Juli 1899 Dr. Gäch, Röckl[266] vom Bauernbund und der liberale Leistner[267] von Straubing gewählt. Die Wahl wurde vom Zentrum angefochten und die Bauernbundsabgeordneten mussten aus dem Landtag ausziehen[268]. Der Hochwürdige Herr Zentrumsabgeordnete Kohl[269] rief den Ausziehenden nach: „B'hüat di Gott. I schreib dir scho, Dr. Gäch!"
Bei der Wahl im Januar wurden die drei Herrn mit noch grösserem Stimmenzuwachs [wieder]gewählt[270]. Die drei Abgeordneten sollten von ihren grünen Kollegen bei dem Wiedereinzug in den Landtag durch Blumengebinde, die sie auf ihre Plätze legen wollten, geehrt werden. Sie wurden vom Präsident Dr. Orterer verboten. Dr. Gäch rief beim Einzuge den Zentrumsleuten zu: „Grüasst Enk Gott, alle mitananda!"
Am 29. Oktober [!] fand in Würzburg Bundesversammlung statt, zu der 1200 Personen aus Franken, Hessen, Schwaben, Ober- und Niederbayern usw. gekommen waren[271]. Es war der würdige Auftakt zu dem grossen Einigungswerk der Bauernbünde. Die Einigung mit den Franken war soviel wie vollzogen. Für mich war diese Kundgebung zu Würzburg die denkwürdigste.
Auf einer Delegiertenversammlung des Waldbauernbundes zu Traunstein am 11. Nov. 1900 kam es wegen der Würzburger Tagung zu einem Krach zwischen Dr. Kleitner und mir[272]. Mir wurde vorgeworfen, dass ich gar kein

266 Alois Röckl (geb. 1859), Gutsbesitzer von Haindlingberg (Bezirksamt Mallersdorf), Bayerischer Bauernbund, Mitglied der Kammer der Abgeordneten 1899 bis 1904. Vgl. HOCHBERGER, Bauernbund, 288.

267 Franz Joseph Ritter von Leistner (1855–1916), rechtskundiger Bürgermeister der Stadt Straubing seit 1888, liberal, Mitglied der Kammer der Abgeordneten 1899 bis 1904. Vgl. Wer ist's? (1909), 815.

268 Der Wahlkampf wurde von beiden Seiten mit äußerster physischer und psychischer Brutalität geführt. Dem Bayerischen Bauernbund, insbesondere Gäch, wurde deshalb Wahlbeeinflussung vorgeworfen. Vgl. Sitzung am 5. Dezember 1899, in: Verh. d. Kammer d. Abg. 1899/1900. Sten. Ber. Bd. 1, München o. J., 977–992.

269 Anton Kohl (1851–1913), Stadtpfarrer in Dietfurt (Bezirksamt Beilngries), Zentrum, Mitglied der Kammer der Abgeordneten 1893 bis 1904, des Reichstags 1893 bis 1913. Vgl. HAUNFELDER, Reichstagsabgeordnete (wie Anm. 14), 193.

270 Vgl. HOCHBERGER, Bauernbund, 238.

271 Die Versammlung, die Eisenberger hier meint, fand in Würzburg am 3. November 1900 statt. Vgl. NfV vom 7. November 1900; HUNDHAMMER, Geschichte, 90–92; KIRCHINGER, Bauernrebell, 242 f. Eisenberger verwechselt das Datum dieser landesweiten Generalversammlung mit der Delegiertenversammlung der fränkischen Bauernbündler, die am 29. Oktober 1898 in Würzburg stattgefunden hatte und in der sich diese von Wieland distanziert hatten. Vgl. dazu AA vom 31. Oktober 1898; NfV vom 1./2. November 1898.

272 Zu dieser Versammlung vgl. NfV vom 16. November 1900; KIRCHINGER, Bauernrebell, 243.

Recht gehabt hätte, die Gebirgler in Würzburg zu vertreten. Zu bemerken sei, dass in Würzburg Telegramme an Wieland und Baron von Thüngen ohne meinen Widerspruch gegen letzteres abgesandt worden sind. Das wurde mir zum schweren Vorwurf gemacht. Ich wehrte mich gegen diese Vorwürfe, da ich ja nur das Bestreben hatte, das grosse Bauerneinigungswerk zu fördern. Ich habe dann meine Schriftführerstelle im Waldbauernbunde niedergelegt und meinen Austritt aus dem Waldbauernbund erklärt, nachdem mir von ihm das Misstrauen ausgesprochen worden war.
Am 15. Januar 1901 war Delegiertenversammlung, in der der Fall Eisenberger-Dr. Kleitner zur Sprache kam[273]. Die ganze Versammlung war mit meinem Verhalten in Würzburg einverstanden und es wurden zwei Vorstandsmitglieder von Oberbayern in die gesamte Bundesvorstandschaft gewählt und zwar Reichstagsabgeordneter Lanzinger[274] und ich. Gegen Dr. Kleitner wurde das Misstrauensvotum eingebracht und auch einstimmig angenommen.
Am 17. Sept. starb Franz Wieland und am 20. Sept. hielt ich am Grabe des verdienten Bauernführers eine Rede, die tiefen Eindruck machte. Bauer nahm von Bauern Abschied!
Nach dem Tode Wielands wurde ich vom Bundesausschuss als Bundesbevollmächtigter für Altbayern benannt[275]. Zum Neuen Jahr erliess ich einen Aufruf, in dem es u. a. hiess:

„Fürsten, Regierung und Parlament wird es reuen,
Wenn sie für den Mittelstand alle Mitteln scheuen.
Am Mittelstandsgrab schaufeln sie mit,
Und singen dabei ihr eigenes Grabeslied."

Das Jahr 1902 begann mit eifrigster Agitation. In Weissenbrunn[276] hatte ich zwei Gegner, sie waren vom preussischen Junkerbund. Diesen Herrn wurde so gründlich heimgeleuchtet, dass sie mit ihrer eleganten Equipage die Flucht ergriffen und bei ihrer schnellen Abfahrt beinahe in das Wasser gestürzt wä-

---

273 Zu dieser Versammlung in München vgl. NfV vom 17. Januar 1901.

274 Josef Lanzinger (geb. 1848), Landwirt in Grucking (Bezirksamt Erding), Bayerischer Bauernbund, Mitglied des Reichstags seit 1898. Vgl. Amtliches Reichstags-Handbuch. Zehnte Legislaturperiode. 1898/1903, Berlin 1898, 220.

275 Die Wahl fand auf einer gemeinsamen Generalversammlung des „Bayerischen Bauernbundes in Franken und Schwaben" sowie des „Bayerischen Bauernbundes in Altbayern" am 9. November 1901 statt. Vgl. HOCHBERGER, Bauernbund, 103 f.

276 Laut der ersten handschriftlichen Version der Lebenserinnerungen (PrivatA Georg Eisenberger Traunstein), wonach die Versammlung am 3. Mai 1902 stattfand, handelt es sich bei diesem Ort um Weißenbrunn im Bezirksamt Kronach.

ren. Obendrein hatten sie in ihrer Aufregung die Bezahlung der Zeche vergessen.
Zum Neuen Jahr erliess ich wieder einen Aufruf, zu dem ich folgende Verse machte:

„Wir werden die Zeit noch bald erleben,
Wo es keinen Mittelstand wird geben,
Weil das parlamentarische Zentrum hat keine Religion.
Der Bauer muss arbeiten, bekommt kein Lohn.
Fürs Grosskapital ist ihr Herz gar so weit.
Mit der wahren Religion haben sie sehr wenig Freud.
[Seite 29] Sie giessen viel Wasser in religiösen Wein
Und lassen in der Kirche die Politik nicht sein.
Scheinheiligkeit und Pharisäerei
Ist die moderne Religion.
Wer vom Zentrum auf dem Bauch liegt,
Bekommt im Jenseits den schönsten Lohn.
Dann jagen wir sie zum Tempel hinaus.
Wir begehen keine Sünd und werden gewiss nicht verdammt,
Wenn die Zentrumsgesellschaft ausstirbt allesamt mitanand.
Und das walte unser Herrgott."

Im Herbst 1902 war die ordentliche Wahl zum Salzburger Landtag und ich wurde als Redner eingeladen[277]. Im Nachbarsland, besonders im Pinzgauerschen, war die Not der Bauern und ihre Unterdrückung genau so schlimm wie bei uns. 15 Wahlversammlungen hielt ich ab, die zum Teil äusserst stürmisch verliefen, da auch im Österreichischen die Schwarzen heftige Gegner waren. Einen besonderen Zwischenfall erlebte ich in Uttendorf (Oberpinzgau). Die Versammlung war von vielen klerikalen Gegnern besucht. Plötzlich flog – während ich sprach – ein schwerer porzellanener Pfeifenkopf auf mich zu, hart an meinem leiblichen Kopf vorbei. Ich hätte, wenn er mich getroffen hätte, leicht eine schwere Gehirnerschütterung erleiden können, mit so grosser Wucht wurde der Pfeifenkopf geschleudert – aber der Pfeifenkopf traf einen Geistlichen, der in meiner Nähe sass, an der Schulter, prallte

277 Eisenberger wurde wohl vom deutschnationalen „Verein für Recht und Wohlfahrt des Bauernstandes" eingeladen, der in seiner antiklerikalen Zielrichtung und seinem wirtschaftsegoistischen Radikalagrarismus dem Bayerischen Bauernbund entsprach. Vgl. Hans HAAS, Bäuerliche Lebenswelt um 1900 – Katholisch-Konservative, Christlichsoziale und Deutschkonservative, in: Heinz DOPSCH – Hans SPATZENEGGER (Hg.), Geschichte Salzburgs. Stadt und Land Bd. 2/2, Salzburg 1988, 901–933, hier 920 f.

dann ab und flog an das Fenster, dass die Scherben in das Wirtshaus klirrten. Ein furchtbarer Tumult entstand. Die Stimmung war ganz für mich. In Wallersee hielt einer eine Brandrede gegen mich und sagte, dass der Eisenberger von Bayern – die Salzburger Presse nannte mich den bayerischen Tagwerker – die Bauern verführe wie Eva den Adam. Wir Geistlichen sind der Kopf – ihr Bauern seid der Körper. Was der Kopf will, muss der Körper tun. Ich erwiderte den Geistlichen – es war tatsächlich im schwarzen Österreich allerhand, hier zu erwidern. Ich sagte: „Der Herrgott hat in seiner Bergpredigt erklärt, dass Ihr (die Geistlichen) das Salz der Erde seid und wenn das Salz seine Kraft verliert, mit was soll man dann salzen?“ Nach schwerem Rednerkampf gelang es mir, die Versammelten mitzureissen.
Anfangs 1903 ging es dann in Bayern wieder los: Versammlung – Versammlung! Kampf, Kampf. In dieses Jahr fiel auch die Reichstagswahl, wobei der Bauernbund seine Stimmenzahl und seine drei Mandate halten konnte[278].
Für 1905 wurde folgende Wahlparole [für die Landtagswahlen] ausgegeben: „Nieder mit der schwarz-roten Koalition! Die Bauern dürfen sich von ihr nicht mehr leithammeln lassen!“ Der Wahlkampf nahm zeitweise ganz stürmischen Charakter an, besonders bekämpft wurde ich im Passauerschen.

[5.1] *Im Landtag.*

Meine Wahlagitation war mit Erfolg gekrönt. Am 18. Juli [1905], bei der Hauptwahl, haben Memminger und ich 81 gegen 32 schwarze Wahlmännerstimmen erhalten und sind somit in den bayerischen Landtag gewählt worden[279]. In Bayern wurden 10 Bauernbündler, 5 Bündler der Landwirte, 4 konservative Bauernbündler und ein Mittelständler gewählt. Wir 20 Abgeordnete bildeten die sogenannte Freie Vereinigung[280]. Das Zentrum erhielt 102, die Liberalen bekamen 23 und die Sozialdemokraten 12 Abgeordnete. Die Schwarzen hatten die absolute Mehrheit.

278 HOCHBERGER, Bauernbund, 223–225 zählt nur mehr zwei der gewählten Abgeordneten zum Bayerischen Bauernbund.

279 Gemeinsam mit Memminger trat Eisenberger im Wahlkreis Griesbach im Rottal an. Offenbar erschien ihm dieser sicherer als sein Traunsteiner Heimatwahlkreis.

280 Zur tatsächlichen Zusammensetzung der Fraktion der Freien Vereinigung vgl. BREWKA, Zentrum, 379. Durch seine Darstellung versucht Eisenberger die Wahlniederlage des Bayerischen Bauernbundes zu verschleiern. Tatsächlich umfasste der neue Landtag nur vier Abgeordnete, die dem Bayerischen Bauernbund im engeren Sinne angehörten. Neben Memminger und Eisenberger waren dies Braun in Pfarrkirchen und der Gereuther Gutsbesitzer Karl Prieger (1864–1942, zu ihm vgl. RATJEN, Bauernkammern, 174–179) in Kitzingen. Zur Landtagswahl 1905 vgl. HUNDHAMMER, Geschichte, 100 f.; HOCHBERGER, Bauernbund, 231 f.

Ich war immer der Meinung, dass ich, wenn ich in den Landtag komme und wenn es nicht anders geht, mit dem Kopf durch die Wand rennen werde. Als ich die Sitzungen eine Zeitlang mitmachte, bin ich zu der Überzeugung gekommen, dass es doch besser sei, wenn ich in die Wand zuerst ein Loch mache und dann hindurchrenne; denn sonst würde der Schädel, sei er ein noch so harter Bauernschädel, kaputgehen. Zu meiner Wahl schrieb die Gegnerpresse: „Eisenberger in seiner Gebirgstracht – der Gebirgsgigerl – hat sich von Haus zu Haus seine Stimmen zusammengebettelt." Aber trotzdem kaufte ich mir für den Landtag keinen Zylinder und keine Manschetten, sondern ging in meiner Bergkluft zu den Sitzungen.

[Seite 30] Im Landtag 1905/1906 standen folgende Hauptgegenstände zur Beratung: Etat und Schaffung des neuen Landtagswahlgesetzes[281]. Ein wichtiger Beratungsgegenstand war auch der Ankauf der Eisenbahnen in der Rheinpfalz[282]. Heftigen Streit im Landtag gab es, als über den Bau der Tauernbahn von Mühldorf nach Freilassing beraten wurde[283]. Das Zentrum war für die Linienführung Altötting-Burgkirchen, während der Verkehrsminister[284] und der Eisenbahnreferent Dr. von Pichler für die Linie über Kirchweihdach waren. Dr. Heim und Dr. von Orterer, Ehrenbürger von Altötting, traten natürlich für Altötting ein. Wir von der Freien Vereinigung waren für die Linie über Kirchweihdach, weil es das wirtschaftlich bessere Projekt nach unserer Anschauung war. Ich habe damals u. a. ausgeführt, dass mir die Linie über Kirchweihdach auch viel christlicher vorkommt, weil bei Kirchweihdach das Wort Kirch zuerst kommt, bei Burgkirchen ist das Wort Kirch erst hintendran. Nach wochenlangen Beratungen ist bei der Abstimmung das Projekt über Kirchweihdach angenommen worden. Das Landtagswahlgesetz wurde am 15. Febr. auch von der Reichsratskammer einmütig angenommen[285].

Wir Bauernbündler haben auch Anträge gestellt, dass die ungerechten Bodenzinslasten durch Bewilligung von Geld zum Tilgungsfonds, wenigstens

---

281 Dabei ging es im Wesentlichen um die Ersetzung des indirekten Wahlrechts durch ein direktes und die Reform der Wahlkreiseinteilung, die der Regierung bisher die Möglichkeit zur Beeinflussung der Zusammensetzung der Kammer der Abgeordneten verschafft hatte. Zur Diskussion seit 1893 vgl. Brewka, Zentrum, 207–263.

282 Alphabetisches Repertorium über die Verhandlungen der beiden Kammern des Landtags des Königreichs Bayern in den Jahren 1905 und 1906, München 1907, 91–100.

283 Alphabetisches Repertorium (wie Anm. 282), 428–434.

284 Heinrich von Frauendorfer (1855–1921), bayerischer Verkehrsminister 1904 bis 1912 und 1918 bis 1920, Staatssekretär im Reichsverkehrsministerium 1920.

285 Das Gesetz wurde am 13. März 1906 in der Reichsrätekammer angenommen, und zwar mit den Stimmen aller anwesenden Reichsräte. Vgl. Verhandlungen der Kammer der Reichsräte des bayerischen Landtags. Sten. Ber. 1905/1906, München o. J., 148.

bis zum Jahre 1925, getilgt werden[286]. Diese Anträge wurden abgelehnt[287]. Es wurde von ihnen ein Antrag eingebracht, dass die Bodenzinsen erst im Jahre 1940 getilgt sein sollen[288]. Wir beantragten in Bayern auch die Staatslotterie einzuführen und den Ertrag zur schnellen Tilgung der Bodenzinsen zu verwenden; auch dieser Antrag wurde wieder abgelehnt[289]. Am 20. August 1906 wurde der Landtag geschlossen[290]. Am 14. Dez. 1906 wurde der Reichstag aufgelöst[291].

Der Bauernbund hatte bei der folgenden Wahl bedeutend verloren[292], ebenfalls die Sozialdemokraten. Gewonnen haben die Liberalen. Das Zentrum hat sich unter der Parole: die Religion ist in Gefahr! gehalten. Als bauernbündlerischer Abgeordneter ist nur der langjährige Abgeordnete Hilpert[293] in Franken in den Reichstag gekommen.

Am 6. Febr. 1907 haben die Stichwahlen zum Reichstag stattgefunden. Entgegen dem Grundsatz, der auf dem Katholikentag 1892 zu Ravensburg[294] ausgesprochen worden ist: „Wer einen Sozialdemokraten wählt, dem soll

---

286 Verh. d. Kammer d. Abg. 1905/1906. Beilagen Bd. 2, München o. J., Nr. 168 (15. Februar 1906).

287 Sitzung am 7. März 1906, in: Verh. d. Kammer d. Abg. 1905/1906. Sten. Ber. Bd. 3, München o. J., 229.

288 Dieser Zentrumsantrag wurde mehrheitlich angenommen. Vgl. Sitzung am 7. März 1906, in: Verh. d. Kammer d. Abg. 1905/1906. Sten. Ber. Bd. 3, München o. J., 228 f.

289 Sitzung am 17. Juli 1906, in: Verh. d. Kammer d. Abg. 1905/1906. Sten. Ber. Bd. 5, München o. J., 508–528.

290 Der Landtag wurde vorzeitig geschlossen, da durch das neue Landtagswahlgesetz vom 9. April 1906 Neuwahlen notwendig geworden waren. Vgl. Dieter ALBRECHT, Einleitung, in: Die Protokolle der Landtagsfraktion der Bayerischen Zentrumspartei Bd. 3, 11*–25*, hier 22*.

291 Der Reichstag wurde aufgelöst, da der für die Niederschlagung eines kolonialen Aufstandes in Afrika nötige Nachtragshaushalt vor allem am Widerstand des Zentrums gescheitert war. Vgl. Christian LEITZBACH, Matthias Erzberger. Ein kritischer Beobachter des Wilhelminischen Reiches 1895–1914 (Beiträge zur Kirchen- und Kulturgeschichte 7), Frankfurt am Main 1998, 350–369.

292 Der Bayerische Bauernbund bekam kein einziges Reichstagsmandat. Vgl. HOCHBERGER, Bauernbund, 225 f.

293 Leonhard Hilpert (1852–1934), Metzger in Windsheim (Bezirksamt Uffenheim), Begründer des „Bauernvereins für Uffenheim, Windsheim und Umgebung", seit 1894/1895 in der Bauernbundsbewegung aktiv, zum Zeitpunkt der Reichstagswahlen 1907 wieder von ihr getrennt, kandidierte er für den „Mittelfränkischen Bauernverein", Mitglied der Kammer der Abgeordneten 1899 bis 1911, des Reichstags 1893 bis 1912. Vgl. HOCHBERGER, Bauernbund, 64.

294 Hierbei handelte es sich um keinen reichsweiten, sondern einen begrenzten Katholikentag für die Region Oberschwaben. Vgl. Winfried HALDER, Katholische Vereine in Baden und Württemberg 1948–1914. Ein Beitrag zur Organisationsgeschichte des südwestdeutschen Katholizismus im Rahmen der Entstehung der modernen Industriegesellschaft (VKZ B/64), Paderborn 1995, 269.

man die Haut abziehen und an ein Stadeltor hinnageln", ist das erste Bündnis des Zentrums mit den Sozialdemokraten 1899 im Dom zu Speyer vor den Kaisergräbern abgeschlossen worden[295]. Während des Gespräches wandte sich der damalige Sozialdemokrat Ehrhart[296] um und klopfte an die Mauer, dabei zu dem nächsten Zentrümler sagend: „Ob uns die alten Kaiser da drinnen wohl höre könne." Worauf der Angesprochene lächelnd meinte: „Wisse Se, das wess mer no net, ob da wirklich eener drinne is." Auch bei den Stichwahlen am 6. Febr. 1907 ist mit den Sozi in der Pfalz, in Erlangen-Fürth und in vielen anderen Wahlkreisen, so auch in München, gegen die bürgerlichen Parteien ein schwarz-roter Kompromiss geschlossen worden. In München konnte man vor der Stich-Wahl folgendes Plakat lesen:

> „An die Zentrumswähler Münchens. Gesinnungsgenossen! Die bayerische Sozialdemokratie hat uns in treuer Waffenbrüderschaft zu einem Dutzend Mandate verholfen. Erweist Euch dankbar und tretet morgen bei der Stichwahl in München Mann für Mann für den sozialdemokratischen Kandidaten ein. Das Zentrumskomitee."

Erzbischof von Stein in München[297] und der Erzbischof von Bamberg[298] sowie Freiherr von Hertling verurteilten dieses Bündnis sehr. Von Stein erhielt darauf nicht weniger als 800 Schmähbriefe.
[Seite 31] Im Januar 1907 wurde der bayer. Landtag zu einer kurzen Nachsession einberufen, um das Wassergesetz – im Ausschuss für das neue Wassergesetz war ich Mitglied – zu verabschieden[299]. Am 1. April wurde der Landtag aufgelöst und am 31. Mai fanden Neuwahlen statt. Die Freie Vereinigung erhielt statt bisher 20 nur mehr 19 Sitze, die Sozialdemokraten erhielten statt

---

295 Eisenberger nimmt hier Bezug auf das Wahlbündnis, das das Zentrum und die SPD im Vorfeld der bayerischen Landtagswahlen des Jahres 1899 bezüglich der Wahlkreise Speyer und Zweibrücken gegen die dort dominierenden Nationalliberalen geschlossen hatten. Vgl. BREWKA, Zentrum, 177–185.

296 Franz Joseph Ehrhart (1853–1908), Tapezierermeister aus Ludwigshafen, SPD, Mitglied der Kammer der Abgeordneten 1893 bis 1908, des Reichstags 1898 bis 1908. Vgl. Wilhelm Heinz SCHRÖDER, Sozialdemokratische Parlamentarier in den Deutschen Reichs- und Landtagen 1867–1933. Biographien – Chronik – Wahldokumentation. Ein Handbuch (Handbücher zur Geschichte des Parlamentarismus und der politischen Parteien 7), Düsseldorf 1995, 423.

297 Franz Joseph von Stein (1832–1909), Bischof von Würzburg 1878 bis 1897, Erzbischof von München und Freising 1897 bis 1909, Mitglied der Kammer der Reichsräte 1887 bis 1909.

298 Joseph von Schork (1829–1905), Erzbischof von Bamberg 1890 bis 1905.

299 Sitzung am 15. Februar und 20. März 1907, in: Verh. d. Kammer d. Abg. 1907. Sten. Ber. Bd. 7, München o. J., 1–38. Zum Wassergesetz vgl. BREWKA, Zentrum, 329–332.

bisher 12 nun 20 Sitze, die Liberalen 25 (23) und das Zentrum 99 (102)[300]. 1907 war dann Besonderes im Landtag nicht mehr los. 1908 stand die Beamtenaufbesserung zur Debatte. Wir von der Freien Vereinigung beantragten, dass den schaffenden Beamten mehr Gehalt gegeben werden soll[301]. Der Referent des neuen Beamtengesetzes, Abg. Held[302] (der spätere Ministerpräsident), führte aus, dass Bayern jährlich 160 Millionen für die Beamten ausgibt. Die Aufbesserung der hohen und höchsten Beamten von Klasse 11 mit 12 (im ganzen 8321 Beamte) verursachte eine Mehrausgabe von jährlich 6 174 600 Mark, der mittleren von Klasse 13–17 (13 986 Beamte) 3 891 000 Mark, der unteren Klasse 18–30 (40 487 Beamte) 8 047 180 Mark[303]. Der schwarze Abg. Freiherr von Malsen[304] sagte damals: „Bei einem Schuldenstand von zwei Milliarden können wir die Verantwortung leicht übernehmen, weil es ganz gleich ist, ob wir in 99 oder in 1000 Jahren mit der Schuldentilgung fertig werden."[305]
Am 5. Dez. 1911 wurde wieder der Reichstag geschlossen. Neuwahlen waren am 12. Januar 1912. Am 12. Nov. 1911 wurde auch der bayerische Landtag aufgelöst. Der Grund zu dieser Landtagsauflösung lag in Differenzen zwischen Regierung und Landtag, in dem das Zentrum einen unerhörten Terror ausgeübt hatte[306]. Der Wahlkampf – ich war als Kandidat bezw. Zählkandidat in meinem bisherigen Wahlkreis Rottal-Simbach, im Wahlkreis Rosenheim und im Wahlkreis Traunstein aufgestellt – nahm mich ganz in Anspruch. Um das Zentrum aus seiner Machtposition zu werfen, schlossen der Bauernbund, die Liberalen, Demokraten und Sozialdemokraten einen Wahlblock gegen das Zentrum. Obwohl das Zentrum vom Jahre 1874 bis 1907 41mal Wahlbündnisse mit den Roten geschlossen hatte, begann es einen Sturman-

---

300 Zur Landtagswahl 1907 vgl. HOCHBERGER, Bauernbund, 232–234.

301 Damit meinte er die unteren und mittleren Beamten; hier stimmte die Freie Vereinigung mit dem Zentrum überein. Vgl. KESSLER, Held, 118–126.

302 Heinrich Held (1868–1938), führender Vertreter des politischen Katholizismus in Bayern, Zentrum (ab 1918 BVP), Mitglied der Kammer der Abgeordneten 1907 bis 1918, des Bayerischen Landtags 1919 bis 1933, seit 1914 Fraktionsvorsitzender, Bayerischer Ministerpräsident 1924 bis 1933.

303 Sitzung am 17. Juli 1908, in: Verh. d. Kammer d. Abg. 1907/1908. Sten. Ber. Bd. 6, München o. J., 221–224.

304 Konrad Freiherr von Malsen-Waldkirch (1869–1913), Verwaltungsjurist und Landwirt, Zentrum, Mitglied der Kammer der Abgeordneten 1905 bis 1913, des Reichstags 1912/1913, Protagonist des konservativen Zentrumsflügels. Vgl. HAUNFELDER, Reichstagsabgeordnete (wie Anm. 14), 212 f.

305 Eisenberger gibt das Zitat sinngemäß, aber nicht wortgetreu wider. Vgl. Sitzung am 17. Juli 1908, in: Verh. d. Kammer d. Abg. 1907/1908. Sten. Ber. Bd. 6, München o. J., 224–229, hier 224.

306 Tatsächlich ging es um einen Machtkonflikt zwischen konstitutioneller Regierung und Mehrheitsfraktion. Nachdem das Zentrum die Annahme des Verkehrsetats verweigert hatte, bewirkte die Regierung die Auflösung des Landtages. Vgl. ALBRECHT, Landtag, 20–27.

griff gegen alle Parteien! Man hat ganz vergessen, was *Dr. Heim* im Landtag einmal gesagt hatte: „Die Sozialdemokraten werden immer anständiger und netter!"
Das Zentrum hat 15 Mandate verloren, die Sozialdemokraten und Liberalen haben zusammen 17 Sitze gewonnen. Ich selbst wurde mit grosser Mehrheit gewählt. Bei einer Nachwahl am 6. Juni 1913 im Landtagswahlkreis Mallersdorf siegte Karl Gandorfer[307] über den Pfarrer Zeiler[308]. Nach dem Tode des Reichstagsabgeordneten Freiherrn von Thünefeld[309] war am 18. Juli 1913 im Reichstagswahlkreis Weilheim Nachwahl, wobei ich als Kandidat gegen Emminger[310] aufgestellt worden bin. Trotz Zunahme unserer Stimmen bin ich unterlegen[311]. Ebenso war ich zur Nachwahl am 31. August 1913 im Wahlkreis Landshut als Reichstagskandidat gegen den „schwarzen" Baron von Aretin[312] aufgestellt worden[313]. Die Landshuter schwarze Presse bekämpfte mich in allerschärfster Form. In einem Artikel hiess es: „Für den Eisenberger gilt das Sprichwort: Schuster bleib bei deinen Leisten, nehme die Mistgabel in die Hand und arbeite auf deinem Bauernhof in Ruhpolding, das verstehst Du! Von ehrlicher Politik verstehst Du nichts!"

[5.2] *Die Königsmacher.*

Im Oktober 1913 hatten wir im bayerischen Landtage eine historische Angelegenheit zu beraten und zu verabschieden: „Aufhebung der Regentschaft." Im Lager des Zentrums herrschten zwei Ansichten, nämlich die Proklamation des Königs nach altem Rechte oder „die Ernennung" des Prinzregenten Ludwig zum König durch den Landtag. Gegen letztere Absicht sprach sich der Grossteil des Zentrums aus, da eine Ernennung durch den Landtag so aussehen würde, als könne der Landtag Könige einsetzen und Könige abset-

---

307 Vgl. Einleitung, Anm. 35.

308 Joseph Zeiler (geb. 1870), Pfarrer von Grafentraubach (Bezirksamt Mallersdorf) seit 1902. Vgl. Schematismus der Geistlichkeit des Bistums Regensburg für das Jahr 1915. Mit einigen chronologischen Notizen, Regensburg o. J., 47.

309 Clemens Freiherr von Thünefeld (1855–1913), Gutsbesitzer in Augsburg, Zentrum, Mitglied des Reichstags 1898 bis 1913. Vgl. HAUNFELDER, Reichstagsabgeordnete (wie Anm. 14), 272.

310 Erich Emminger (1880–1951), Amtsrichter in Augsburg, Zentrum (ab 1918 BVP), Mitglied des Reichstags 1913 bis 1918 und 1920 bis 1933, Reichsjustizminister 1923/1924. Vgl. HAUNFELDER, Reichstagsabgeordnete (wie Anm. 14), 148.

311 Eisenberger bekam 23,3 Prozent, Emminger 50,9 Prozent. Vgl. REIBEL, Handbuch, 983.

312 Heinrich Freiherr von Aretin (1875–1943), Agrarexperte und Gutsbesitzer in Haidenburg (Bezirksamt Vilshofen), Zentrum, Mitglied der Kammer der Reichsräte 1909 bis 1918, des Reichstags 1913 bis 1918. Vgl. HAUNFELDER, Reichstagsabgeordnete (wie Anm. 14), 122.

313 Eisenberger bekam 29,1 Prozent, Aretin 61,1 Prozent. Vgl. REIBEL, Handbuch, 991.

zen. Das Justizministerium war in seinem Gutachten für eine Verfassungsänderung, also für die Ernennung durch den Landtag[314]. In einer Kundgebung am 15. Okt. 1913 verlangten die Führer und Mitglieder der Handelskammer, der Industrie usw. stürmisch nach einem König[315]. Wir Bauernbündler waren uns einig, auf verfassungsmässigem Wege die Regentschaftsfrage zu regeln. Unsere Kundgebung in dieser Angelegenheit hat auch an höchster Stelle imponiert. Dagegen zog das Zentrum, besonders [Seite 32] die dem Zentrum angehörende Aristokratie, in gar keiner Weise. Die Regierung liess aber nicht locker und lud die Fraktionsführer nach Schloss Fürstenried ein, um zu zeigen, wie schwer krank der unglückliche König Otto I.[316] sei. Als Vorsitzender der kleinen Bauernbundsfraktion war ich an der traurigen Fahrt auch beteiligt. Als wir in das Schloss gekommen waren, wurden wir in die königlichen Gemächer geführt. Alle vier Wände der Räumlichkeiten waren gepolstert. Die Wärter erklärten uns, dass die Wände gepolstert sein müssen, weil sich Otto schon längst den Kopf eingerannt hätte. Stunden hindurch raste der König von einer Wand zur anderen, immer mit dem Kopf voraus. Jeder von uns hat die Überzeugung gewonnen, dass der König hoffnungslos geisteskrank sei und dass wir es mit unserem Gewissen vereinbaren können, wenn wir im Landtage für die Erhebung Ludwigs auf den Königsthron stimmen. Da aber die Lösung dieser Frage verfassungsändernd war, war Zweidrittelmehrheit notwendig, sodass mit keiner bestimmten Gewissheit auf die Annahme des Gesetzes gerechnet werden konnte. Weil wir aber auch „das Zünglein an der Wage“ bildeten, wurde von allen Seiten auf uns Bauernbündler eingewirkt. Finanzminister von Breunig[317] liess mich kommen und sagte zu mir: „Wenn Sie sorgen, Herr Abgeordneter, dass ihre Kollegen in der Königsfrage festbleiben, wird das Finanzministerium ihren Wünschen und Anträgen auf Verbesserung der Forst-, Weide- und Waldrechte im Hochgebirge sicher Rech-

---

314 Vgl. dazu Alfons BECKENBAUER, Ludwig III. von Bayern 1845–1921. Ein König auf der Suche nach seinem Volk, Regensburg 1987, 105–120.

315 Die Forderung wurde auf dem 7. Bayerischen Handelskammertag erhoben. Ihr lag die Hoffnung zugrunde, nach der Beendigung der Regentschaft zu einer Erweiterung der Reichsrätekammer im berufsständischen Sinne zu gelangen, da derartige Verfassungsänderungen während der Regentschaft nach der herrschenden juristischen Ansicht nicht erlaubt waren. Vgl. Sandra FLATSCHER, Der Bayerische Industrie- und Handelskammertag 1909–1936. Entstehung – Entwicklung – Tätigkeit (Europäische Hochschulschriften III/1037), Frankfurt am Main 2007, 197–201.

316 Otto I. (1848–1916), König von Bayern 1886 bis 1916, wegen Geisteskrankheit regierungsunfähig, weshalb es eines Prinzregenten bedurfte. Vgl. Cajetan von ARETIN, Die Erbschaft des Königs Otto von Bayern. Höfische Politik und Wittelsbacher Vermögensrechte 1916 bis 1923 (SBLG 149), München 2006.

317 Georg Ritter von Breunig (1855–1933), bayerischer Finanzminister 1912 bis 1918.

nung tragen.“ Wir Bauernbündler sagten uns, Ludwig werde diesmal König von Bauernbundsgnaden. Am 30. Oktober war dann die mit grosser Spannung erwartete Landtagssitzung, in der 149 Stimmen abgegeben wurden, von denen 122 mit Ja und 27 mit Nein abgestimmt hatten. 10 Abgeordnete waren entschuldigt und drei beurlaubt[318]. Abgeordneter Lutz[319] betonte im Namen der Bauernbündler: „Wir halten zum König und sprechen die Hoffnung aus, dass auch der König zu uns hält.“[320]

Am Mittwoch, den 12. November 1913, war die feierliche Thronbesteigung des Königs Ludwig III. Aus diesem Anlass fand eine Huldigungsfeier statt, zu der auch wir Abgeordneten eingeladen waren. Da ich mich bei allen Feiern wie Geburtstag des Prinzregenten, Landtagseröffnung etc. nur in meiner Berglertracht beteiligt hatte, wollte ich auch zu dieser Huldigungsfeier in der Tracht meiner Heimat erscheinen. Alles redete auf mich ein, dass das unmöglich sei, ich blamiere die ganze Fraktion. Da ich aber keinen Zylinder und keinen Frack hatte, musste ich zum borgen gehen. Mit Schwierigkeiten trieb ich einen Frack auf, aber nirgends fand ich einen passenden Zylinder. Für meinen grossen Kopf war kein gut sitzender Zylinder einfach aufzutreiben. Endlich gelang auch dies. Zum erstenmal erschien ich nicht in kurzer Wichs, sondern im ernsten schwarzen städtischen Gewande. Als wir im Thronsaal versammelt waren, trat auf mich der König zu und sagte mit bedauerndem Ausdrucke: „Herr Abgeordneter, es wäre mir lieber gewesen, sie wären heute auch in ihrer Gebirgstracht erschienen!“ Diese Äusserung des Königs hatte mir für den ganzen Tag Freude und Humor verdorben.

[5.3] *Wichtige Anträge zur Steuergesetzgebung.*

Im Mai 1912 haben wir folgenden Antrag eingebracht: Die Kammer wolle beschliessen, die königliche Staatsregierung zu ersuchen,

(Anträge liegen handschriftlich anbei)[321]

---

318 Sitzung am 30. Oktober 1913, in: Verh. d. Kammer d. Abg. 1913. Sten. Ber. Bd. 7, München o. J., 530.

319 Friedrich Lutz (1852–1918), Guts- und Brauereibesitzer in Heidenheim (Bezirksamt Gunzenhausen), Bayerischer Bauernbund (ab 1899 konservativ), Mitglied der Kammer der Abgeordneten 1893 bis 1918. Vgl. KÜRSCHNER, Landtag, 156.

320 Nach dem Wortlaut der Stenografischen Berichte gab Lutz die Stellungnahme des Bayerischen Bauernbundes ohne dieses Junktim ab. Vgl. Sitzung am 30. Oktober 1913, in: Verh. d. Kammer d. Abg. 1913. Sten. Ber. Bd. 7, München o. J., 520.

321 Im Mai 1912 wurden von der Bauernbundsfraktion keine Anträge eingebracht. Vgl. Verh. d. Kammer d. Abg. 1912. Beilagen Bd. 2, München o. J.

Bei der Behandlung unseres Antrages am 2. Juli im Plenum des Landtages hielt unser Abgeordneter Lutz eine längere Rede zur Begründung unseres Ersuchens[322]. Bei der Abstimmung hat das Zentrum gegen unsere Anträge gestimmt. Hätte man vor 20 Jahren unseren Antrag angenommen die Kreisregierungen aufzuheben, dann wären nicht nur die vielen Vizekönig verschwunden, sondern wir hätten mit Zins und Zinseszinsen in diesen 20 Jahren mehr als 150 Millionen weniger Ausgaben und mehr Ersparnisse gehabt. Aber die 85 genagelten und ungenagelten schwarzen Stiefeln haben unseren Antrag niedergetreten. Was dem damals schon armen Bayernlandl die Kreisregierungen gekostet haben, geht aus folgender Zusammenstellung hervor:

(Zusammenstellung liegt anbei)[323]

[Seite 33] Unsere Anträge sind natürlich abgelehnt worden.
Wir Bauernbündler haben auch während des Krieges im Interesse der Allgemeinheit verschiedene Anträge gestellt, die für die Allgemeinheit waren, aber von der schwarzen Mehrheitspartei abgelehnt worden sind[324]. Am 28. September [1917] haben wir im Landtage folgenden Dringlichkeitsantrag eingebracht[325]:

„Die Kammer wolle beschliessen: es sei die kgl. Staatsregierung zu ersuchen, die Heeresverwaltung anzuweisen,

1. für alle Mannschaften, Unteroffiziere und Offiziere die Einheitsküche an der Front und bei den Etappen vorzuschreiben und für deren bestimmte Einführung zu sorgen.
2. die Mannschaftslöhnung um 100 Prozent zu erhöhen.
3. eine neuerliche Auszahlung des Putzgeldes an diejenigen Mannschaften, die über drei Jahre dienen, zu veranlassen.

322 Sitzung am 2. Juli 1912, in: Verh. d. Kammer. d. Abg. 1912. Sten. Ber. Bd. 3, München o. J., 463–465. Dabei lag der Forderung nach Abschaffung der Kreisregierungen kein förmlicher Antrag der Bauernbundsfraktion zugrunde (vgl. Verh. d. Kammer d. Abg. 1912. Beilagen Bd. 2, München o. J.). Ein solcher wurde auch im federführenden Finanzausschuss nicht behandelt (vgl. Sitzung am 2. Juli 1912, in: Verh. d. Kammer d. Abg. 1912. Sten. Ber. Bd. 3, München o. J., 456 f.).

323 Diese Zusammenstellung fehlt – wie alle Anlagen zu den Lebenserinnerungen Eisenbergers, deren Inhalt jedoch ansonsten in Druckwerken nachgewiesen werden konnte.

324 Die zahlreichen bündlerischen Anträge, in denen es hauptsächlich um Fragen der Kriegsernährungswirtschaft und die Situation der Soldaten ging, finden sich in den Beilagenbänden der Verh. d. Kammer d. Abg., die Debatten darüber in den Stenografischen Berichten. Eine Aufzählung würde den Rahmen dieser Edition sprengen.

325 Verh. d. Kammer d. Abg. 1917/1918. Beilagen Bd. 17, München o. J., Nr. 1883.

4. einen Austausch der noch nicht oder nicht lange an der Front oder bei der Etappe gestandenen Feldwebel und Wachtmeister vorzunehmen.“

Der bauernbündlerische Abgeordnete Karl Gandorfer, der Frontsoldat war und zur Landtagssitzung beurlaubt worden ist, bedauerte in seiner Rede[326], dass alle Redner im Finanzausschuss gegen den Antrag der Bauernbündler sich ausgesprochen haben. Der Kriegsminister[327] erklärte im Ausschuss, dass er den Antrag [nicht] befürworten könne, wir sollen ihn zurückziehen, weil er sich technisch nicht durchführen lasse und weil die Offiziere draussen an der Front daran Anstoss nehmen würden. Gandorfer widersprach dem und führte an, dass diejenigen Offiziere, die draussen mit der Mannschaft essen und zwar das, was sie fassen und zugebilligt erhalten, nichts gegen die Einführung des Einheitsessens einwenden würden. In den letzten Tagen habe ich Zuschriften von meinen Frontkameraden erhalten, in denen mir gesagt wurde, dass die Mannschaften nicht das erhielten, was ihnen zukäme. Zum Schluss sagte Gandorfer, dass er den gleichen Antrag schon im Frühjahr gestellt hätte, aber leider abgelehnt worden sei, obwohl der Antrag bei den Soldaten guten Anklang gefunden hätte. „Gleiches Essen, gleiche Arbeit“ hätte im Felde mehr Mut gemacht. Ich glaube, dass die Revolution nicht gekommen wäre, wenn der Antrag angenommen und durchgeführt worden wäre. Im Oktober 1918 hatte Graf Westarp[328] im Reichstag den gleichen Antrag eingebracht[329], aber damals war es schon zu spät.
Im September 1918 kriselte es im Reichstage. Die Sozialdemokratie und die Fortschrittspartei waren darüber aufgebracht, dass die Reichsregierung ihre Wünsche nicht berücksichtige. Die Linke forderte bekanntlich eine parlamentarische Regierung, d. h. die Parteiführer der Linken wollten in die Regierung eindringen. Die Sozialdemokraten waren mit dem Reichskanzler Grafen von Hertling nicht mehr einverstanden, weil er einer parlamentarischen Regierung, die in voller Unabhängigkeit vom Grossen Hauptquartier die Politik führt, im Wege stand. Sie stellten folgende Bedingungen, unter denen sie in

326 Sitzung am 23. November 1917, in: Verh. d. Kammer d. Abg. 1917/1918. Sten. Ber. Bd. 16, München o. J., 750–752.

327 Philipp von Hellingrath (1862–1939), bayerischer Kriegsminister 1916 bis 1918.

328 Kuno von Westarp (1864–1945), preußischer Verwaltungsjurist, Mitglied des Bundes der Landwirte und der Deutschkonservativen Partei (ab 1918 Deutschnationale Volkspartei), Mitglied des Reichstags 1908 bis 1918 und 1920 bis 1932, Vorsitzender der Deutschnationalen Volkspartei von 1924 bis 1928. Vgl. Larry Eugene JONES – Wolfram PYTA (Hg.), „Ich bin der letzte Preuße“. Der politische Lebensweg des konservativen Politikers Kuno Graf Westarp (1864–1945) (Stuttgarter Historische Forschungen 3), Köln 2006.

329 Verh. d. Reichstags 1918. Anlagen Bd. 325, Berlin 1914/1918, Nr. 1970 (22. Oktober 1918).

die Regierung einzutreten bereit waren[330]: 1. Uneingeschränktes Bekenntnis zu der Juli-Resolution des Reichstages[331] mit der Bereitschaftserklärung, einem Völkerbund beizutreten, der auf der Grundlage der friedlichen Regelung aller Streitfragen und der allgemeinen Abrüstung beruht. 2. Vollkommen einwandfreie Erklärung über die belgische Frage. Wiederherstellung Belgiens, Verständigung über Entschädigungen, ebenso Wiederherstellung Serbiens und Montenegros. 3. die Friedensschlüsse von Brest-Litowsk und Bukarest[332] dürfen kein Hindernis für einen allgemeinen Friedensschluss sein. Sofortige Einführung der Zivilverwaltung in allen besetzten Gebieten. Bei Friedensschluss sind die besetzten Länder frei zu geben. Demokratische Volksvertretungen sind zu gründen. 4. Autonomie Elsass-Lothringens. Für alle deutschen Bundesstaaten allgemeines, gleiches, geheimes und unmittelbares Wahlrecht. Der preussische Landtag ist aufzulösen, wenn nicht das gleiche Wahlrecht aus den Beratungen des Herrenhaus-Ausschusses unverzüglich hervorgeht. 5. Einheitlichkeit der Reichsleitung, Ausschaltung unverantwortlicher Nebenregierungen[333]. Berufung von Vertretern aus der Parlamentsmehrheit oder aus Personen, die der Politik der Mehrheitspartei entsprechen. Aufhebung des Artikel 9 der Reichsverfassung[334]. Die politi-

---

330 Beschluß der Reichstagsfraktion und des Parteiausschusses der Sozialdemokratischen Partei vom 23. September 1918 über die Bedingungen für den Eintritt in die neue Regierung, in: Ursachen und Folgen. Vom deutschen Zusammenbruch 1918 und 1945 bis zur staatlichen Neuordnung Deutschlands in der Gegenwart. Eine Urkunden- und Dokumentensammlung zur Zeitgeschichte Bd. 2: Der militärische Zusammenbruch und das Ende des Kaiserreichs, hg. von Herbert MICHAELIS u. a., Berlin o. J., 344 f.

331 Am 19. Juli 1917 hatte der Reichstag mit den Stimmen des Zentrums, der SPD und der Fortschrittlichen Volkspartei mehrheitlich einen Verständigungsfrieden statt des von der Reichsleitung geforderten Siegfriedens gefordert. Vgl. Ursachen und Folgen (wie Anm. 330), 37 f.

332 Friede von Bukarest, am 7. Mai 1918 zwischen den Mittelmächten und Rumänien geschlossen. Vgl. Elke BORNEMANN, Der Frieden von Bukarest (Europäische Hochschulschriften III/64), Frankfurt am Main 1978. Friede von Brest-Litowsk, am 3. Oktober 1918 zwischen den Mittelmächten und der Sowjetunion geschlossen. Vgl. Hildegard KOCHANEK, Friede von Brest-Litowsk, in: Gerhard HIRSCHFELD u. a. (Hg.), Enzyklopädie Erster Weltkrieg, Paderborn 2003, 506–508.

333 Gemeint war damit die Oberste Heeresleitung, deren Tätigkeit mit zunehmender Dauer des Krieges auf innenpolitische und kriegswirtschaftliche Gebiete übergriff und die in der Lage war, der Reichsregierung eigene personalpolitische Vorstellungen aufzudrängen. Vgl. dazu Markus PÖHLMANN, Oberste Heeresleitung (OHL), in: Gerhard HIRSCHFELD u. a. (Hg.), Enzyklopädie Erster Weltkrieg, Paderborn 2003, 754 f. Für Bayern vgl. die Verordnung über den Übergang der vollziehenden Gewalt auf die Militärbehörden vom 31. Juli 1914, in: Die Bayerische Staatlichkeit, bearb. von Rolf KIESSLING u. a. (Dokumente zur Geschichte von Staat und Gesellschaft in Bayern III/2), München 1976, 149.

334 Diese Forderung ist im Rahmen der sozialdemokratischen Bemühungen um die Parlamentarisierung der Reichsverfassung zu sehen. Der Artikel 9 der Verfassung des Deutschen Reiches vom 16. April 1871 lautet: „Jedes Mitglied des Bundesrates hat das Recht, im Reichsta-

schen Veröffentlichungen der Krone und der Militärbehörden sind vor ihrer Veröffentlichung dem Reichskanzler mitzuteilen. 6. Sofortige Aufhebung aller Bestimmungen, durch welche die Versammlungs- und Pressefreiheit eingeschränkt werden. Die Zensur darf nur auf rein mili[Seite 34]tärische Personen angewandt werden. Errichtung einer politischen Kontrollstelle für alle Massnahmen, die auf Grund des Belagerungszustandes verhängt werden. Beseitigung aller militärischen Institutionen, die der politischen Beeinflussung dienen.

Bei diesen Forderungen, so schrieb damals der „Vorwärts", handelte es sich um die Minimalforderungen. Aus diesem Grunde kam es im Reichstage auch zu scharfen Auseinandersetzungen zwischen den Rechts- und den Linksparteien.

Durch die ganze Lage, durch die Arbeit der Linksparteien und durch die wachsende Not stieg im Volke die Verzweiflung. Die wildesten Gerüchte schwirrten durch das Land und wir Abgeordneten wurden immer wieder mit Fragen bestürmt, ob es wahr sei, was man von der Front höre, was über die politische Lage gesagt werde, wie lange der Krieg noch dauere. Wir Parteiführer haben daher verlangt, mit der Regierung über diese wichtigen und brennenden Tagesfragen eine Besprechung zu halten.

Am 28. Sept. 1918 wurden wir zu diesem Zwecke in das Ministerium des Äusseren zu einer Sitzung geladen. Dr. Held, Führer des Zentrums, Dr. Casselmann[335], Führer der Liberalen, Auer[336] – Sozi, Bekh[337] – Freie Vereinigung, und meine Wenigkeit vom Bauernbund, waren anwesend. Sämtliche Minister einschliesslich des Kriegministers sind erschienen. Der Kriegsminister[338] beantwortete unsere Fragen, wie es an der Front steht, mit folgenden Worten:

ge zu erscheinen und muß daselbst auf Verlangen jederzeit gehört werden, um die Ansichten seiner Regierung zu vertreten, auch dann, wenn dieselben von der Majorität des Bundesrates nicht adoptiert worden sind. Niemand kann gleichzeitig Mitglied des Bundesrates und des Reichstages sein."

335 Dr. Leopold Ritter von Casselmann (1858–1930), Rechtsanwalt in Bayreuth, Nationalliberale Partei, Mitglied der Kammer der Abgeordneten 1897 bis 1918, des Reichstags 1891 bis 1893. Vgl. HAUNFELDER, Abgeordneten (wie Anm. 194), 99 f.

336 Erhard Auer (1874–1945), Arbeiter, (M)SPD, Mitglied der Kammer der Abgeordneten 1907 bis 1918, des Provisorischen Nationalrats 1918/1919, des Bayerischen Landtags 1919 bis 1933, der Deutschen Nationalversammlung 1919/1920, bayerischer Innenminister 1918/1919, führender Politiker der bayerischen Sozialdemokratie.

337 Friedrich Beckh (1843–1927), Gutsbesitzer von Rathsberg bei Erlangen, führender Politiker des Bundes der Landwirte in Bayern, Mitglied der Kammer der Abgeordneten 1887 bis 1918, Gründungsmitglied der deutschnationalen Bayerischen Mittelpartei, Mitglied der Bayerischen Landesbauernkammer 1920 bis 1925. Vgl. KIISKINEN, Deutschnationale Volkspartei, 598.

338 Philipp von Hellingrath. Vgl. Anm. 327.

„Wir haben an der Front etwas zurückgehen müssen, aber die militärische Lage an der Front ist gut und fest, es ist nicht das Geringste zu befürchten, die Herren können ganz getrost sein." Wir haben selbstverständlich diesen Worten des Kriegsministers geglaubt und haben am Sonntag, den 29. Sept., die aufgeregte Bevölkerung in allen Gauen zu beruhigen versucht[339]. Am 2. Okt. nachts, vier Tage nach der vohergegangenen Besprechung mit der Regierung, läutete bei mir das Telefon. Da ich das Telefon im Wohnzimmer und nicht im Schlafzimmer habe, hatte ich das Läuten nicht gehört, sodass mich morgens 5 Uhr meine Magd aufmerksam machte: „Bauer heut nacht ist der Wecker abgelaufen." Sie meinte damit das Geläute vom Telefon. Tatsächlich wurde ich eine Stunde darauf wieder angerufen und es wurde mir von der Post mitgeteilt, dass die Regierung mich dringend verlangt hätte und dass ich sofort mit dem ersten Zug nach München fahren müsse, zu einer sehr wichtigen Regierungsbesprechung.

Ich fuhr dann mit dem ersten Zuge nach München und als ich im Aussenministerium eintraf, war auch schon der Kriegsminister anwesend. Den Kopf auf den Säbel gestützt, machte [er] eine sehr sauere, verdrossene Gesichtsmiene. Ich war natürlich über dieses Benehmen sehr überrascht und fragte erstaunt, was denn los sei, warum man mich mitten in der Nacht so dringend verlangt hätte und warum ich nach München fahren musste. Darauf antwortete mir der Kriegsminister: An der Front stehe es schlecht, es müssten sofort Verhandlungen wegen eines Waffenstillstandes gepflogen und mit dem amerikanischen Präsidenten Wilson in Fühlung getreten werden. Die Parteiführer würden ersucht, diese Tatsachen streng geheim zu halten und auf die Bevölkerung beruhigend einzuwirken. Ich habe dann erwidert, dass wir vor Tagen bereits an die Bevölkerung beruhigende Nachrichten hinausgegeben hätten und dass es nun schwer sei, wiederum in beruhigendem Sinne auf die erregten Massen einzuwirken. Zu allem Überflusse jedoch erschien noch eine Verordnung zur besseren Erfassung von Milch- und Milcherzeugnissen[340]. Am 30. September 1918 waren in Berlin bereits die Würfel gefallen. Der Kaiser richtete den bekannten Erlass an Grafen Hertling, dass eine vom Vertrauen des Volkes getragene Regierung der nationalen Verteidigung gebildet werden

339 Im Landauer Volksblatt finden sich derartige Beruhigungsversuche irgendeines bündlerischen Abgeordneten etwa in Form eines Aufrufes oder eines Versammlungsberichtes nicht.

340 Eisenberger meint hier wohl eine Ende August erfolgte Bekanntmachung des bayerischen Innenministeriums „wegen schärferer Erfassung der Lebensmittel". Vgl. LV vom 27. August 1918. Eine Verordnung dieses Inhalts lässt sich weder im Gesetz- und Verordnungsblatt des Königreichs Bayern noch im Reichs-Gesetzblatt nachweisen.

müsse. Am 2. Oktober wurde diese Regierung mit dem Reichskanzler Prinz Max von Baden[341] gebildet.
Graf Hertling, der seine Villa in Ruhpolding hatte, reiste nach dorthin ab. Ich habe als Bürgermeister der dortigen Gemeinde veranlasst, dass Graf Hertling mit der Musik am Bahnhof abgeholt und zu seinem Heim begleitet werde. In seiner Wohnung angelangt, bat mich Graf Hertling, zu ihm in die Wohnung zu kommen. Meine erste Frage war: „Wie steht es an der Westfront?" Er sagte: „Im Vertrauen – es dürfte besser stehen!" Dann meinte er: Es war ein grosser Fehler, dass sich die Reichsregierung wie der Reichstag der obersten Heeresleitung untergeordnet habe, was in Frankreich nicht der Fall sei. Wenn ich – so fuhr er weiter – einen Erlass oder eine Verordnung [Seite 35] herausgeben wollte, musste ich mich immer mit der Obersten Heeresleitung in Verbindung setzen und um Genehmigung ersuchen, damit ich den Willen der Reichsregierung durchsetzen konnte. Hertling fuhr dann, sehr ernst werdend, weiter: Wir haben während der Kriegszeit zwei grosse Fehler gemacht. Erstens die zwangsweise Abtransportierung von belgischen Arbeitern, was uns das Ausland sehr übelgenommen hatte, und zweitens die Schaffung des Königreiches Polen. Jetzt will jeder König von Polen werden. Die Deutschen – kein anderer käme in Betracht – wollen den Eroberer von Warschau, Prinz Leopold von Bayern, auf den polnischen Königsthron erheben[342]. Die Österreicher hätten einen oder zwei Erzherzöge in Aussicht genommen.
Am 6. Oktober erliess der bayerische König einen Aufruf an das Heer, der folgenden Wortlaut hatte:

(Aufruf liegt im Wortlaut bei)[343]

Für den 16. Oktober 1918 wurde wieder der bayerische Landtag einberufen. In der Presse war folgendes zu lesen: „Morgen wird der Landtag zusammentreten. Er steht vor einer ganz anderen Situation, seit er auseinanderging. Die Verhältnisse haben sich geändert, an der Front wie an der Heimat. Eine neue Zeit sei angebrochen, der auch der bayerische Landtag Rechnung tragen müsse. Und erst recht: die Minister müssten die Zeichen der Zeit verstehen,

---

341 Max von Baden (1867–1929), Thronfolger in Baden, preußischer General, als letzter Reichskanzler des Kaiserreiches vom 3. Oktober bis 9. November 1918 an der Spitze von dessen erster parlamentarischer Regierung.

342 Leopold von Bayern (1846–1930), deutscher General im Ersten Weltkrieg, als König für ein vom Deutschen Reich abhängiges Polen im Gespräch.

343 MNN vom 7. Oktober 1918. Darin lobt der Monarch seine Armee dafür, dass es ihr gelungen sei, den Feind vom Heimatboden fernzuhalten. Es war das letzte Mal, dass sich Ludwig III. an seine Soldaten wandte. Vgl. dazu BECKENBAUER, Ludwig III. (wie Anm. 314), 183.

wenn sie nicht von ihr zerschellt werden wollen. Die neue Zeit hat nicht mehr allzu viel übrig für Erwägungen und ‚papierenes' Wohlwollen vom Ministertisch aus. Der Finanzminister mag in erster Linie darnach trachten, dass in sein Ressort wieder ein frischer Zug komme. Das Barometer zeigt für die kommenden Tage im Ständehaus an der Prannerstrasse Sturm an!"[344]
In der Landtagssitzung vom 16. Oktober 1918 erklärte der bayerische Ministerpräsident von Dandl[345]: „Treu stehen die Bundesstaaten zum Reiche. Wir sind ein Volk und einig wollen wir handeln." Zur innerpolitischen Lage übergehend, betonte der Ministerpräsident, dass sowohl die bayerische Staatsregierung wie auch das bayerische Königshaus einer fortschrittlichen Entwicklung der vom freiheitlichen Geiste durchdrungenen Verfassung des Landes nie ein Hindernis in den Weg gelegt haben. Zur Neugestaltung der Kammer der Reichsräte werde dem Landtage in Bälde ein Gesetzesentwurf zugehen.[346]

[5.4] *Der Revolution entgegen.*

Die aussenpolitische Lage wurde von Tag zu Tag schlechter. Da die Lage in Österreich von Tag zu Tag schlechter wurde, musste man damit rechnen, dass auch Bayern eines Tages in den Kriegsschauplatz einbezogen werden könnte. Wir Landtagsabgeordneten haben damals schwierige und aufregende Zeiten mitgemacht. Der Ausbau der Volksrechte stand auch in Bayern bevor[347]. Die Reichsratskammer sollte eine Verstärkung von rund 50 Mitgliedern aus Handel und Gewerbe, Landwirtschaft und Arbeiterschaft bekommen. Es wurde dabei die Frage erörtert, ob nicht zu viele Prinzen in der ersten Kammer sich befinden und ob nicht das Alter der Prinzen für den Eintritt in die Kammer auf mindestens 30 Jahre festgesetzt werden solle. Auch soll der ersten Kammer das „Herumdoktern" an den Beschlüssen der zweiten Kammer unmöglich bezw. erschwert werden. Die Einführung der Verhältniswahl wurde in Betracht gezogen, um eine gerechtere Basis zu erreichen. Endlich sollte auch die Parlamentarisierung Bayerns erreicht werden, und zwar in der Weise,

---

344 Der Veröffentlichungsort des Artikels konnte nicht ermittelt werden. Jedenfalls wurde er nicht in einem der führenden bündlerischen oder sozialdemokratischen Blätter publiziert.

345 Otto von Dandl (1868–1942), Vorsitzender des bayerischen Ministerrates 1917/1918.

346 Sitzung am 16. Oktober 1918, in: Verh. d. Kammer d. Abg. 1918. Sten. Ber. Bd. 20, München o. J., 5–11.

347 Zu den verfassungspolitischen Reformvorschlägen am Vorabend der Revolution vgl. ALBRECHT, Landtag, 259–342. Zur Reform der Reichsrätekammer vgl. LÖFFLER, Kammer, 517–525.

dass der Staatsrat[348] durch Mitglieder des Landtages erweitert werde. Später dürften dann Parteiminister den jetzigen Fachministern beigegeben werden. In diese erregte Zeit der Arbeit und der Krise hielt der Bayerische Bauernbund am 28. Oktober 1918 in München eine Delegiertenversammlung ab[349]. Es wurde die Lage Bayerns gründlichst besprochen. Das Ergebnis dieser Versammlung war die Annahme einer Entschliessung, die ich begründet hatte:

> „Der Bayerische Bauernbund wird alle Bestrebungen unterstützen, die geeignet sind, sofort den Frieden herbeizuführen; er glaubt dem dadurch gerecht zu werden, dass er sich geschlossen hinter die neue Volksregierung im Reiche stelle."

Der Bayerische Bauernbund forderte dann weiter, dass ehestens dem Volke der weitgehendste Einfluss auf die Regierung unter Wahrung des monarchischen Prinzips gewährleistet werde, insbesondere muss eine durchgreifende Reform der Reichsratskammer erfolgen. Der Bauernbund verschliesst sich der Einführung der Verhältniswahl nicht, [Seite 36] wünscht aber die möglichste Wahrung der Interessen des Bauernstandes. Der Bauernbund fordert seine Vertreter auf, für tunlichst baldige Abschaffung der Zwangswirtschaft und besonders der Kriegsgesellschaften[350] einzutreten und gesetzgeberische Massnahmen zu ergreifen, um alle grösseren Kriegsgewinne zu erfassen. Für eine ausreichende Fürsorge der Kriegsbeschädigten und der Kriegshinterbliebenen ist unbedingt Sorge zu tragen, wobei die Ansiedlung und die Beschaffung von Wohnungen mit allen Kräften zu fördern ist. In dieser ernsten Zeit fordert der Bauernbund seine Mitglieder auf, ruhig Blut zu bewahren und gegen Störenfriede vorzugehen; denn ausbrechende Unruhen würden den Bauerstand schwer schädigen, wenn nicht gar ruinieren.
Durch die Zuspitzung der Lage in Österreich in den ersten Novembertagen herrschte an der bayerischen Grenze höchste Bestürzung. Da an den Gren-

---

348 Erweitertes Beratungsgremium des Monarchen, bestehend aus dem Thronfolger, königlichen Prinzen und den Ministern sowie einer entsprechenden Anzahl von höheren Staatsbeamten, Militärangehörigen oder Personen des öffentlichen Lebens. Vgl. Verordnung über den Staatsrat vom 3. August 1879, in: Regierungssystem und Finanzverfassung, bearb. von Rolf KIESSLING u. a. (Dokumente zur Geschichte von Staat und Gesellschaft in Bayern III/3), München 1977, 75–77.

349 Zu dieser Versammlung vgl. LV vom 31. Oktober 1918. Die folgende Entschließung zitiert Eisenberger nicht wortgetreu.

350 Die Eingriffe in die Betriebsautonomie, die die Landwirte aufgrund der Kriegszwangswirtschaft erdulden mussten, bildeten einen wesentlichen Grund für die steigende Unzufriedenheit der ländlichen Bevölkerung während des Ersten Weltkriegs. Vgl. ZIEMANN, Front, 308–328.

zen entlang Schützengräben aufgeworfen wurden, wurde die Angst, dass der Krieg sich nun auch in Südbayern abspielen würde, noch mehr verstärkt. Wir Abgeordneten wurden mit Telegrammen, Bittbriefen, Telephonanrufen geradezu überschüttet. Die Bevölkerung bat um möglichst schnellen Friedensschluss. Am 5. November hatte der Kriegsminister zur Beruhigung der Grenzbevölkerung einen Aufruf erlassen, in dem betont wurde, dass Vorkehrungen zum Schutze der Heimat getroffen worden seien[351]. Ähnlich wie im Reiche wurde auch in Bayern – und zwar am 2. November – eine Umbildung der Regierung angebahnt[352]. Es war in Aussicht genommen, neben den bisherigen Ministerien auch ein Ministerium für soziale Fürsorge zu bilden, dem u. a. die weitverzweigten Gebiete der Regelung der Verhältnisse der Arbeiter und sozialen Versicherung sowie das Wohnungswesen übertragen werden sollten, Aufgaben, die gerade in der Übergangszeit vom Krieg zum Frieden die wichtigsten waren. In den Besprechungen unter uns Parteiführern kam eine Einigung dahin zustande, dass die Umbildung der Regierung auf parlamentarischer Grundlage vorzunehmen ist, wobei vorgeschlagen wurde, ausser der Berufung von Parlamentariern zu Fachministern vier Minister ohne abgegrenzten Wirkungskreis aus dem Parlament einzubeziehen. Ferner kam in dieser Parteiführerbesprechung eine Einigung über die Reform der Reichsratskammer und über die Einführung der Verhältniswahl im ganzen Königreich Bayern mit der Zugrundelegung der acht Regierungsbezirke als Wahlkreise zustande. Sehr begrüsst wurde der Plan, das Ministerium für soziale Fragen zu bilden. Die Regierung sollte dann folgende Zusammensetzung haben: Staatsminister der Justiz – ein liberaler Abgeordneter; Staatsminister für Finanzen – ein Zentrümler; Verkehrsminister – ein Zentrümler; Staatsminister für soziale Fürsorge – ein Sozialdemokrat. Ausserdem sollten als Minister ohne abgegrenzten Wirkungskreis je ein Zentrümler, Liberaler, Sozialdemokrat und Bauernbündler fungieren. Dem Ministerium für soziale Fürsorge sind drei Abteilungsvorstände beizugeben, und zwar 1 Staatsrat als erster Vertreter des Ministers aus der Zentrumspartei, ein Staatsrat aus der sozialdemokratischen Partei und ein Ministerialdirektor aus der liberalen Partei. Die Pensionsbestimmungen für die parlamentarischen Minister im Hauptamt galten auch für diese letzteren Personen. Von der Bauernbundspartei wurde ich als Fraktionsvorsitzender zum Staatsrat in die parlamentarische Regierung berufen. Aber meine Staatsratsherrlichkeit dauerte blos zwei

351 Abgedruckt in: MP vom 6. November 1918.

352 Zur Umbildung des Bayerischen Ministerrats am Vorabend der Revolution vgl. ALBRECHT, Landtag, 377–393.

Tage, da die Revolution vom 7. auf den 8. November alle unsere Pläne über den Haufen geworfen hatte.
Die Unsicherheit in München erhöhte sich von Tag zu Tag.

[6.] *Der Unabhängige [Sozialdemokrat und] Jude Kurt Eisner*[353],

der schon im Januar 1918 zur Revolution aufgefordert hatte und dafür in Stadelheim aufbewahrt wurde[354], ist mit Zustimmung und Genehmigung des Reichsgerichtsanwaltes in Leipzig mit seinen zwei Genossen freigelassen worden[355], sodass er in Schwabing eine grosse Kundgebung veranstalten konnte, in der [er] die Revolution als die einzige Rettung hinstellte[356]. Es wurde uns auch bekannt, dass dieser Jude am 7. November auf der Theresienwiese eine grosse Demonstrationsversammlung abhalten wollte. Aus diesem Grunde ging von den Fraktionsführern des bayerischen Landtages der Wunsch aus, mit der Regierung eine Besprechung abzuhalten. Dieselbe wurde dann am Abend des 6. November im Landtage abgehalten. Bei dieser Besprechung waren anwesend: Dr. Held vom Zentrum, der liberale Dr. Casselmann, der Sozialdemokrat Auer, Bekh von der Freien Vereinigung und Eisenberger vom Bauernbund, ebenso war das gesamte Ministerium zur Stelle. [Seite 37] Dr. Casselmann stellte an den Kriegsminister von Hellingrath die Frage: „Wie steht es für den morgigen Tag? Ist genügend sicheres Militär vorhanden, um erfolgreich eingreifen zu können, wenn Kurt Eisner morgen die Versammlung auf der Theresienwiese abhalten und vielleicht die Revolution proklamieren will?“ Der Kriegsminister erwiderte, dass wir alle versichert sein können, dass man sich auf das in München vorhandene Militär verlassen könne. Es sind zwar einige Formationen dabei, die nicht mehr ganz zuverlässig sind, aber im Allgemeinen besteht keine Gefahr; denn diese Formationen geben keinen Ausschlag. Der Sozialdemokrat Auer bemerkte dazu: „Wenn Eisner morgens auf der Wiese eine Versammlung abhalten will, dann wird er nicht viel Zulauf bekommen. Ich werde dann auch eine Parallelversammlung abhalten und dann werde ich die meisten Anhänger herüberziehen. Wir wer-

353 Kurt Eisner (1867–1919), Schriftsteller in München, aus Opposition gegen die Burgfriedenspolitik der Sozialdemokratie Mitbegründer der pazifistischen USPD, Protagonist der bayerischen Novemberrevolution, Bayerischer Ministerpräsident November 1918 bis Februar 1919.

354 Zum so genannten Januarstreik und seinen Folgen vgl. Grau, Eisner, 332–342.

355 Das Reichsgericht ließ Eisner frei, da er als Kandidat der USPD für eine Reichstagsnachwahl im Wahlkreis München aufgestellt war. Die Wahl sollte am 17. November 1918 stattfinden. Vgl. Grau, Eisner, 344.

356 Eisenberger meint hier die Versammlung, die Eisner am 23. Oktober 1918 im Schwabingerbräu veranstaltete. Vgl. Grau, Eisner, 346 f.

den einen ruhigen Demonstrationszug durch die Stadt zum Friedensengel unternehmen und uns dort auflösen."
Ich selbst stellte dann an den Kriegsminister die Frage: „Exzellenz! Sie haben heute ausgesagt, dass ‚zwar Formationen dabei sind, die nicht mehr ganz zuverlässig sind'! Ist dann überhaupt ein Verlass? Vielleicht ist dann im Allgemeinen auf das Militär mit absoluter Sicherheit überhaupt nicht mehr zu rechnen?" Der Kriegsminister antwortete: „Die Herrn brauchen wirklich keine Angst zu haben. Die paar Formationen, die unzuverlässig seien, haben auf das Gesamtmilitär keinen Einfluss." Wir gingen getrost auseinander.
Am 7. November hatten wir im Landtag eine Nachmittagssitzung, die um 4 Uhr, also um dieselbe Zeit begann, in der Kurt Eisner seine Versammlung auf der Theresienwiese abhielt[357]. Im Landtag stand eine Interpellation des Abg. Hübsch[358] und Genossen betreff Sicherung der Kartoffelversorgung in den Städten usw. zur Beratung[359]. Nach 5 Uhr fragte ich den Staatsminister von Brettreich[360]: „Wie steht es denn auf der Wiesen draussen, ich meine die Versammlung, die Kurt Eisner abhält." Brettreich antwortete: „Herr Abgeordneter, es steht schlecht! Soviel uns telephonisch mitgeteilt wurde, hat Eisner schon zirka 1000 Mann Militär auf seiner Seite." Ich erwiderte: „So, jetzt hamma's! Der Kriegsminister hat uns also doch nicht recht unterrichtet." Die Sitzung des Landtages wurde dann nach 6 Uhr geschlossen und die nächste Sitzung wurde für den 8. November vormittags 9 Uhr anberaumt.
Der Sozialdemokrat Auer hat inzwischen mit Eisner über die Abhaltung einer Massendemonstration verhandelt. Unabhängige und Sozialdemokraten sind sich dann über die Abhaltung einer gemeinsamen Massenkundgebung einig geworden. Die Unabhängigen verpflichteten sich, die Ruhe und die Ordnung aufrecht zu erhalten. Aber kaum war die Kundgebung beendet, begann in der Nacht vom Donnerstag zum Freitag die Umwälzung. Grosse und kleine Gruppen bewegten sich unter Vorantragen von roten Fahnen durch die Strassen Münchens.
In dieser Nacht begab ich mich bald zur Ruhe. Ich wohnte damals in der Birkenstrasse und musste in der Nähe der Kaserne des 1. Infanterie-Regiments

357 Die Kundgebungen auf der Theresienwiese begannen kurz nach 15 Uhr. Vgl. MITCHELL, Revolution, 82.

358 Karl Hübsch (geb. 1870), Kaufmann in Nürnberg und München, Liberale Vereinigung (ab 1918 Deutsche Demokratische Partei), Mitglied der Kammer der Abgeordneten 1907 bis 1918, des Provisorischen Nationalrats 1918/1919, des Bayerischen Landtags 1919 bis 1924. Vgl. LILLA, Landtag, 392.

359 Sitzung am 7. November 1918, in: Verh. d. Kammer d. Abg. 1918. Sten. Ber. Bd. 20, München o. J., 97–112.

360 Maximilian Friedrich Ritter von Brettreich (1858–1938), bayerischer Innenminister 1907 bis 1913 und 1916 bis 1918.

vorbeigehen. Als ich um 10 Uhr nachts auf meine Wohnung zuging, begegneten mir „Damen“ und „Herrn“, die wollene Decken, Uniformen, Schuhe, Stiefel usw. mit sich trugen. Sie waren so schwer bepackt, dass ich mir dachte, wie sie es nur tragen können. Da zur Kaserne jeder freien Zutritt hatte, ging auch jeder hinein und plünderte, was er plündern konnte. Wenn die Frontsoldaten heimkommen, dann wird keiner von ihnen mehr ein gutes Stück erhalten – man hat ihnen in der Heimat schon Alles weggestohlen.
Die grosse politische Umwälzung vollzog sich nachts im Landtagsgebäude, wo im Sitzungssaal der Arbeiter- und Soldatenrat unter dem Prāsidium Kurt Eisners tagte[361]. Er erliess dann die bekannten Proklamationen[362].
Als ich am Freitag [8. November] morgens in die Mitte der Stadt kam, erfuhr ich, dass das militärische Quartier im Mathäser und das politische Quartier im Landtage sei. Meine Kollegen und ich wollten zu der gestern beschlossenen Sitzung, die um 9 Uhr vormittags beginnen sollte, gehen. Als wir vom Lenbachplatz durch das Tor in die Prannerstrasse gehen wollten, wurden wir von Militärposten mit aufgepflanztem Bajonett aufgehalten und darüber belehrt, dass wir uns auszuweisen haben und dass unsere Ausweise im Büro bestätigt werden müssten. Ich kann mich auch noch erinnern, dass der [Seite 38] Oberbürgermeister von München, Dr. von Borscht[363], mit dem Lebensmittelreferenten Rechtsrat Pfeifer[364], dem Finanzreferenten Rechtsrat Kronenberger[365], mehreren Magistratsräten und Mitgliedern der Stadtverwaltung im Landtagsgebäude erschien und um Schutz für die städtischen Einrichtungen bat[366]. Auch diese Herren mussten sich ihre Ausweise von dem Juden Kurt

361 Zur Konstituierung des Arbeiter- und Soldatenrates im Plenarsaal der Kammer der Abgeordneten vgl. KÖGLMEIER, Rätegremien, 45–49.

362 Eisenberger meint hier den Aufruf des Arbeiter- und Soldatenrats an die Bevölkerung Münchens vom 7. November (vgl. Die Regierung Eisner 1918/19, 409), den Aufruf Eisners und des Arbeiter-, Soldaten- und Bauernrats an die Bevölkerung Münchens vom 8. November (vgl. Die Regierung Eisner 1918/19, 409–411) und den Aufruf Eisners und Ludwig Gandorfers an die ländliche Bevölkerung Bayerns (vgl. Die Regierung Eisner 1918/19, 411 f.).

363 Wilhelm Ritter von Borscht (1857–1943), Oberbürgermeister von München 1907 bis 1919. Vgl. Peter Claus HARTMANN, Wilhelm von Borscht (1888/93–1919), in: Friedrich H. HETTLER – Achim SING (Hg.), Die Münchner Oberbürgermeister. 200 Jahre gelebte Stadtgeschichte, München 2008, 73–88.

364 Andreas Pfeiffer (geb. 1882), rechtskundiger Magistratsrat und berufsmäßiger Stadtrat von 1914 bis 1945. Vgl. StadtA München, Ratskartei, s. v. Pfeiffer Andreas; Peter STEINBORN, Grundlagen und Grundzüge Münchener Kommunalpolitik in den Jahren der Weimarer Republik. Zur Geschichte der bayerischen Landeshauptstadt im 20. Jahrhundert (MBM 5), München 1968, 555.

365 Dr. Adam Kronenberger (1884–1945), rechtskundiger Magistratsrat und berufsmäßiger Stadtrat 1918 bis 1926. Vgl. StadtA München, Ratskartei, s. v. Kronenberger Adam Dr.; STEINBORN, Grundlagen (wie Anm. 364), 555.

366 Vgl. dazu MP vom 9./10. November 1918; STEINBORN, Grundlagen (wie Anm. 364), 98 f.

Eisner oder von seinem Vertreter Schröder[367] bestätigen lassen. Die politische Besieglung der Revolution wurde am Freitag nachmittags durch eine Sitzung im Landtage vollzogen[368]. Als wir den Posten an der Prannerstrasse unsere Ausweise vorzeigten, erhielten wir diesmal die Genehmigung zum Eintritt in den Landtag. Zugelassen waren die Bauernbündler, die Sozialdemokraten und Liberalen. Die schwarzen Abgeordneten waren überhaupt nicht erschienen.

Als wir in den Sitzungssaal kamen, sahen wir zunächst den Juden Kurt Eisner mit seinem staubigen Vollbart auf dem Präsidentenstuhl sitzen. Das grosse [Portrait] von König Max II. dahinter war mit einem roten Tuch verhüllt. (Das war auch besser, sonst hätte er sich als Gemalener gespieen.) Die Uhr des Sitzungssaales war mit zwei roten Fahnen geschmückt. Auf den Ministerplätzen sassen die Männer, die die Republik aus der Taufe hoben, in der Mitte des Saales war der Arbeiter- und Soldatenrat platziert, links waren vollzählig die Abgeordneten der sozialdemokratischen Partei versammelt, unter ihnen der frühere Verkehrsminister von Frauendorfer. Rechts sassen die liberalen Abgeordneten Dr. Quidde[369], Hübsch und Bohl[370] und wir Bauernbündler[371]. Der Jude Eisner eröffnete die „denkwürdige" Sitzung mit folgenden Worten: „Meine Herrn! Ich eröffne die erste Sitzung des provisorischen Parlaments der Republik Bayern; ich bitte diejenigen, die weder dem Arbeiter- noch dem Soldatenrat noch zu den Abgeordneten gehören, den Saal zu verlassen. Die Zusammensetzung der heutigen Veranstaltung ist nur ein loses Provisorium. Über die Teilnahme und über die Wahl des Arbeiter- und Soldatenrates werden in den nächsten Tagen noch Bestimmungen ergehen."

Er gab dann in längeren Ausführungen einen Überblick über die Entwick-

---

367 Fritz Schröder (1891–1937), kaufmännischer Angestellter, USPD, 1. Vizepräsident des Provisorischen Nationalrats. Vgl. LILLA, Landtag, 498.

368 Sitzung am 8. November 1918, in: Verh. d. prov. Nationalrates d. Volksstaates Bayern. Sten. Ber., München o. J., 1–5.

369 Dr. Ludwig Quidde (1858–1941), Historiker in München, liberal (ab 1918 Deutsche Demokratische Partei), Mitglied der Kammer der Abgeordneten 1907 bis 1918, des Provisorischen Nationalrats 1918/1919, des Bayerischen Landtags 1919, der Deutschen Nationalversammlung 1919/1920, führende Persönlichkeit des Linksliberalismus in Bayern. Vgl. Karl HOLL, Ludwig Quidde (1858–1941). Eine Biografie (Schriften des Bundesarchivs 67), Düsseldorf 2007.

370 Georg Bohl (1869–1940), Gewerkschaftsführer aus Nürnberg, Vertreter der freien Gewerkschaften im Provisorischen Nationalrat 1918/1919. Vgl. KÖGLMEIER, Rätegremien, 493.

371 Dabei handelte es sich um die sechs Mitglieder der bisherigen Landtagsfraktion des Bayerischen Bauernbundes Eisenberger, Karl Gandorfer (vgl. Einleitung, Anm. 35), Friedrich Fuchs (vgl. Anm. 384), Joseph Matzeder (vgl. Anm. 385), Martin Steiner (vgl. Anm. 386) und Joseph Wasner (vgl. Anm. 387). Zur Zusammensetzung des Provisorischen Nationalrats vgl. KÖGLMEIER, Rätegremien, 228–249 und 449–466.

lung der Revolution und sagte dann, dass das bayerische Volk fürderhin das freieste Selbstbestimmungsrecht geniesse. Eine konstituierende Nationalversammlung werde auch für Bayern die endgültige Verfassung bringen. Kurt Eisner betonte dann zum Schlusse: „Wir haben mit einer Ausnahme, obwohl manches dagegen spricht, die alte Einteilung der Ministerien beibehalten. Darüber sind wir nicht revolutionär hinweggegangen. Wir haben nur ein neues Ministerium hinzugeschaffen." Eisner schlug dann die Minister vor. Er erklärte: „Das Äussere und damit das Präsidium als Symbol des revolutionären Ursprungs dieser Regierung übernimmt der, der vor ihnen steht und jetzt zu ihnen spricht. (Stürmisches Bravo und Händeklatschen) Das Vizepräsidium und Kultus übernimmt der Hoffmann[372], Kriegsministerium wird keines mehr besetzt, sondern es wird nur mehr ein Ministerium für militärische Angelegenheiten beibehalten, das Herr Rosshaupter[373] übernimmt. Für das wichtigste Ministerium, das Ministerium des Innern, ist Herr Auer ausersehen, für Verkehr Herr von Frauendorfer. (Bravorufe und allseitige Zustimmung) Das dankbarste aller Ministerien, das Finanzministerium, soll Herrn Professor Jaffee[374] zufallen. Herr Timm[375] übernimmt das Justizministerium und Herr Unterleitner[376] das Sozialministerium. Meine Herrn! Wir gehen dunklen Tagen entgegen, vielleicht den furchtbarsten Tagen, die der Menschheit seit Jahrhunderten beschieden gewesen sind. Die politische Umwälzung, die wir erlebt haben, werden wir auch verteidigen. Damit begrüsse ich das erste Parlament der bayerischen Republik und bitte um Vorschläge zur Konstituierung unseres Parlaments." Minister Auer schlägt Franz Schmitt[377] als ersten, Fritz Schröder als zweiten und Dr. Quidde als dritten Präsidenten des

372 Johannes Hoffmann (1867–1930), Volksschullehrer in Kaiserslautern, (M)SPD, Mitglied der Kammer der Abgeordneten 1907 bis 1918, des Provisorischen Nationalrats 1918/1919, des Bayerischen Landtags 1919/1920, des Reichstags 1912 bis 1918 und 1920 bis 1930, der Deutschen Nationalversammlung 1919/1920, bayerischer Kultusminister 1918 bis 1920, bayerischer Ministerpräsident 1919/1920.

373 Albert Roßhaupter (1878–1949), Arbeiter in München, (M)SPD, Mitglied der Kammer der Abgeordneten 1907 bis 1918, des Provisorischen Nationalrats 1918/1919, des Bayerischen Landtags 1919 bis 1933, der Verfassunggebenden Landesversammlung 1946, Militärminister 1918/1919, Arbeitsminister 1945 bis 1947.

374 Dr. Edgar Jaffé (1866–1921), Nationalökonom, bayerischer Finanzminister 1918/1919.

375 Johannes Timm (1866–1945), Schneider und Gewerkschaftsfunktionär in München, (M)SPD, Mitglied der Kammer der Abgeordneten 1905 bis 1918, des Provisorischen Nationalrats 1918/1919, des Bayerischen Landtags 1919 bis 1933, bayerischer Justizminister im Kabinett Eisner 1918/1919. Vgl. LILLA, Landtag, 529 f.

376 Hans Unterleitner (1890–1971), Metallarbeiter in München, USPD (ab 1922 SPD), Mitglied des Reichstags 1920 bis 1933, bayerischer Sozialminister im Kabinett Eisner 1918/1919. Vgl. SCHRÖDER, Parlamentarier (wie Anm. 296), 779.

377 Franz Schmitt (1862–1932), Arbeiter in München, (M)SPD, Mitglied der Kammer der Abgeordneten 1899 bis 1918, Mitglied und Präsident des Provisorischen Nationalrats 1918/1919,

neuen Parlaments vor. Ferner wurde Vogel[378] als 1. Schriftführer, Karl Gandorfer als 2., August Schiefer[379] als 3. und Bruno Körner[380], Ludwigshafen, als 4. Schriftführer gewählt.
Präsident Schmitt erklärte: „Damit ist die Regierung der sozialen Republik Bayern ernannt und ich glaube auch in Ihrem Namen den Wunsch auszusprechen, dass die Tätigkeit dieser Regierung recht segensreich für das Glück Bayerns und seine Zukunft werden möge. (Lebhafter Beifall)“ Nach Verlesung einer Proklamation der neuen Regierung an das bayerische Volk, versicherte Kurt Eisner, dass auch ein Bauernrat gebildet werden soll. (Zurufe von der Galerie: „Beamtenrat?“) Minister Auer schlug dann noch vor, dass zum Eintritt in die Versammlung auch Dr. Heim und Dr. Schlittenbauer[381] im Interesse der Volksernährung bewogen werden sollen. Ludwig Gandorfer[382] bemerkte, dass es in Bayern auch noch andere Leute gäbe, die zur Übernahme der Lebensmittelversorgung geeignet [Seite 39] wären, wie z.B. der sozialdemokratische Abgeordnete Simon[383]. Darauf erklärte Präsident Dr. Schmitt, dass die Regelung dieser Angelegenheit auch später noch geregelt werden könne. Der 2. Schriftführer, Karl Gandorfer, hat dann folgende Erklärung verlesen:

Mitglied und Präsident des Bayerischen Landtags 1919/1920. Vgl. SCHRÖDER, Parlamentarier (wie Anm. 296), 727.

378 Johann Vogel (1881–1945), Bildhauer aus Fürth, (M)SPD, Mitglied der Kammer der Abgeordneten 1912 bis 1918, des Provisorischen Nationalrats 1918/1919, der Deutschen Nationalversammlung 1919/1920, des Reichstags 1920 bis 1933. Vgl. SCHRÖDER, Parlamentarier (wie Anm. 296), 782.

379 Eisenberger meint Gustav Schiefer (1876–1956), zunächst Schreiner, dann Gewerkschaftsfunktionär, (M)SPD, Mitglied des Provisorischen Nationalrats 1918/1919, der Verfassunggebenden Landesversammlung 1946.

380 Bruno Körner (1862–1927), Schreiner, (M)SPD, Mitglied der Kammer der Abgeordneten 1905 bis 1918, des Provisorischen Nationalrats 1918/1919, des Bayerischen Landtags 1919 bis 1927. Vgl. LILLA, Landtag, 409 f.

381 Dr. Sebastian Schlittenbauer (1874–1936), Altphilologe und Gymnasiallehrer, Generalsekretär des Bayerischen Christlichen Bauernvereins, als solcher enger Mitarbeiter Heims, Zentrum (ab 1918 BVP), Mitglied der Kammer der Abgeordneten 1912 bis 1918, des Bayerischen Landtags 1919 bis 1933, des Reichstags 1930 bis 1932.

382 Ludwig Gandorfer (1880–1918), Gutsbesitzer auf Pfaffenberg, Freund Eisners und Bruder Karl Gandorfers, (U)SPD. Vgl. HUBER, Gandorfer, 127–145.

383 Joseph Simon (1865–1949), Schuhmachermeister aus Nürnberg, SPD (USPD 1917 bis 1922), Mitglied der Kammer der Abgeordneten und des Reichstags 1912 bis 1918, des Provisorischen Nationalrats 1918/1919, der Deutschen Nationalversammlung 1919/1920, des Reichstags 1920 bis 1931, bayerischer Handelsminister März bis Mai 1919. Vgl. SCHRÖDER, Parlamentarier (wie Anm. 296), 705 f.

„Die Mitglieder der Fraktion des Bayerischen Bauernbundes haben sich bereit erklärt, die Bauern aufzufordern, alle Lebensmittel abzuliefern. Wir Bauern sorgen dafür, dass Lebensmittel hereinkommen. Sie müssen aber auch dafür sorgen, dass es Personen aller Schichten unmöglich gemacht werde, auf das flache Land zu dringen und dort Plünderungen vorzunehmen. Um dies zu vermeiden, sollen die Ortschaften um die grösseren Städte mit Wachmannschaften besetzt werden, welche herumziehende Personen kontrollieren und in ihren Wohnort zurückschaffen. Wenn so gehandelt wird, erreichen wir, was erreicht werden sollte zum Wohle des Arbeiter- und Soldatenrates und der bayerischen Bauern.
Die Mitglieder der Fraktion des bayerischen Bauernbundes:
Eisenberger, Fuchs[384], Matzeder[385], Steiner[386], Wasner[387]"

Präsident Schmitt gab dann noch folgendes Telegramm bekannt, das an den Arbeiter- und Soldatenrat gerichtet war:

„Im Auftrage der Christlichen Gewerkschaften Münchens haben wir dem Arbeiter- und Soldatenrat folgendes zu unterbreiten: Wir sind bereit, mit unserer Organisation und ihren Einrichtungen an der Aufrechterhaltung der Ordnung und Disziplin im Interesse der arbeitenden Bevölkerung mitzuwirken und ersuchen deshalb um Gelegenheit zur mündlichen Aussprache. Ortskartell der Christl. Gewerkschaften München: Franz Käsehage[388], Gewerkschaftssekretär, und Bezirksverband katholischer Arbeiter und Arbeiterinnen Heinrich Königbauer[389]. (Beifall)"

---

384 Friedrich Fuchs (1868–1949), Landwirt in Heuberg (Bezirksamt Nördlingen), Bayerischer Bauernbund, Mitglied der Kammer der Abgeordneten ab Oktober 1918 für den verstorbenen Friedrich Lutz, im Provisorischen Nationalrat 1918/1919. Vgl. LILLA, Landtag, 349.

385 Joseph Matzeder (1860–1942), Landwirt in Lechl (Bezirksamt Pfarrkirchen), Bayerischer Bauernbund, Mitglied der Kammer der Abgeordneten 1912 bis 1918, des Provisorischen Nationalrats 1918/1919, des Bayerischen Landtags 1919/1920 und 1924 bis 1928. Vgl. LILLA, Landtag, 430.

386 Martin Steiner (1864–1950), Landwirt, Mühlen- und Sägewerksbesitzer in Blaika (Bezirksamt Pfarrkirchen), Bayerischer Bauernbund, Mitglied der Kammer der Abgeordneten 1912 bis 1918, des Provisorischen Nationalrats 1918/1919, des Bayerischen Landtags 1919 bis 1928, erster Bayerischer Landwirtschaftsminister April/Mai 1919. Vgl. HAUSHOFER, Staatsminister, 183–194.

387 Joseph Wasner (1868–1938), Gutsbesitzer in Wasen (Bezirksamt Griesbach), Bayerischer Bauernbund, Mitglied der Kammer der Abgeordneten 1915 bis 1918, des Provisorischen Nationalrats 1918/1919, des Bayerischen Landtags 1919. Vgl. LILLA, Landtag, 541.

388 Franz Kaesehage, Gewerkschaftssekretär aus München. Vgl. Dorit-Maria KRENN, Die christliche Arbeiterbewegung in Bayern vom Ersten Weltkrieg bis 1933 (VKZ B/57), Mainz 1991, 338.

389 Heinrich Königbauer (1876–1929), Schreiner und Gewerkschaftsfunktionär, Zentrum (ab

Der Präsident schloss dann die Sitzung mit dem Bemerken, dass Tag und Stunde der nächsten Sitzung noch bekanntgegeben werde. Er brachte dann ein Hoch auf die soziale Republik aus.
Dazu möchte ich noch bemerken, dass es uns nicht leicht war, an diesem provisorischen Nationalrat mitzuarbeiten, wir haben uns eben auf den Boden der gegebenen Tatsachen gestellt und haben nur im Interesse des Bauern- und Mittelstandes mitgearbeitet.
Nach dieser Sitzung am 8. November sagten in der Restauration Kurt Eisner und Ludwig Gandorfer: Diese Königshüter haben uns die Revolution leicht gemacht. Am Freitag früh hatte ich auf der Strasse ein bezeichnendes Erlebnis: sechs feldgraue Frontsoldaten, die die ganze Zeit über an der Front gestanden waren, beklagten sich bitter darüber, dass ihnen in der Heimat von jungen Soldaten die Kokarde heruntergerissen worden ist, weil sie dem Befehl, diese selbst herunterzunehmen, nicht [nach]gekommen seien. Die Frontsoldaten sagten: „Ja, ist denn gar niemand da, der uns führen würde, um eine Gegenrevolution zu machen. Wir haben uns im Felde vier Jahre nicht gefürchtet und würden uns vor diesem revolutionären Mischmasch erst recht nicht fürchten."
Am 9. November kam dann die Abdankung des Königs.

(Wortlaut der Urkunden anbei)[390]

Infolge der unsicheren Lage wollten viele Bauern die Lebensmitteln nicht im vollen Umfange abgeben, sodass ich am 5. Dezember 1918 einen Aufruf an die Bauernschaft erliess, der folgenden Wortlaut hatte:

(Wortlaut des Aufrufes anbei in Handschrift)[391]

1918 BVP), Mitglied der Kammer der Abgeordneten 1907 bis 1911, des Provisorischen Nationalrats 1918/1919, des Bayerischen Landtags 1919 bis 1929, Landtagspräsident.

390 Eisenberger meint hier die Erklärung, mit der Ludwig III. die bayerischen Beamten am 13. November 1918 vom Treueid entband, aber nicht auf den Thron verzichtete. Die Erklärung ist abgedruckt in: Appelle einer Revolution. Dokumente aus Bayern zum Jahr 1918/1919, zusammengestellt und eingeleitet von Karl-Ludwig AY (Buch und Bürger. Sonderband des Fördererkreises der Münchner Städtischen Bibliotheken e.V.), München 1968, Anlage 7: „Zeit meines Lebens habe ich mit dem Volk und für das Volk gearbeitet. Die Sorge für das Wohl meines geliebten Bayern war stets mein höchstes Streben. Nachdem ich infolge der Ereignisse der letzten Tage nicht mehr in der Lage bin, die Regierung weiterzuführen, stelle ich allen Beamten, Offizieren und Soldaten die Weiterarbeit unter den gegebenen Verhältnissen frei und entbinde sie des mir geleisteten Treue-Eides. Anif, den 13. November 1918. Ludwig."

391 Laut LV vom 8./9. Dezember 1918 datiert auf den 2. Dezember 1918: „An alle Standesgenossen im Lande! / Es haben sich in den letzten drei Wochen sowohl in Bayern als auch

Von der weiteren Entwicklung in Bayern, die in ihren äusseren und näheren Erscheinungen noch zu bekannt sind und in anderen Werken niedergelegt wurde, will ich nur diejenigen Ereignisse anführen, bei denen ich auch Augenzeuge oder unmittelbar beteiligt war.

---

im Reiche große Umwälzungen vollzogen. Sie wurden herbeigeführt durch den Bankrott unserer auswärtigen Politik. Deutschland mußte sich den schier unerträglichen Waffenstillstandsbedingungen unterwerfen. Der Zorn des betrogenen Volkes wandte sich mit elementarer Gewalt gegen diejenigen, welche diese traurige Katastrophe verschuldet hatten und die Revolution hat sozusagen über Nacht die sämtlichen Fürstenstühle über den Haufen geworfen. An Stelle der bisherigen alten Regierungen wurden Volksregierungen gesetzt, deren Pflicht es ist, uns einer besseren Zukunft entgegen zu führen. / Damit ist jedoch noch keineswegs alles geschehen. Unser Staatskarren wurde innerhalb der letzten 4 ½ Jahre so tief in den Sumpf hineingeschoben, daß es keiner Regierung, mag sie sich zusammensetzen wie immer sie will, gelingen wird, in absehbarer Zeit alles wieder gut zu machen. / Unsere derzeitige wirtschaftliche Lage ist einfach trostlos. Der Winter steht vor der Türe und es mangelt an allem. Da ist es vor allem die Kohlen-Not, welche nachgerade unerträglich wird. Unsere bayerische Kohlenerzeugung reicht kaum hin, um auch nur den dritten Teil unseres täglichen Bedarfes decken zu können und die Zufuhr aus dem Ruhrgebiet ist infolge der Truppen-Heimtransporte ganz minimal. Die Folge ist, daß schon in den allernächsten Tagen eine Reihe von Betrieben gesperrt und eine Unmenge von Arbeitern entlassen werden müssen. / Damit ist die furchtbare Gefahr des gänzlichen wirtschaftlichen Zusammenbruches in verzweifelte Nähe gerückt. Man hat draußen im Lande leider vielfach noch gar keine Ahnung wie schlimm wir eigentlich dran sind. Hand in Hand mit der Kohlennot bedrohen unser Land ferner auch die stets zunehmenden Schwierigkeiten in der Lebensmittelversorgung. Hier ist es insbesondere der Mangel an Fett, der zu den ernsteren Besorgnissen Anlaß gibt. / Gelingt es nicht, diese Gefahr raschestens zu beseitigen, so wird bei den zu erwartenden massenhaften Arbeiterausstellungen in allen größeren Städten eine fürchterliche Hungerkrisis ausbrechen. Und die Folge davon wird für uns Landbewohner eine nicht weniger traurige sein wie für den Städter; denn viele werden vom Hunger getrieben gezwungen sein, zu uns aufs Land hinauszudringen und sich unter Außerachtlassung aller gesetzlichen Schranken ihren Lebensunterhalt selber finden. Raub und Totschlag, Brandstiftung und eine Reihe anderer Gewalttätigkeiten wären unausbleiblich. Haus und Hof des Einzelnen, unser Eigentum und unsere Familien würden dem traurigsten Schicksal verfallen. Kurz und gut: es würde eine so schreckliche Zeit über uns Bauern kommen, wie sie die Welt noch nie erlebt. / *Um dieses Unheil zu verhüten, muss jeder Landwirt ohne Ausnahme sein Möglichstes in der Ablieferung von Lebensmitteln tun. Verstehen wir den furchtbaren Ernst der Stunde! Es wäre unverantwortlich, wenn wir nicht alles aufwenden wollten, um das Aeußerste zu verhindern.* / Wir sind in Bayern in der Ernährung völlig auf uns selber angewiesen und dürfen uns keine Hoffnungen machen, daß wir vom Auslande sobald etwas bekommen werden; denn vorläufig wissen wir ja noch gar nicht einmal, wie der Friedensschluß ausfällt. / Denken wir an unsere tapferen Truppen, die unter Einsatz ihres Lebens 4 ½ Jahre uns vor dem Eindringen des Feindes geschützt haben und sorgen wir dafür, daß jetzt am Ende während der wichtigsten Uebergangszeit vom Krieg zum Frieden nicht alles noch außer Rand und Band geht. / Wenn jeder Bauer mit größerem Besitz jede Woche auch nur ein einziges Pfund Butter mehr abliefern wollte wie bisher, dann könnten wir über den Zusammenbruch hinwegkommen. / Wolle daher Jedermann den Ernst der Lage erfassen und möge Jedermann nach bestem Können mithelfen, das Furchtbarste von unserem Volke abzuhalten. / Ruhpolding, 2. Dez. 1918 / Georg Eisenberger / Mitglied des provisorischen Parlaments."

[Seite 40] Die zweite Sitzung des Nationalrates war am 13. Dezember 1918 mit der Tagesordnung: Entgegennahme einer Erklärung der Staatsminister und Bildung der Ausschüsse.
An der dritten Sitzung vom 14. Dezember nahm ich auch teil und hielt eine Rede, in der ich erklärte, dass der Bauernbund auf dem Boden der neuen Regierung stehe, aber nicht in allen Punkten mit den Ausführungen Eisners sich einverstanden erklären könne[392]. So lässt sich für die Landwirtschaft der Achtstundentag nicht einführen. Bezüglich des Kapitels der Volksschulen kann ich nur das sagen, was ich auch im alten Landtag gesagt habe: dass die geistliche Schulaufsicht aufgehoben werden soll, aber wir sind nicht für eine freie Schule, für eine Schule ohne Religionsunterricht, zu haben. Wenn Minister Auer auf die vielen Hausschlachtungen hingewiesen hat und die zu geringe Fettablieferung bemängelte, dann möchte ich ersuchen, dass die neue Regierung die verfehlte Saupolitik[393] der alten Regierung nicht mehr weiterführe. (Grosser Beifall) Ich fordere ferner im Namen der Bauernbündler den baldigen Ausbau der Wasserkräfte, vollständige Abschaffung der Bodenzinsen, Aufhebung der Fideikommisse, Errichtung eines Ministeriums für Forst- und Landwirtschaft, Abänderung des Forst- und Jagdgesetzes. Im Interesse der jetzt so notwendigen Volksernährung fordern wir einen stärkeren Wildabschuss, besonders in den früheren Hofjagdbezirken, in denen bisher besonders starke Wildhege betrieben worden ist. Im Interesse der allgemeinen Volkswirtschaft, besonders der Ernährung, soll im bayerischen Hochgebirge diejenige Bodenfläche in den oberen Regionen der Staatsforstbesitzungen, die sich zur Forstkultur nicht mehr eignen, den Almbesitzern zur freien Weidebenützung als Eigentum überlassen werden. Zum Schluss mahnte ich, dass alle Stände sich zusammenschliessen müssen, um aus dem Trümmerhaufen zu retten, was noch zu retten ist. (Lebhafter Beifall und Händeklatschen)
Auch in den späteren Sitzungen, die oft stürmischen Charakter annahmen, traten wir gegen die Einführung des Achtstundentages und der Sonntagsruhe auf, weil der Bauernschaft und dem Mittelstand damit nie gedient wäre. In der Sitzung vom 4. Januar 1919 wurde unser Antrag auf Errichtung eines

---

392 Tatsächlich ging Eisenberger in seiner Rede vor allem mit der arbeiterfreundlichen Agrarpolitik Eisners ins Gericht (Sitzung am 14. Dezember 1918, in: Verh. d. prov. Nationalrates d. Volksstaates Bayern. Sten. Ber., München o. J., 25–45, hier 33–36).

393 Um die bei den Landwirten unbeliebte Ernährungszwangswirtschaft in ihrer Gesamtheit zu diffamieren, spielt Eisenberger hier – pars pro toto – auf den so genannten „Schweinemord" an, die regierungsamtlich angeordnete Schlachtung von über fünf Millionen Schweinen im Frühjahr 1915, um diese als Nahrungskonkurrenten für den Menschen zu beseitigen. Vgl. Ay, Entstehung, 126; Ziemann, Front, 308.

Ministeriums für Forst- und Landwirtschaft behandelt[394]. Auer trat unserem Antrage entgegen, ebenso waren die christlichen Arbeitervertreter dagegen, sodass unser Antrag mit 60 gegen 30 Stimmen abgelehnt worden ist[395].
Auf der ausserordentlichen Generalversammlung vom 21. Dezember 1918, die der Bauernbund nach München einberufen hatte[396], wurde das neue Wahlgesetz zur Nationalversammlung besprochen, das erstmals am 12. Januar 1919 zur Anwendung kommen sollte. Wir führten den Wahlkampf als eine selbstständige Partei und haben so gut abgeschnitten. Der Bauernbund erhielt 322 023 Stimmen. Der Bauernbund hat damit 17 Abgeordnete[397] in den Landtag gebracht. Ebenso waren die Wahlen zur Deutschen Nationalversammlung günstig für den Bauernbund. Der Bund bekam 273 718 Stimmen, sodass wir mit vier Abgeordneten in die Nationalversammlung einziehen konnten[398]. Gewählt wurden: Dirr[399], [Karl] Gandorfer, Männer[400] (für ihn trat Bachmaier[401] ein) und meine Wenigkeit. *Ich war damit also Reichstagsabgeordneter.* Am schlechtesten haben die Anhänger Eisners abgeschnitten, die es nur auf 3 Sitze gebracht hatten. Der damalige Ministerpräsident von Bayern, Kurt Eisner, fiel in seinem Wahlkreis überhaupt durch[402], obwohl dieser kurz vor der Wahl gesagt hatte, dass 95 Prozent der bayerischen Be-

---

394 Die Errichtung eines Landwirtschaftsministeriums war eine der zentralen programmatischen Forderungen des Bayerischen Bauernbundes; sie wurde geradezu als Prestigefrage betrachtet. Vgl. BERGMANN, Bauernbund, 74–80.

395 Laut Stenografischem Bericht waren 63 Stimmen dagegen (Sitzung am 4. Januar 1919, in: Verh. d. prov. Nationalrates d. Volksstaates Bayern. Sten. Ber., München o. J., 285–314, hier 288–300).

396 Zu dieser Versammlung vgl. LV vom 29./30. Dezember 1918.

397 Das Verzeichnis der Landtagsabgeordneten zählt nur 16 bündlerische Mandatsträger. Vgl. Verh. d. Bay. Landtags 1919. Sten. Ber. Bd. 1, München o. J., XLVI.

398 Laut THRÄNHARDT, Wahlen, 349 bekam der Bayerische Bauernbund bei den Wahlen zur Weimarer Nationalversammlung 275 227 Stimmen, bei den Landtagswahlen 310 165. Zu den Wahlen im Januar 1919 vgl. ferner BERGMANN, Bauernbund, 58–63.

399 Theodor Dirr (1857–1931), Landwirt in Anhofen (Bezirksamt Günzburg), Bayerischer Bauernbund, Mitglied der Kammer der Abgeordneten 1899 bis 1904 und 1911, des Provisorischen Nationalrats 1918/1919, des Bayerischen Landtags 1919/1920, der Deutschen Nationalversammlung 1919/1920. Vgl. HOCHBERGER, Bauernbund, 57 f.

400 Friedrich Wilhelm Männer (geb. 1870), Kaufmann in Simbach am Inn, Bayerischer Bauernbund, Mitglied des Provisorischen Nationalrats 1918/1919, im Aktionsausschuss des Rätekongresses als Vertreter des Vollzugsrats der Bauernräte. Vgl. KÖGLMEIER, Rätegremien, 515.

401 Benedikt Bachmaier (geb. 1887), Landwirt in Mitterhaarbach, Sohn des Bauernbundsabgeordneten gleichen Namens (vgl. Anm. 88), Mitglied der Nationalversammlung in Weimar 1919, des Reichstags 1920 bis 1928. Vgl. BERGMANN, Bauernbund, 372.

402 Dies ist für den Wahlausgang nach dem geltenden modifizierten Verhältniswahlsystem völlig unerheblich. Eisner kandidierte in 39 Wahlkreisen. Zum Wahlsystem vgl. Mitchell, Revolution, 184–200.

völkerung hinter ihm stünden. Die Bayern wollten aber von dem überspannten Eisner nichts wissen. In der ausserordentlichen Generalversammlung des Bauernbundes am 1. Februar 1919 drückte ich auch meine Freude über den Ausgang der Wahlen in einer Rede aus[403]. Da uns im Wahlkampf von den Schwarzen vorgeworfen worden war, dass wir für die Trennung von Staat und Kirche wären, hatten wir den Paragraph 16 unseres Programms durch einen Ergänzungsantrag Wasner mit allen gegen 6 Stimmen angenommen.

(Wortlaut handschriftlich beiliegend)[404]

Am 13. Februar 1919 tagte im Deutschen Theater in München der aus allen Teilen Bayerns stark besuchte Kongress der Arbeiter-, Soldaten- und Bauernräte[405]. Der bekannte Soldatenrat Dr. A. Wadler[406] donnerte gegen die Presse, die an der Missstimmung gegen das Rätesystem schuld sei. [Seite 41] Ministerpräsident Eisner, der seit seiner Wahlniederlage nicht mehr bei guter Laune war, schimpfte wie ein Wilderer, dem das Pulver ausgegangen ist, auf die Presse. Er sagte, zu den Presseleuten sich wendend: „...Diese Leute seien ebenso dumm wie gemein – ein Teil dieser Leute sitzt ja auch hier. (Stür-

---

403 Zu dieser Versammlung vgl. NfV vom 4. Februar 1919; HUNDHAMMER, Geschichte, 140.

404 Abgedruckt in: HUNDHAMMER, Geschichte, 229–232, hier 231: „16. Der Bayerische Bauernbund steht auf dem Boden der christlichen Weltanschauung. Er verlangt Schutz und Freiheit für alle Konfessionen. Falls die Trennung von Kirche und Staat ohne Zutun des Bayerischen Bauernbundes erfolgen sollte, wird der Bauernbund bei aller Wahrung der staatlichen Rechte und bei aller Gegnerschaft gegen freiheitsfeindliche, die Gewissen bedrückende Machtbestrebungen dafür eintreten, daß die Trennung nicht im religions- oder kirchenfeindlichen Sinne durchgeführt wird. Die hohen sittlichen Werte eines im besten Sinne religiösen Lebens lassen dessen Pflege auch im reinen Staatsinteresse geboten erscheinen. Der Bauernbund fordert deshalb, daß die Kirche bei ihrer Fürsorge für die religiös-sittliche Erziehung durch den Staat unterstützt wird. Der Staat macht es den Eltern zur Pflicht, ihre Kinder in den Religionsunterricht ihres Bekenntnisses zu schicken. Die Geistlichen sind zur Erteilung des Religionsunterrichts verpflichtet. / Die Schule ist Staatsanstalt und nach dem Grundsatze der Selbstverwaltung der Leitung von Fachmännern aus dem Volksschullehrerstande zu unterstellen. Das deutsche Schulwesen ist nach dem Grundsatze der Einheitsschule auszubauen. Jede religiöse Überzeugung ist in den Schulen auf das Gewissenhafteste zu schonen. In der Anstellung von Volksschullehrern in Orten mit geschlossener religiöser Gemeinschaft oder einer ausgeprägten Mehrheit der Bekenntnisse ist auf die Zugehörigkeit des Lehrers zur betreffenden Kirche Rücksicht zu nehmen. Den Volksschullehrern ist ein der Wichtigkeit ihres Berufes und ihrer Vorbildung entsprechender Gehaltsbezug nicht länger mehr vorzuenthalten. Der niedere Kirchendienst des Lehrers ist mit sofortiger Wirksamkeit zu beseitigen."

405 Zum Rätekongress vom 13. Februar 1919 vgl. KÖGLMEIER, Rätegremien, 82.

406 Dr. Arnold Wadler (geb. 1882), Rechtsanwalt, USPD, Mitglied im Revolutionären Arbeiterrat (nicht Soldatenrat!), Wohnungskommissär im Revolutionären Zentralrat. Vgl. KÖGLMEIER, Rätegremien, 536.

mischer Lärm und Tumult. Rufe: Hinaus mit ihnen, mit dieser Bande, mit diesem Gesindel.)" Eisner fuhr dann fort: „Sie sollen hier bleiben und Ihre Schandtaten hören." Neue Drohungen aus der Versammlung werden laut, sodass die Pressevertreter geschlossen den Saal verliessen.

Am Sonntag, den 16. Februar, fand ein Demonstrationszug der Spartakisten und Kommunisten statt, bei dem Kurt Eisner mitfuhr. Man demonstrierte für die Erhaltung des Rätesystems, für Freiheit der politischen Meinungsäusserung und für Trennung von Staat und Kirche, für die Abschaffung jeglichen Militärs, für die Beseitigung der Beamten, die dem alten Staat noch anhängen, gegen den Landtag und gegen die Anhänger des Parlamentarismus. „Arbeiter- und Soldatenräte tanzen nicht nach der Flöte des Landtags", hiess es auf den Plakaten, die im Demonstrationszuge mitgetragen wurden. Der tiefere Zweck dieser neuerlichen Eisner-Demonstration war der, nochmals nach Aussen die Macht zu dokumentieren, um dann die geplante gewalttätige Eroberung der gesamten Staatsmacht als gerechtfertigt erscheinen zu lassen.

Am Freitag, den 21. Februar 1919, fand dann die verhängnisvolle Landtagssitzung statt[407]. Die Auftritte, die grauenvollen Szenen, das Attentat auf Eisner und die Wirkung dieser Ereignisse auf die Bevölkerung sind allgemein bekannt. Ich selbst wohnte dieser Sitzung ebenfalls bei und machte die ganze Erregung mit. Es war unheimlich, als die Schüsse im Landtag fielen und die Getroffenen zusammenbrachen. Wie von der Tribüne in den Saal gefeuert wurde, sagte ich zum Abgeordneten Engelsberger[408], der neben mir war: „Jetzt machen wir aber, dass wir hinauskommen." Alles flüchtete und auf allen Gesichtern stand Entsetzen und Grauen. Als Engelsberger und ich auf den Gang hinauskamen, rannten Soldaten mit aufgepflanztem Bajonett herum und schrieen uns entgegen: „Ihr Abgeordnete! Heute kommt keiner mehr aus dem Landtag lebend heraus. Alle werdet ihr umgebracht." Vor dem Fraktionszimmer der Bayerischen Volkspartei standen zwei Soldaten, um jeden Hinausgehenden sofort zu verhaften. Diejenigen Abgeordneten der Bayerischen Volkspartei, die sich noch im Fraktionszimmer befanden, mussten durch die Fenster flüchten und sich dann an der Wasserleitungsdachrinne herunterlassen, sodass 16 Überzieher, mehrere Hüte usw. in der Gardarobe zurückblieben. Die beiden sozialdemokratischen Minister Timm und Ross-

---

407 Sitzung am 21. Februar 1919, in: Verh. d. Bay. Landtags 1919. Sten. Ber. Bd. 1, München o. J., 1 f. Vgl. zu dieser Sitzung Diethard HENNIG, Johannes Hoffmann. Sozialdemokrat und Bayerischer Ministerpräsident (Schriftenreihe der Georg-von-Vollmar-Akademie 3), München 1990, 184–191.

408 Bernhard Engelsberger (geb. 1884), Landwirt in Inzell, Schriftleiter des TW, Bayerischer Bauernbund, Mitglied des Provisorischen Nationalrats 1918/1919, des Bayerischen Landtags 1919 bis 1932. Vgl. BERGMANN, Bauernbund, 373.

haupter wurden ebenfalls gesucht, konnten sich in Sicherheit bringen. Aber Minister Timm war im Landtage überhaupt nicht erschienen und Rosshaupter flüchtete in den Keller, wo er sich solange versteckt hielt, bis die Luft zur weiteren Flucht nach Niederbayern rein war. Als meine Kollegen und ich das Landtagsgebäude verlassen wollten, wurden wir von den erregten Posten angehalten und drohten uns mit sofortiger Verhaftung.
„Gut“, sagte Karl Gandorfer, „wenn Ihr die Bauern verhaftet, dann kommen keine Lebensmitteln mehr nach München herein.“ „Soll uns auch recht sein“, antwortete der Posten, „dann gehen wir selber hinaus und holen uns die Lebensmitteln.“ „Da könnt Ihr was erleben“, entgegnete Gandorfer, „jetzt sind die Bauern, ihre Söhne und die Knechte vom Felde heimgekommen und die haben Waffen mitgebracht.“ Das leuchtete den Posten sofort ein und sie liessen uns passieren.
Aber nicht nur München war in Aufruhr, sondern auch die Volksseele der Landbevölkerung kochte bereits, sodass wir – Gandorfer und ich – einen Aufruf an die Landbevölkerung erliessen:

(Aufruf handschriftlich anbei)[409]

Am 28. Februar 1919 tagte im Landtagsgebäude wiederum der Rätekongress[410]. In dieser Sitzung stand der Antrag des Juden Erich Mühsam[411] „Aus-

409 „An die ländliche Bevölkerung! / Das bayerische Volk wurde durch die ruchlose Tat eines fanatischen Reaktionäres in neue Schwierigkeiten gebracht. / Wir standen an der Schwelle zu geordneten Zuständen. Das Gesamtministerium stand im Begriffe, seine provisorische Macht in die Hände der Volksvertretung zurückzugeben. / Eisner wollte zu Beginn der Landtagssitzung folgende Erklärung des Gesamtministeriums abgeben: / ‚Das Gesamtministerium tritt von seinen Ämtern zurück und stellt diese dem Landtag zur Verfügung. Ferner ist das Gesamtministerium bereit, die Geschäfte weiterzuführen, bis eine neue Regierung gebildet ist.‘ / Volksgenossen! In dieser schweren Zeit ist es unsere heiligste Pflicht, den Kopf hochzuhalten und zielbewußt hier für Ruhe und Ordnung zu sorgen. Es muß mit aller Macht verhindert werden, daß anarchistische Zustände einreißen und die Ernährung der Stadtbewohner in Frage gestellt wird. / Den unabsehbaren Schaden solcher Verhältnisse würde in erster Linie die ländliche Bevölkerung zu tragen haben. / Wir bitten deshalb dringend, Euch Standesgenossen in Eurem eigenen Interesse, wie zum Zwecke der Herbeiführung geordneter Zustände, mit der Ablieferung aller entbehrlicher Lebensmittel nicht zu säumen. / Vor allem in Eure Hand, Bauern, ist in diesen kritischen Tagen geradezu die glückliche Zukunft des Bayern-Volkes gelegt. Seid Eurer Pflicht und der großen Verantwortung bewußt und rechtfertigt das Vertrauen, das wir in dieser schwersten Stunde unseres Vaterlandes auf Euch setzen. / Georg Eisenberger 1. Vorsitzender der Fraktion des Bayer. Bauernbundes. / Karl Gandorfer 1. Vorsitzender des parlament. Bauernrates.“ Abgedruckt in: NfV vom 25. Februar 1919.

410 Sitzung am 28. Februar 1919, in: Sten. Ber. über die Verh. d. Kongresses der Arbeiter-, Bauern- und Soldatenräte vom 25. Februar bis 8. März 1919, München o. J., 61–77.

411 Erich Mühsam (1878–1934), Schriftsteller, Protagonist der ersten (anarchistischen) Münchner Räterepublik nach der Ermordung Eisners.

rufung der Räterepublik" zur Debatte. Der Antrag Mühsam wurde mit 223 gegen 70 Stimmen abgelehnt, dagegen fand ein Kompromissantrag des Sekretärs Eisners, Fechenbach[412], Annahme. Der Antrag bestimmte, [Seite 42] dass der Zentralrat[413] mit den Parteien zusammentrete und über die Bildung eines provisorischen Ministeriums berate, das sich am 28. März hätte vorstellen sollen. Dr. Levien[414], Erich Mühsam, Sauber[415] und Konsorten erklärten nach der Ablehnung des Antrages Mühsam ihren Austritt aus dem Zentralrat. Sauber teilte dann noch mit, dass die „weisse Garde" im Anmarsch auf München sei. Kurz nach Eröffnung der Landtagssitzung drangen Soldaten in das Landtagsgebäude ein und zerrten Levien, Mühsam und Landauer[416] von ihren Sitzen weg, misshandelten sie und erklärten sie dann für verhaftet[417].
Im Zentralrat wurde beantragt, das Inseratenwesen zu verstaatlichen und in ganz Bayern „Reaktionäre" als Geiseln zu verhaften.
Um aus dem Wirrwarr herauszukommen, haben Sozialdemokraten, Unabhängige [Sozialdemokraten] und Bauernbund (Dirr und ich) am 7. März im Gewerkschaftshause in München Verhandlungen gepflogen[418]. Das Ergebnis dieser Beratungen wurde am 8. März dem Rätekongress vorgelegt, um eine Brücke zwischen Vernunft und Radikalismus schlagen zu können. Das Ergebnis dieser Beratungen war folgendes:

(liegt handschriftlich anbei)[419]

---

412 Felix Fechenbach (1894–1933), Redakteur, Mitglied des Landessoldatenrates und des Provisorischen Nationalrats 1918/1919.

413 Am 21. Februar 1919 gebildetes neues revolutionäres Spitzengremium, dem ein so genannter Aktionsausschuss beiseite stand. Vgl. KÖGLMEIER, Rätegremien, 290–315.

414 Dr. Max Levien (1885–1937), Protagonist der zweiten (kommunistischen) Münchner Räterepublik, Gründungsmitglied der KPD. Vgl. Deutsche Kommunisten. Biographisches Handbuch 1918 bis 1945, hg. von Hermann WEBER und Andreas HERBST, Berlin 2004, 453.

415 Fritz Sauber (1884–1949), Gewerkschaftsfunktionär in München, USPD (ab 1920 Kommunistische Partei Deutschlands), Mitglied des Landessoldatenrates und des Provisorischen Nationalrats 1918/1919, des Bayerischen Landtags 1920 bis 1924. Vgl. LILLA, Landtag, 477 f.

416 Gustav Landauer (1870–1919), Schriftsteller in München, Mitglied des Provisorischen Nationalrats 1918/1919, Protagonist der (anarchistischen) Münchner Räterepublik.

417 Die Festsetzung erfolgte durch Mitglieder der regierungstreuen Republikanischen Schutzwehr. Bald darauf wurden sie von der Landtagswache wieder befreit. Vgl. Revolution und Räteherrschaft in München. Aus der Stadtchronik, zusammengestellt und bearbeitet von Ludwig MORENZ unter Mitwirkung von Erwin MÜNZ (Neue Schriftenreihe des Stadtarchivs München 29), München 1968, 59.

418 Vgl. HENNIG, Hoffmann (wie Anm. 407), 200–202.

419 Zum Wortlaut des Kompromisses, der die Übertragung legislativer Befugnisse auf eine sozialdemokratisch geführte Regierung beinhaltete und für den Bayerischen Bauernbund vor al-

Die Debatte über dieses Einigungsprogramm [im Rätekongress am 8. März] war sehr lebhaft. Die Anhänger Mühsams – Spartakisten und Kommunisten – versuchten Alles, um das Einigungsprogramm zum Fall zu bringen. Vor der Abstimmung ergriff ich das Wort und führte dann folgendes aus:

(Rede liegt handschriftlich anbei)[420]

---

lem wegen der zugesicherten Errichtung eines Landwirtschaftsministeriums von Bedeutung war, vgl. Sitzung am 8. März 1919, in: Sten. Ber. über die Verh. d. Kongresses der Arbeiter-, Bauern- und Soldatenräte vom 25. Februar 1919 bis 8. März 1919, München o. J., 182–200, hier 184–187.

420 Sitzung am 8. März 1919, in: Sten. Ber. über die Verh. d. Kongresses der Arbeiter-, Bauern- und Soldatenräte vom 25. Februar 1919 bis 8. März 1919, München o. J., 182–200, hier 192 f.: „Meine Herren! Ich werde mit meinen Ausführungen ganz kurz sein. Ich werde auch nicht eingehen auf die Einwendungen der Redner, die sich gegen die Einigung ausgesprochen haben. Ich stehe auf dem Boden, daß wir sobald als möglich dahin trachten, wieder Ordnung zu schaffen. (Sehr gut!) Ich stehe auf dem Standpunkte, daß gerade wir als Vertreter der Bauernschaft bei diesen Einigungsverhandlungen so weit gegangen sind, als es uns überhaupt nur möglich war. (Sehr richtig!) Man darf uns deswegen nicht als reaktionär betrachten, wenn wir den Standpunkt der Bauernschaft hier zum Ausdrucke bringen. Wir sind der Meinung und das Volk, das hinter uns steht, ist der Meinung, daß Ordnung und Ruhe nur geschaffen werden kann, wenn wir wieder eine feste Regierung haben und wenn die Regierung von den gewählten Abgeordneten auch anerkannt wird. Das Volk draußen ist der Meinung, daß es festhält an den Errungenschaften der Revolution. Aber machen Sie es uns nicht schwer! Sie glauben gar nicht, wie schwer es uns draußen gemacht wird infolge der Verhandlungen und infolge der Einwendungen, wenn es immer heißt und wie auch heute schon von ein paar Rednern erwähnt ist: ‚Wir sind das Volk.' Herr Fechenbach hat vorgestern ganz recht gehabt, wenn er gesagt hat, München ist nicht Bayern. (Sehr richtig!) Ich möchte Euch ans Herz legen: Man hat früher immer von der chinesischen Mauer gesprochen, die unsere Fürstenthrone umgeben hat, und jetzt kann man draußen sagen, es ist eine chinesische Mauer um die Stadt München und es wird viel zu wenig über die Mauer der Großstadt München hinausgeschaut. (Sehr richtig!) / Glauben Sie, meine Herren, daß auch draußen das Volk denkt und überlegen Sie sich nur, wie draußen alles arbeitet, wie die Leute rackern und wieder ihren Geschäften nachgehen, um dadurch die Lebensmittelproduktion zu fördern, und wie es draußen das Volk nicht begreifen kann, daß gegen den Geist, der die Arbeit verhindern will, nicht besser Stellung genommen wird. Wir haben gestern in der Einigungskommission manche Bedenken zum Ausdruck gebracht. Heute ist gesagt worden, wir sollen im allgemeinen die Punkte ohne Veränderung annehmen. Auf diesem Standpunkt stehe auch ich. Ich glaube, wenn wir uns wieder in die Erörterung der Spezialanträge einlassen, so kommen wir zu keinem Schlusse. (Sehr richtig!) Ich meine, jetzt ist die Gelegenheit gegeben, ich habe schon ausgeführt, daß wir soweit als möglich gegangen sind, obwohl wir viele Bedenken gehabt haben. Uns ist es aber nur darum zu tun, daß wir aus dem Trümmerhaufen herauskommen, denn es ist allerhöchste Zeit, daß jetzt wieder einmal eine andere Politik getrieben wird. / Ich will auf die ausgezeichnete Rede, die vorgestern Fechenbach hielt, nicht eingehen. (Zuruf.) Ich glaube denn doch, daß es mir vergönnt sein muß, einen Redner anzuführen, die anderen Herren machen es doch auch so. Ich sage nur, wenn wir nicht geordnete Verhältnisse bekommen, wird die Lebensmittel- und Ernährungsfrage erst recht darunter Schaden leiden, weil wir keinen Kredit mehr haben, und wie sollen wir ohne

Die Abstimmung ergab die Annahme der Einigungsvorschläge. Für diese stimmten die Mehrheitssozialisten, ein Teil der Unabhängigen und die Bauernbündler. Das Ergebnis der Abstimmung wurde von den Mehrheitssozialisten mit Beifall und von den Radikalen sowie Tribünenbesuchern mit Lärm und Pfuirufen aufgenommen. Man schrie uns zu:

„Sie treiben in den Bürgerkrieg hinein."
„Das ist Kriegserklärung."

Soldatenrat Sauber bemerkte, dass sich im Proletariat sehr bald eine Wendung nach Links vollziehen werde und dann werde man zu dem kommen, was wir wollen: zur Räte-Republik. Der Spartakist Dr. Levien wandte sich schärfstens gegen das Einigungsprogramm. Er rief aus: „Die Massen werden bereit sein, den Kampf aufzunehmen. Sie werden sich über die Köpfe der Führer hinweg einigen. Sie lehnen jede Mitarbeit an der Regierung und in den Kommissionen ab."
Die Einberufung der nächsten Sitzung wurde dem Aktions-Ausschuss[421] überlassen. Selbstverständlich hatte das Einigungsprogramm gewisse Schönheitsfehler. Aber was hilft es, wenn das Parteiprinzip bewahrt wird und das Land geht dabei in Trümmer? Schon machten sich Los-von-Berlin-Bestrebungen in Schwaben und Franken geltend[422]. Alles mussten wir daransetzen, um das Bayernlandl zu retten. Die Augsburger Abendzeitung schrieb in ihrer Ausgabe vom 10. März 1919: „Den Bauernbündlern obliegt die schwierige Aufgabe, das vermittelnde Element zwischen Sozialismus und Bürgertum

Kredit vom Auslande Lebensmittel bekommen? Wie denken Sie sich die Lage, wenn es bei uns in Bayern so wie in Norddeutschland kommen würde, daß die Verkehrsverhältnisse, wie in Leipzig, Halle usw. gestört sind? Ich war selbst droben und habe die Verkehrsstörung gesehen. Das würde dann an den Kindern, Frauen und armen Leuten in der Stadt ausgehen, die müßten darunter leiden. Ich meine also, die einmütige Auffassung im Hause muß dahingehen, daß wir die Einigungspunkte annehmen. Machen Sie uns das also nicht unmöglich. Wir wollen – ich stand von jeher auf diesem demokratischen Standpunkt – daß uns die Errungenschaften der Revolution erhalten bleiben, aber ich möchte Sie dringend bitten, machen Sie es uns ländlichen Vertretern gegenüber nicht so, daß wir sagen müssen: Bis hieher und nicht weiter, wir sind jetzt an der Grenze! Ich glaube, daß das nicht im allgemeinen Interesse wäre. Es gibt auch einmal eine Zeit, wo alles Entgegenkommen eine Grenze hat. Wir sind soweit entgegengekommen, wir wollen mitarbeiten, haben bisher mitgearbeitet, aber ich möchte Sie im Interesse des ganzen Landes, im Interesse der Aufrechterhaltung der Ordnung, im Interesse des ganzen bayerischen Volkes bitten: Stimmen Sie für die Einigungspunkte, die wir gestern in der Einigungskommission vereinbart haben. (Lebhafter Beifall.)"

421 Vgl. Anm. 413.

422 Eisenberger meint hier Bestrebungen zur Separation von Bayern, nicht vom Reich. Vgl. dazu SELIGMANN, Aufstand, 201–205; BERGMANN, Bauernbund, 53.

zu sein. Der Führer der Bauernbündler, Eisenberger, hat im Rätekongress deutlich die Grenzen der Vermittlung gezogen. Er hat mit aller Schärfe den Rätegedanken in seinen Endzielen abgelehnt und keinen Zweifel darüber gelassen, dass seine Partei an der demokratischen (nicht klassendiktatorischen) Gestaltung Bayerns als Voraussetzung für die Unterstützung und Mitarbeit festhalten wird."

Ich habe schon erwähnt, dass ich auch in die Deutsche Nationalversammlung gewählt worden bin, sodass ich auch in Weimar sein musste. Am 3. März haben wir uns auf folgenden Protest geeinigt: Die in Weimar anwesenden bayerischen Mitglieder der deutschen Nationalversammlung, von der sozialdemokratischen Partei, der deutschdemokratischen Partei, der Bayerischen Volkspartei und des Bayerischen Bauernbundes einigten sich auf eine in deren Auftrage von Hans Vogel (Soz.) und Dr. Quidde (Demokrat) gezeichnete Erklärung, die wir dem bayerischen Gesandten in Berlin, von Preger[423], zur Übermittlung an die damaligen Machthaber in München zugestellt haben. In dieser Erklärung hiess es dann:

(liegt handschriftlich bei)[424]

---

423 Konrad von Preger (1867–1933), Jurist, bayerischer außerordentlicher Gesandter und bevollmächtigter Minister bei der Reichsregierung und den Staatsregierungen in Preußen und Sachsen 1919 bis 1932.

424 Wiedergegeben in: NfV vom 4. März 1919. Die Erklärung stellt ein eindeutiges Bekenntnis zum Parlamentarismus und gegen das Rätesystem dar: „Protest der bayer. Abgeordneten in Weimar. / Die in Weimar anwesenden bayerischen Mitglieder der deutschen Nationalversammlung von der sozialdemokratischen Partei, der Bayer. Volkspartei, der Deutschen Demokratischen Partei und des Bayer. Bauernbundes einigten sich auf eine in deren Auftrag von Hans Vogel (Soz.) und Dr. Quidde (Demokrat) gezeichneten Erklärung, die sie dem bayerischen Gesandten in Berlin, v. Preger, zur Übermittlung an die derzeitigen Machthaber in München zugestellt haben. Die Erklärung wendet sich gegen die Behinderung des Landtages infolge der Gewalttaten fluchwürdiger Verbrecher und dagegen, daß bis auf weiteres ein provisorischer Nationalrat, gewählt von den örtlichen Arbeitern, Bauern und Soldatenräten, die Aufgabe des Landtags übernehmen und insbesondere ein neues Ministerium einsetzen wolle. Die Erklärung fährt dann fort: Der Rätekongreß will kein Ministerium, das sich auf das Vertrauen der Mehrheit des Volkes stützt, sondern nur ein von ihm vollkommen abhängiges Scheinministerium. Die auf diese Weise zustande gekommene Regierung würde, wie uns auf Anfrage von zuständiger Seite erklärt wurde, niemals die Anerkennung der Reichsregierung finden. Die Vertreter Bayerns zum Staatenausschuß müßten daher gemäß der provisorischen Reichsverfassung in dem Augenblick ausscheiden, in dem über die Neufeststellung des Verhältnisses Bayerns zum Reich und seiner Sonderrechte die entscheidenden Beschlüsse gefaßt werden. Aber auch darüber hinaus würde eine verschleierte Errichtung der Räterepublik, wie sie in dem Beschlusse des Rätekongresses liegt, die unheilvollsten Wirkungen für Bayern haben. Auch unsere Feinde würden eine derartige Regierung niemals anerkennen. Sie würden vielmehr den Zwiespalt, der zwischen Bayern und dem übrigen Reich dadurch entstehen müßte, auszunutzen wissen, um dem deutschen Volk, mit dem

[Seite 43] Zu diesen sich überstürzenden Ereignissen muss noch nachgeholt werden, dass ich beinahe in dem am 8. März gebildeten Kabinett Landwirtschaftsminister geworden wäre. Mir ist dieser Ministersessel angeboten worden, aber ich nahm nicht darauf Platz, weil ich mich dazu nicht befähigt hielt. An meine Stelle trat der Bauernbündler und Mühlenbesitzer Steiner. Am 17. März ist der bayerische Landtag zusammengetreten. Die Sicherheitsmassnahmen, die getroffen worden sind, waren so streng wie noch nie. Der Zutritt zu den Tribünen war überhaupt verboten. Eröffnet wurde die Sitzung von dem Alterspräsidenten Dr. Lochbrunner[425] mit einem Nachruf auf Ministerpräsident Eisner, Abg. Osel[426] und Major Jahreis[427]. Zum ersten Präsidenten wurde der Mehrheitssozialist Franz Schmitt gewählt. 1. Vizepräsident: Abg. Königbauer (Bayer. Volkspartei), 2. Vizepräsident Dr. Hammerschmied[428] (Deutsche Volkspartei), 1. Schriftführer Rauch[429] (Bayer. Volks-

wir Bayern eins sind, eins bleiben wollen und eins bleiben müssen, zusammengekettet jetzt im Unglück noch mehr als im Glück, noch furchtbarere Waffenstillstands- und Friedensbedingungen aufzuerlegen, als wir sie jetzt schon haben erdulden müssen. Eine Loslösung, zu der letzten Endes die Beschlüsse des Rätekongresses führen müssten, wäre die größte Wahnsinnstat. Sie würde nicht das Reich, sondern Bayern zu Grunde richten und gerade die schaffende Bevölkerung unseres Landes am Schwersten treffen. Hinter dem Beschlusse des Rätekongresses steht nur eine verschwindende Minderheit des bayerischen Volkes. Die große Masse des arbeitenden Volkes in Stadt und Land will von der Regierung, die sich auf eine derartige Minderheit stützt, nichts wissen. Wir, als die vom ganzen bayerischen Volk erwählten Abgeordneten Bayerns zur Deutschen Nationalversammlung, erklären deshalb, den Beschluss des Rätekongresses und die von ihm gebildete Regierung nicht als Ausdruck des Volkswillens anerkennen zu können. Nur der bayerische Landtag ist berufen, eine neue Regierung zu bilden; ihm muß Gelegenheit zu ungestörter, vom Terror freien Tagung gegeben werden."

425 Dr. Franz Joseph Lochbrunner (1850–1923), Arzt in München, BVP, Mitglied des Bayerischen Landtags 1919/1920. Vgl. LILLA, Landtag, 422 f.

426 Heinrich Osel (1863–1919), Zollbeamter in München, Zentrum (ab 1918 BVP), Mitglied der Kammer der Abgeordneten 1905 bis 1918, des Bayerischen Landtags 1919, des Reichstags 1903 bis 1907, enger Mitarbeiter Heims, Opfer des Attentats im bayerischen Landtag am 21. Februar 1919. Vgl. HAUNFELDER, Reichstagsabgeordnete (wie Anm. 14), 226.

427 Paul Ritter von Jahreiß (1878–1919), geb. in Ingolstadt, humanistisches Gymnasium in Nürnberg, Leutnant 1898, Oberleutnant 1906, Rittmeister und Eskadronchef im 7. Cheveaulegerregiment, Versetzung zur Zentralstelle des Generalstabs 1913, als Kriegsteilnehmer mehrmals ausgezeichnet, Beförderung zum Major 1917, Opfer des Attentats im bayerischen Landtag am 21. Februar 1919. Zu Jahreiß vgl. BayHStA-Kriegsarchiv, OP 68185 (Personalakt Paul Ritter von Jahreiß). – Für den Hinweis auf den Akt danke ich Herrn Markus Schmalzl M. A.

428 Dr. Karl Hammerschmidt (1862–1932), Gymnasialrektor in Speyer, Liberale Vereinigung (ab 1918 Deutsche Demokratische Partei), Mitglied der Kammer der Abgeordneten 1899 bis 1918, des Bayerischen Landtags 1919 bis 1924. Vgl. LILLA, Landtag, 370.

429 Hans Rauch (1885–1963), landwirtschaftlicher Wanderlehrer, Zentrum (ab 1918 BVP), Mitglied der Kammer der Abgeordneten 1917/1918, des Bayerischen Landtags 1919/1920 und

partei), 2. Schriftführer Ischinger[430] (Mehrheitssozialist), 3. Schriftführer Jehle[431] (Deutsche Volkspartei), 4. Schriftführer Hoffmann[432] (Bauernbund). Zum Vorsitzenden des Ministeriums wurde [der Sozialdemokrat Johannes] Hoffmann gewählt. Beraten und einstimmig angenommen wurde das Staatsgrundgesetz[433].
Am 18. März wurde im Landtag die zweite[434] Sitzung abgehalten, in derselben Sitzung hielt der Ministerpräsident Hoffmann seine Antrittsrede[435]. Es wurde ein Ermächtigungsgesetz – Notgesetz zum Staatshaushalt, Gesetz über Aufhebung der Fideikomisse (wozu ich mich auch in der Debatte beteiligt hatte[436]), Gesetz über Aufhebung des Adels – angenommen. Nach der Bildung der Ausschüsse vertagte sich der Landtag auf unbestimmte Zeit, d. h. der Zeitpunkt der Einberufung wurde dem Präsidenten überlassen. Das Schicksal Bayerns war damit in die Hände des Ministeriums vom 8. März gelegt. Die Männer, die dieser Regierung angehörten, waren:

Ministerpräsident (Kultus und Unterricht): Hoffmann
Justiz: Endres[437]
Inneres: Segitz[438]

1922 bis 1933. Vgl. LILLA, Landtag, 466 f.

430 Hans Ischinger (1872–1925), Gewerkschaftsfunktionär in München, (M)SPD, Mitglied des Provisorischen Nationalrats 1918/1919, des Bayerischen Landtags 1919/1920. Vgl. SCHRÖDER, Parlamentarier (wie Anm. 296), 525.

431 Joseph Georg Jehle (1876–1921), Direktor des städtischen Versicherungsamtes München, Deutsche Demokratische Partei, Mitglied des Provisorischen Nationalrats 1918/1919, des Bayerischen Landtags 1919 bis 1921. Vgl. LILLA, Landtag, 397.

432 Wolfgang Hofmann (geb. 1859), Hauptlehrer in Englschalking bei München, Bayerischer Bauernbund, Mitglied des Provisorischen Nationalrats 1918/1919, des Bayerischen Landtags 1919/1920. Vgl. LILLA, Landtag, 386 f.

433 Vorläufiges Staatsgrundgesetz des Freistaates Bayern vom 17. März 1919, in: Die bayerische Staatlichkeit (wie. Anm. 333), 162–164.

434 Tatsächlich handelte es sich um die dritte Sitzung.

435 Sitzung am 18. März 1919, in: Verh. d. bay. Landtags 1919. Sten. Ber. Bd. 1, München o. J., 16–18.

436 Eisenberger beteiligte sich nicht an der Debatte über die Aufhebung der Fideikomisse, sondern mit einer kurzen Stellungnahme an der Diskussion um das finanzpolitische Ermächtigungsgesetz. Vgl. Sitzung am 18. März 1919, in: Verh. d. bay. Landtags 1919. Sten. Ber. Bd. 1, München o. J., 23.

437 Fritz Endres (1877–1963), Kupferschmied und Gewerkschaftsfunktionär in Würzburg, (M)SPD, Mitglied der Kammer der Abgeordneten 1912 bis 1918, des Provisorischen Nationalrats 1918/1919, des Bayerischen Landtags 1920 bis 1933, bayerischer Justizminister März bis Mai 1919, anschließend bayerischer Innenminister 1919/1920. Vgl. SCHRÖDER, Parlamentarier (wie Anm. 296), 427.

438 Martin Segitz (1853–1927), Redakteur und Gewerkschaftsfunktionär in Nürnberg und München, (M)SPD, Mitglied der Kammer der Abgeordneten 1897 bis 1918, des Provisori-

Finanzen: i.V. Staatsrat von Merkel[439]
Verkehr: von Frauendorfer
Soziales: Unterleitner
Handel und Gewerbe: Simon
Landwirtschaft: Steiner
Militär: Schneppenhorst[440]

Das „Radikale Ministerium", das vom 1. März bis zum 8. März „regierte"[441], war folgendermassen zusammengesetzt:

Präsident, Äusseres und Inneres: Segitz
Handel, Gewerbe und Industrie: Simon Fürth (Unabhängig)
Kultus: Niekisch (Kommunist)[442]
Finanzen: Jaffe (Unabhängiger)
Justiz: Endres (Soz.)
Landwirtschaft: Dirr (Bauernbund)
Soziales: Unterleitner (Unabhängiger)
Militär: Scheid (Soz.)[443]
Verkehr: von Frauendorfer (parteilos)

Immer grösser wurde das Chaos: Schwaben will von Bayern weg, eine Republik Nordbayern (die drei fränkischen Kreise, Niederbayern und Oberpfalz)

---

schen Nationalrats 1918/1919, des Bayerischen Landtags 1919 bis 1927, des Reichstags 1898 bis 1903 und 1912 bis 1918, bayerischer Innenminister März bis Mai 1919, anschließend bayerischer Sozialminister bis März 1920.

439 Paul Ritter von Merkel (1864–1949), Verwaltungsjurist, Staatsrat und Ministerialdirektor im Finanzministerium bis zum 1. Dezember 1919. Vgl. Walter SCHÄRL, Die Zusammensetzung der bayerischen Beamtenschaft von 1806 bis 1918 (Münchener Historische Studien. Abteilung Bayerische Geschichte 1), Kallmünz 1955, 170.

440 Ernst Schneppenhorst (1881–1945), Schreiner und Gewerkschaftsfunktionär in Nürnberg, (M)SPD), Mitglied der Kammer der Abgeordneten 1912 bis 1918, des Provisorischen Nationalrats 1918/1919, des Bayerischen Landtags 1919/1920, des Deutschen Reichstags 1932/1933, bayerischer Militärminister März bis August 1919.

441 Zum Kabinett Segitz, das von der MSPD und den bürgerlichen Parteien abgelehnt wurde und deshalb keine politische Wirksamkeit entfaltete, vgl. MERZ, Räterepublik, 541–564.

442 Ernst Niekisch (1889–1967), Volksschullehrer und Journalist in Augsburg, SPD (USPD 1920 bis 1922), Mitglied des Provisorischen Nationalrats 1918/1919, Präsident des Zentralrates der Arbeiter-, Bauern- und Soldatenräte Bayerns, Mitglied des Bayerischen Landtags 1920 bis 1923, der Volkskammer der DDR 1949 bis 1953 für die SED, Austritt aus der SED 1953.

443 Richard Scheid (1876–1962), Gewerkschaftssekretär, (U)SPD, Vertreter der revolutionären Regierung beim Generalkommando des I. Armeekorps. Vgl. KÖGLMEIER, Rätegremien, 186; MERZ, Räterepublik, 545.

bedroht die Einheit Bayerns. Am 23. März forderten 300 Bauernräte in Waigolshausen[444] die Schaffung einer Volkswehr, Abbau der Lebensmittelpreise, Sicherung der Ernte, Abtrennung der nordbayerischen Kreise von Südbayern, wenn in München mit der Narrenhauspolitik der beschnittenen und unbeschnittenen „Führer" [nicht] Schluss gemacht werde[445]. Eine in Kempten am 30. März abgehaltene Bauernbundsversammlung fordert das Bayernvolk zum einmütigen Kampf gegen die Spartakisten auf[446].
Am 7. April wurde die Räterepublik ausgerufen! Sofort traf ein russischer Glückwunsch aus Moskau ein.

> „Nürnberg, den 10. April. Vom russischen Volkskommissar für Auswärtiges Tschitscherin[447] wurde ein Funkspruch aufgefangen, in dem es u. a. heisst: ‚Mit unaussprechlicher Freude haben wir von der Räterepublik Bayern [Seite 44] erfahren. Wir senden unsere herzlichsten Glückwünsche. Sie steht als Vorposten auf vorgeschobener Stellung, von allen Seiten von den Kräften der feindlichen kapitalistischen Herrschaft umgeben. Die revolutionären Arbeitermassen und die Roten Soldaten Bayerns werden aber gewiss auf dem gefährlichen Posten treu ihrer revolutionären Pflicht siegreich bis zum endgültigen Triumph kämpfen.'"[448]

---

444 Bezirksamt Schweinfurt. Nach MATTES, Bauernräte, 151–153 fand die Versammlung der unterfränkischen Bauernräte in Waigolshausen am 16. März 1919 statt. Vgl. dazu auch BERGMANN, Bauernbund, 53.

445 Die Beteiligung jüdischer, zum Zeitpunkt der Revolution jedoch meist konfessionsloser Persönlichkeiten an der Revolution wurde von den rechten Parteien der Weimarer Republik als antisemitisches Argument verwendet. Vgl. KITTEL, Weimar, 59 f.

446 Zu dieser Versammlung vgl. Der Bündler vom 13. April 1919.

447 Georgi Wassiljewitsch Tschitscherin (1872–1936), sowjetischer Volkskommissar des Äußern 1918 bis 1930. Vgl. Bernhard SCHALHORN, Georgij Vasil'jevič Čičerin, in: Hans-Joachim TORKEL (Hg.), Historisches Lexikon der Sowjetunion 1917/22 bis 1991, München 1993, 64 f.

448 Eisenberger gibt das Telegramm gekürzt wider, es ist abgedruckt in: Appelle einer Revolution (wie Anm. 390), Anlage 72: „Mit unaussprechlicher Freude haben wir von der Errichtung der Räterepublik Baiern erfahren. Wir senden unsere herzlichsten Grüße der neuen Schwesterrepublik, unserem jüngsten Bundesgenossen auf dem Kampffelde für den Sozialismus. Den Räterepublikanern Russlands, Littlands, Estlands, Littauen und Weiß-Rußland, Ukraine und Ungarn ist die Räterepublik Baiern gefolgt. Sie steht als Vorposten auf der vorgeschobensten Stellung von allen Seiten von Kräften der feindlichen kapitalistischen Herrschaft umgeben, die revolutionären Arbeitermassen und die roten Soldaten Baierns werden aber gewiß auf ihrem gefährlichen Posten treu ihrer revolutionären Pflicht siegreich bis zum endgültigen Triumph kämpfen. Wir können auch sicher sein, daß der Tag nicht ferne ist, wo noch andere revolutionäre Bundesgenossen sich uns anschließen und der Republik Baiern gleichfalls gegen jeden Angriff Hilfe leisten werden. Jeder gegen euch gerichtete Schlag ist gegen uns gerichtet und jeder auf uns fallende Schlag fällt auf euch. In voller Einigkeit führen wir unseren revolutionären Kampf für das Wohl aller Arbeitenden und Ausgebeuteten.

Dieses Telegramm zeigte, wer das grösste Interesse an der Revolution in Bayern hatte. Es wurde ein Revolutionstribunal eingerichtet, das Tag und Nacht tagen musste. Es setzte sich aus vier Körperschaften zu je 7 Mann, insgesamt 28 Richtern, zusammen. Zu gleich wurde eine „Rote Armee“ gebildet usw. Die bauernbündlerischen Abgeordneten und Bauernräte traten hierauf zum grössten Teil aus dem Nationalrat aus[449]. Südbayern hatte nun unter dieser Sauregierung eine furchtbare Leidenszeit durchzumachen. Nordbayern stürzte dort die Räteherrschaft, wo diese sich gebildet hatte, wie z.B. in Würzburg[450]. Die Bauern des oberen Maingaues haben sich für die Regierung Hoffmann erklärt und hatten beschlossen, allen denen, die mit der Räteregierung sympathisierten, keine Lebensmitteln mehr zu liefern[451]. Die Regierung Hoffmann ging am 6. April nach Bamberg. Am 6. April hatten wir in München noch eine Vorstandssitzung, bei der die Lage in München besprochen und das Verhalten einiger Bauernbundsmitglieder zur Räteregierung in schärfster Weise verurteilt wurde[452]. Am späten Nachmittag wurde uns Bauernbündlern mitgeteilt, dass die Regierung Hoffmann sich in Bamberg behauptet. Ich fuhr dann am nächsten Tage nach Bamberg. Am 8. April wurde der bayerische Landtag mit der alten Regierung in Bamberg eröffnet[453]. Mit grosser Zuversicht sprach der Innenminister zu den Pressevertre-

---

Unaufhaltsam und schnell geht der Siegesmarsch der sozialistischen Revolution vorwärts. Uns gehört die Zukunft. Der Tag des vollen Sieges ist nahe. Für die Räterepublik Rußland der Volkskommissar des Auswärtigen Tschitscherin.“

449 Der „Provisorische Nationalrat“ war bereits am 28. Februar 1919 durch Beschluss des „Kongresses der bayerischen Arbeiter-, Bauern- und Soldatenräte“ offiziell aufgelöst worden (vgl. KÖGLMEIER, Rätegremien, 449). Als „Nationalrat“ wird von Eisenberger an dieser Stelle dieser Rätekongress bezeichnet (zu ihm vgl. KÖGLMEIER, Rätegremien, 294–303). Sämtliche am 12. Januar 1919 neugewählten bündlerischen Landtagsabgeordneten waren bereits Anfang März aus dem Landesbauernrat, dem Spitzengremium der bayerischen Bauernräte, ausgeschieden. Mit ihnen hatten zahlreiche weitere Bauernräte – etwa ein Viertel der Mitglieder – das Gremium aus politischen oder persönlichen Gründen verlassen, so dass Gandorfer neue Mitglieder ernannte (vgl. KÖGLMEIER, Rätegremien, 215). Diesen Auszug vermengt Eisenberger mit den Ereignissen am 7. April. An diesem Tag entzog die Mehrheit der bündlerischen Landtagsfraktion um Eisenberger mit Ausnahme der Anhänger des radikalen Flügels um Gandorfer und Steiner der Räterepublik die Unterstützung, als sie am Nachmittag des 7. April erfuhr, dass sich die MSPD gegen das Rätesystem ausgesprochen hatte. Vgl. BERGMANN, Bauernbund, 65–68.

450 Am 9. April kam es in Würzburg zu Kämpfen zwischen Anhängern der Räterepublik und gegenrevolutionären Kräften. Letztere obsiegten. Vgl. SELIGMANN, Aufstand, 432–437.

451 Zum Lieferstreik als Mittel des gegenrevolutionären Kampfes der fränkischen Bauernräte vgl. MATTES, Bauernräte, 192; BERGMANN, Bauernbund, 53. Zum Verlauf der revolutionären Auseinandersetzungen in Franken vgl. SELIGMANN, Aufstand, 415–490.

452 Zu dieser Sitzung vgl. NfV vom 8./9. April 1919.

453 Der Landtag sollte nach dem Wunsch von Ministerpräsident Hoffmann am 8. April wiedereröffnet werden. Dem stand die Ausrufung der Räterepublik am 7. April entgegen. Der

tern über die Lage in Bayern. Versammlungen wurden abgehalten, Erklärungen wurden erlassen. Im Ältestenrat des Landtages von Bamberg [wurde] ein Aufruf beschlossen, der auch meine Unterschrift trug und der die bayerische Bevölkerung zum Festhalten an der „Bamberger Regierung" aufforderte[454]. Die Bauern im Oberland und im Schwäbischen scharten sich zusammen, um den Marsch nach München anzutreten. Gandorfer, der geglaubt hätte, einen Einfluss auf die Regierung auszuüben, verliess am 11. April München. Seinem Beispiel folgten auch die meisten noch verbliebenen Mitglieder des Nationalrates und verliessen die Landeshauptstadt. Am Dienstag, den 8. April, nachmittags 5 Uhr, wurden von der bayerischen Bauernschaft die Lebensmittelsperre über Augsburg und München verhängt, die solange dauern sollte, bis die Herrschaft der Mühsam und Leviné[455] gebrochen ist. Die Bauernräte selbst übernahmen die strengste Kontrolle. Durch Meldereiter wurde von Dorf zu Dorf der Befehl gebracht, dass die Autos zu kontrollieren seien. Ich selbst hatte mich damals gegen diesen „Bauernstreik" gewandt, da von diesem die Unschuldigen betroffen worden wären. Die müssten ja verhungern. Auf dieses hin haben die Rieser-Bauernräte, die den Streik proklamiert hatten, sich eines anderen besonnen.

In München spitzte sich die Lage immer mehr einer Katastrophe zu. Milch, Kohlen, Fleisch – alle Lebensmitteln wurden knapper. Der Hunger jagte durch die Strassen Münchens. Was wird sich daraus entwickeln? Obwohl keine Plenarsitzungen des Landtages waren, blieben wir Fraktionsführer in Bamberg. Die Abgeordnetenvertreter der Stadt München, Dr. Lochbrunner, Dr. Schlittenbauer und Giehrl[456], haben dringende Aufrufe an die Regierung gerichtet, München von diesen Schinderknechten zu befreien. Zu einer Abendsitzung der Regierung in Bamberg wurden wir Fraktionsführer eingeladen, ebenso waren die Münchner Landtagsabgeordneten hierzu erschienen.

Landtag wurde erst wieder am 15. Mai eröffnet. Am 8. April fanden jedoch mehrere kleinere Versammlungen statt, in denen die in Bamberg anwesenden Landtagsabgeordneten gemeinsam mit Regierungsmitgliedern um Unterstützung für die Regierung Hoffmann warben. Vgl. Winfried THEUERER – Robert ZINK, Bamberg 1918/19 – Regierungshauptstadt auf Zeit, in: Werner WAGENHÖFER – Robert ZINK (Hg.), Räterepublik oder parlamentarische Demokratie. Die „Bamberger" Verfassung 1919, Bamberg 1999, 33–65.

454 Der Aufruf des Ältestenrates, der nur die Unterschrift des Landtagspräsidenten Schmitt trägt, wurde bereits am 5. April verfasst, als der Landtag noch nicht in Bamberg weilte. Veröffentlicht wurde er indes erst am 7. April, beispielsweise in der Fränkischen Tagespost.

455 Dr. Eugen Leviné (1883–1919), Nationalökonom, USPD (ab 1919 KPD), Protagonist der zweiten (kommunistischen) Münchner Räterepublik.

456 Ludwig Giehrl (1860–1928), Zollbeamter in München, Zentrum (ab 1918 BVP), Mitglied der Kammer der Abgeordneten 1903 bis 1918, des Bayerischen Landtags 1919 bis 1928. Vgl. LILLA, Landtag, 355 f.

Diese sagten, dass die Rote Armee bereits über 100 000 Mann verfüge. Auch das Generalkommando von Würzburg und Nürnberg[457] war zu der Sitzung erschienen und die Herrn Offiziere äusserten sich dahin, dass, wenn die Angaben über die Stärke der Roten Armee nur zur Hälfte stimmen würden, würde die weisse Garde, die nur aus 10 bis 15 000 Mann bestand, die Rote Armee nicht niederwerfen. Es entstand eine Debatte darüber, ob man nicht die Preussen zu Hilfe rufen könnte. Hoffmann schlug dies vor allem vor. Die Vertreter des Generalkommandos waren gegen diesen Vorschlag, weil es einen schlechten Eindruck auf die bayerischen Truppen ausüben würde, [Seite 45] wenn man „gleich die Preussen" zur Hilfe rufen würde. Aber – so wurde in dieser Sitzung erklärt – vielleicht wäre es doch besser, wenn ausserbayerisches Militär in Bereitschaft stehen würde. Noch in der Nacht hatte Ministerpräsident Hoffmann eine telephonische Aussprache mit dem Reichspräsidenten Ebert[458], der sofort seine Zuwilligung gab. Die Vertreter des Generalkommandos meinten noch, dass man zuerst die Württemberger rufen sollte, das würde doch noch einen besseren Eindruck machen. Man hat sich dann dahin geeinigt, dass die Württemberger angreifen und die Preussen als Reserven tätig sein sollten. Nach dieser Sitzung hatte das Parlament nichts mehr zu sagen. Das Wort hatte das Militär.

Auf dem Hutzenauerhofe hatte ich ein interessantes Erlebnis. Durch Ruhpolding fuhr ein Auto. Ich wurde von der Post angerufen, dass in dem Auto zwei Herrn seien, die mich wahrscheinlich als Geiseln verhaften wollen. Es war schon 6 Uhr abends, als die beiden Herrn in ihrem Wagen vorfuhren. Sie seien im Auftrage Gandorfers gekommen und ich müsste sofort zu einer wichtigen Besprechung nach Landshut. Ich erwiderte, dass ich unmöglich mitfahren könne, da ich kopfleidend wäre. (Ich hatte mir zum Schein nämlich den Kopf eingebunden.) Daraufhin sagten die Fremden, ob sie nicht hier übernachten könnten. Das lehnte ich ab und gestattete nur, dass das Auto eingestellt werden dürfe. Die Beiden begaben sich in das Gasthaus Zell und ich schickte zwei nach zum Ausspionieren. Diese hörten mit an, wie die Fremden erklärten, dass sie den Eisenberger unbedingt mitbringen müssten. Am nächsten Tage kamen sie schon in aller Herrgottsfrühe und redeten wie-

457 Eisenberger meint hier die „Stellvertretenden Generalkommandos" als die immobilen Kommandobehörden der bayerischen Armee mit Sitz in München, Nürnberg und Würzburg. Die Münchner Behörde war in den Stürmen der Räterepublik handlungsunfähig, die beiden nordbayerischen in der Hand der Militärs bzw. von Regierungsvertretern. Vgl. Gerhard HEYL, Militärwesen, in: Wilhelm VOLKERT (Hg.), Handbuch der bayerischen Ämter, Gemeinden und Gerichte 1799–1980, München 1983, 330–393, hier 382–384 und 392 f.

458 Friedrich Ebert (1871–1925), Sattler, (M)SPD, Mitglied des Reichstags 1912 bis 1919, Reichspräsident 1919 bis 1925.

der auf mich ein. Ich sagte dann, dass ich einen Vertreter schicken werde. (Die beiden Fremden wagten es nicht, frech zu werden, weil man ihnen gesagt hatte, dass meine Söhne[459] vom Felde heimgekehrt seien.) Bei mir befand sich ein preussischer Leutnant, der bereit war, mitzufahren. In aller Heimlichkeit steckte er Waffen zu sich und bestieg dann das Auto. Ausserhalb der Ortschaft Ruhpolding hielt der Wagen plötzlich an und man befestigte die Tafel wieder, die man bei der Herfahrt wahrscheinlich abgenommen hatte. Die Tafel trug folgende Inschrift: „Wir reisen im Namen der Kommunistischen Partei Deutschlands.“ Bei Freising erfuhren die beiden Fremden, dass die weisse Garde bereits Landshut besetzt hatte. Sie luden den Leutnant aus, liessen ihn mitten auf der Strasse stehen und rasten dann fort.
Dann kamen die historischen Tage der Befreiung von München. Epp[460] – war der Sieger, dem die Münchner in riesiger Begeisterung zujubelten. Ein preussischer Soldat des Freikorps, der auch in den Revolutionskämpfen von Januar und Februar in Berlin sich ausgezeichnet hatte, sagte zu mir: „In München war die Verteidigung der Roten erbitterter und die Kämpfe waren schwerer und gefährlicher.“

Die Verfassung von Weimar.

[Seite 1]

[7.] *Schlußwort.*

Die Bauernbundsbewegung seit 40 Jahren war die wahre Vorkämpferin der heutigen nationalen Bauernvereinigung[461]. Der Bauernbund hat schon seit 40 Jahren den schädlichen Parlamentarismus *grundsätzlich* bekämpft. Wir haben unseren Standesgenossen immer vor Augen geführt, welch himmelschreiende politische und wirtschaftliche Unterlassungssünden von Seite der damals herrschenden u. ausschlaggebenden Parteien (Zentrum u. Liberalen)

---

459 Georg, geb. 9. Oktober 1893, Infanterie-Leibregiment (BayHStA-Kriegsarchiv, Kriegsstammrollen 399) und Josef, geb. 25. Januar 1897, Infanterie-Leibregiment (BayHStA-Kriegsarchiv, Kriegsstammrollen 379).

460 Franz Xaver Ritter von Epp (1868–1946), Militärangehöriger, NSDAP, seit 1928 Mitglied des Reichstags, nationalsozialistischer Reichskommissar bzw. Reichsstatthalter in Bayern.

461 Eisenberger meint damit die Gleichschaltung des landwirtschaftlichen Organisationswesens im nationalsozialistischen Reichsnährstand. Vgl. dazu GIES, Darré. Mit Ausnahme der einleitenden Bemerkungen, die die Bauernbundsbewegung gegenüber dem Nationalsozialismus rechtfertigen sollten, findet sich dieses Schlusswort bereits in der ersten handschriftlichen Version der Lebenserinnerungen (PrivatA Georg Eisenberger Traunstein), jedoch nicht am Schluss, sondern im Anschluss an die Schilderung der Maßnahmen, die die bayerische Staatsregierung seit 1894 gegen die Bauernbundsbewegung ergriffen hatte.

in den Parlamenten u. von den Regierungen und früher, seit der germanischen Freiheit, Jahrhunderte hindurch durch die *Gutmütigkeit und Leichtgläubigkeit der Bauern* begangen worden sind. Wer die wahre objektive Weltgeschichte einigermaßen verfolgt hat, der weiß (um von den bayerischen Bauern zu reden), daß das heidnische Bauernvolk der Bajuwaren unmittelbar nach Besitznahme des von den Römern größtenteils verlassenen Landes zwischen den Alpen u. der Donau, zwischen der Enns u. dem Lech, um 480 bis 520 nach Christus nach allgemein germanischen Brauche Feld u. Wald, Ödflächen u. Gewässer unter die freien Volks- und Heerbanngenossen derart verteilt wurde, daß die durch Verwandtschaft zusammengehörigen Familien u. Geschlechter je nach Bedarf eine größere oder kleinere Mark, abgeteilt in Hofstätten, Garten und Feld, als Sondergut der einzelnen Markgenossen zu vollkommen freiem, vollkommen unbelastetem Eigentum erhielten. Die öffentlichen Lasten u. Pflichten der freien Markgenossen bestanden einzig und allein in der Teilnahme am Heerbann im Sinne eines Landwehraufgebotes und im Besuch der Zent- und Gaugerichte. Da es noch keine Staatsverwaltung im späteren u. heutigen Sinne gab u. jeder Heergenosse für seine Bewaffnung u. seinen Unterhalt selbst zu sorgen hatte, so gab es auch noch keine Staatssteuern, ferner, da noch keine Kirche bestand, auch noch keine Zehnten oder sonstige Kirchenlasten.

[Seite 2] Das urbare bayerische Land zeichnete sich schon in den ersten Jahrhunderten nach der Eroberung durch eine starke und infolgedessen auch gleichmäßige Verteilung des Grundbesitzes vor manchen anderen deutschen Gauen aus. Es gab viele freie Bauern und neben der herzoglichen Familie nur wenig großbegüterte Adeliche, einen herrschenden Priesterstand kannten unsere Vorfahren selbstverständlich nicht.

Mit der Unterjochung des Landes durch die fränkischen Könige und mit der Einführung des Christentums begann die überraschend schnelle Gründung und Ausgestaltung großer Grundherrschaften durch den aufstrebenden Adel u. durch den Priesterstand, leider aber auch die Auffangung des freien Bauernstandes durch beide Stände.

Im 8. Jahrhundert allein wurden in Bayern 5 Bistümer und 35 Klöster gegründet und mit großen Ländereien ausgestattet. Was das für den freien Bauernstand zu bedeuten hatte, geht daraus hervor, daß das Kloster Tegernsee, gegründet 746, binnen Kurzem 11.866 Bauernhöfe an sich brachte, von denen ihm allerdings Herzog Arnulf der Schyre[462] zwischen 908 u. 914 durch die erste große Säkularisation mehr als 11.000 wieder abnahm. Trotz der dama-

462 Eisenberger meint hier den Luitpoldinger Arnulf „den Bösen" (gest. 937), Herzog von Bayern seit 907. Zur Erhaltung seiner Macht soll er zahlreiche Klöster enteignet haben. Vgl.

ligen durchgreifenden Einziehung der Großgüter der todten Hand konnten wenige Jahrzehnte später zwei Grafen dem Kloster Benediktbeuren, angeblich auf Befehl des Königs Otto I., volle 1250 Bauernhöfe wegnehmen. Da gerade die Gegend am Fuße der Alpen von den Zeiten der Römer und der Einwanderung der Bajuwaren her am besten kultiviert und am dichtesten bevölkert waren, so ist an Entstehung dieser Bauerngüter durch Kolonisation von Seite der Klöster, wenn selbst die kurze Zwischenzeit von 1 1/3 Jahrhunderten ausgereicht hätte, nicht zu denken. Die beständigen Eroberungskriege Karl des Großen bald im Osten, bald im Westen, bald in der Mitte, bald im Süden Europas und die Verteidigungskriege seiner schwachen Nachfolger [Seite 3] machten in der Karolingerzeit die Heerbannspflicht des freien Mannes zu einer unerträglichen Last und zur Ursache seiner Verarmung. Um sich von dem fast lebenslänglichen, ruinierenden Kriegsdienst loszukaufen und wenigstens die Nutznießung seines Hofes zu retten, mußte der bisher freie Bauer die Lehensherrschaft irgend eines Grafen, königlichen Beamten, Bischofs oder Abtes anerkennen und einen Naturalzins von seinem ehedem lastenfreien Gut leisten.

Aus jenen Kriegslasten haben die Feudallasten ihren Anfang genommen u. aus ihnen ist ein großer, wenn nicht der größte Teil derjenigen Lasten hervorgegangen, welche der bayerische Bauer allein unter allen Bauern des zivilisierten Europas seit mehr als ein Jahrtausend bis zum Jahre 1919–20 in der modernen Geldform der Bodenzinse tragen mußte. (Die Aufhebung bezw. Ablösung der ungerechten Bodenzinse war eine grundsätzliche Forderung des Bauernbundes seit Bestehen, aber das Zentrum war immer gegen die Befreiung der Bauern von dieser ungerechten Last, bis nach dem Kriege die Verhältnisse direkt dazu trieben, daß ein Teil des Zentrums für die Aufhebung der Bodenzinse stimmte[463].)

Dazu kam noch nach der Bekehrung der Bayern zum Christentum der Zehent, den die Kirche nahm. Um eine eigene Kirche und einen Seelsorger zu erhalten und um beide zu unterhalten, leisteten die allzeit frommgläubigen Bauern nunmehr den großen Zehent von jeglichem Getreide samt Stroh u. Halm sowie von allen Hülsenfrüchten u. vom Wein, ferner den kleinen Zehent vom Obst, den Hackfrüchten, vom Hopfen, Flachs, Hanf, von Heu u. Grumet[464] sowie von den Nutzungen der Viehzucht als [da sind:] Milch, Käse, Eier u. dgl., endlich den Blutzehent von den Gurge[l]n der Haustie-

Ludwig HOLZFURTNER, Gloriosus Dux. Studien zu Herzog Arnulf von Bayern (907–937) (ZBLG Beiheft B/25), München 2003.

463 Vgl. Anm. 465.

464 Zweiter Grasschnitt.

re. Zwar sollte nach kanonischem Rechte der Zehent nur zu Pfarrzwecken dienen. [Seite 4] Indeß erwarben gar bald wider kanonisches Recht auch die nicht pastorierenden Klöster Zehentrechte und da die Bischöfe, Äbte und Äbtissinnen mit dem wachsenden Reichtum der Kirche immer mehr u. zuletzt nahezu ausschließlich aus dem Adelstand sich rekrutierten, so erlangte alsbald gegen entsprechende Gegenleistungen auch der weltliche Adel trotz der kanonischen Bestimmungen ausgedehnte Zehentrechte zu den älteren Feudalrechten hinzu. Heute trägt meistens der Staat, d. h. die Gesamtheit der Steuerzahler, die Baulast der Kirchen und besoldet die Pfarrer, aber die Pfarrzehnten, ja auch die unrechtmäßigen Zehnten der Klöster und der ehemaligen adelichen Grundherren bestehen seit 1848 in der Form von Geldbodenzinsen an den Staat oder an die Ablösungskasse oder an Private fort bis 1920[465]. Daneben wurden in vielen Gegenden sogar noch Naturalabgaben unter verschiedenen Titeln für den Pfarrer erhoben[466].

Über die ursprüngliche Lastenfreiheit der Bauern und über die Entstehung und allmähliche Vergrößerung aller Lasten geben die erhaltenen Gesetzbücher, Urkunden u. geschichtlichen Aufzeichnungen, aus denen die Werke gewissenhafter Forscher wie von Maurer[467], von Inama-Sternegg[468], Ranke[469], Waitz[470], Zeumer[471] und anderer geschöpft sind, reichen Aufschluß.

Nach der Karolingerzeit wuchsen von Jahrhundert zu Jahrhundert die Macht und der Reichtum des Adels u. der Kirche. Das bei der Schwäche der Zentral-

465 Die Beseitigung der Bodenzinse wurde am 21. Mai 1920 mit den Stimmen der BVP, des Bayerischen Bauernbundes, der deutschnationalen Bayerischen Mittelpartei und der Deutschen Demokratischen Partei beschlossen, die Staatsregierung war hingegen wegen der Auswirkungen auf den Etat skeptisch. Vgl. BERGMANN, Bauernbund, 69–74.

466 Zu diesen so genannten Naturalreichnissen vgl. KRICK, Handbuch (wie Anm. 148), 120–132.

467 Georg Ludwig von MAURER, Geschichte der Fronhöfe, der Bauernhöfe und der Hofverfassung in Deutschland, 4 Bde., Erlangen 1862 f. – Maurer (1790–1872), Rechtshistoriker, übernahm 1847 für kurze Zeit das bayerische Ministerium des Äußern und für Justiz.

468 U. a. Karl Theodor von INAMA-STERNEGG, Die Ausbildung der großen Grundherrschaften in Deutschland während der Karolingerzeit (Staats- und socialwissenschaftliche Forschungen 1), Leipzig 1878. – Inama-Sternegg (1843–1908), Wirtschaftswissenschaftler, Agrarexperte, Präsident der Statistischen Zentralkommission in Wien 1884 bis 1904.

469 Leopold von Ranke (1795–1886), bedeutender Vertreter des deutschen Historismus.

470 Georg WAITZ, Über die altdeutsche Hufe (Abhandlungen der Königlichen Gesellschaft der Wissenschaften in Göttingen 6), Göttingen 1854. – Waitz (1813–1886), Rechtshistoriker und Mediävist, bedeutender Vertreter des Historismus im deutschen Sprachraum. Vgl. Ferdinand FRENSDORFF, Georg Waitz, in: ADB Bd. 40, Leipzig 1896, 602–629.

471 U. a. Karl ZEUMER, Quellensammlung zur Geschichte der Deutschen Reichsverfassung in Mittelalter und Neuzeit (Quellensammlungen zum Staats-, Verwaltungs- und Völkerrecht 2), Leipzig 1904. – Zeumer (1849–1914), Historiker. Vgl. Hiram KÜMPER, Karl Zeumer, in: Biographisch-Bibliographisches Kirchenlexikon Bd. 23, Nordhausen 2004, 1593–1595.

gewalt schließlich zu voller Schrankenlosigkeit entwickelte Raubrittertum vollendete im 15. Jahrhundert mit unsäglicher Roheit die Ausplünderung u. Knechtung des Volkes. Als im selben Jahrhundert die Fürsten an Stelle des entarteten Ritterstandes sich stehender Söldnerheere zu bedienen begannen, legten die damals herrschenden Stände, nämlich außer den Fürsten die landständischen Adelichen und Prälaten in Verbindung mit den Vertretungen der reichen Stadtbürger, die neuerwachsenen Steuerlasten ausschließlich dem gemeinen Volke, [Seite 5] insbesondere den ohnehin aufs äußerste ausgepreßten Bauern, als Ewiglasten auf Grund u. Boden auf. Für Bayern wird diese wichtige Tatsache durch ältere u. neuere Geschichtsschreiber, insbesondere auch im 3. Bande der trefflichen quellenmäßigen „Geschichte Bayerns" von Sigmund Riezler[472], unwiderlegbar bestätigt. Herzog Albrecht IV, der „Weise" genannt[473], schrieb im Jahre 1493 eine Kriegssteuer zur Anwerbung von Söldnern aus, mit der Begründung, daß die Bauern besser bei Weib u. Kind am heimischen Herd bleiben. Die Steuer, Reisgeld genannt, wurde erhoben, Bauern aber nach wie vor als Landwehr aufgeboten. Die oberbayerische Landschaft, in welcher sich bei der vollständigen politischen Rechtlosigkeit der Bauern kein einziger Vertreter derselben befand, beschwerte sich lediglich im egoistischen Sinne des Adels u. der Prälaten. Der Herzog erklärte, das Reisgeld sei keine Steuer, sondern fließe „aus der hohen Scharwerk". (Darum behaupteten gewisse Kreise, daß die Bodenzinse keine Steuern gewesen seien.) Schließlich einigten sich im Jahre 1507 Herzog und Adel u. Prälaten dahin, daß sie die ganze Steuerlast auf die *„armen Leute", d. h. auf ihre Bauern abwälzten u. fortan selbst steuerfrei blieben.*

Von 1507 bis zum 8. Juni 1807, volle drei Jahrhunderte hindurch, haben Adel und landständischer Klerus, von welchem der erstere Stand (Adelstand) von der Gesamtzahl der Bauernhöfe des Landes im Jahre 1760 23,83 %, der letztere (landständische Klerus) 31,95 %, beide zusammen also 55,78 %, d. h. mehr als die Hälfte aller Bauernhöfe, besaßen, *keinen Pfennig Steuern bezahlt, sondern in diesen schweren Zeiten für Bayern alle Lasten den „Armen Leuten"*, ihren Bauern, aufgehalst. [Seite 6] Der Landesherr hatte von den Bauernhöfen damals 13,67 %, der nichtständische Klerus 23,9 %. Freieigene Güter ohne Grundherrschaft machten rund 3,9 % der Bauernhöfe aus.

---

472 Sigmund von Riezler (1843–1927), Historiker, Pionier der bayerischen Landesgeschichtsforschung, Verfasser der ersten modernen, aus den Quellen gearbeiteten Gesamtdarstellung der bayerischen Geschichte, die zwischen 1878 und 1914 in acht Bänden erschien.

473 Albrecht IV. (1447–1508), Herzog im Münchner Landesteil seit 1467 als Alleinregent, Herzog im vereinigten Bayern seit 1503.

Soweit war der Bauernstand von ursprünglicher, wirtschaftlicher Freiheit durch das Zusammenwirken der privilegierten Stände, insbesondere des Adels und des Klerus, heruntergekommen.

Als 1806 Bayern ein Königreich wurde durch Napoleons Gnaden und im Jahre 1818 eine Verfassung eingeführt wurde, bekamen die Bauern nur einen Schimmer von Freiheitsrechten. Erst nach dem Jahre 1848, als durch ganz Deutschland die Reaktion seine Kraft verlor, kam auch für den armen, bis dorthin geknechteten Bauernstand etwas mehr Freiheit und die Bauern bekamen eine Einwirkung, wenn auch eine schwache, auf die Zusammensetzung der Parlamente. Aber trotzdem hat sich bei den früheren Bauernschindern das Sprichwort „die Katze lässt das Mausen nicht" noch weiter bewahrheitet. Die Bauern wurden weiterhin politisch an der Nase geführt, besonders wenn es zu Wahlen ging.

Indem die Schwarzen die frühere menschliche und leibliche Gewalt über die Bauern nicht mehr hatten, um sie bändigen zu können, mußte die Religion als Nasenring herhalten, um die Bauern mir ihrer Machtpolitik knebeln zu können, was ich in meinen Aufschreibungen in angeführten Tatsachen zur Genüge bewiesen und was ich selbst oft an meinem eigenen Leibe erfahren habe. Als wir mit unserer Bewegung Anfang der 90er Jahre des vorigen Jahrhunderts gegen die Bevormundung des Bauern- und Mittelstandes durch die politisierenden Geistlichen und anderer Stände uns wehrten, um die Bauern zu einigen zu einem Machtfaktor, war die Religion in Gefahr, denn die politisierenden Geistlichen wußten genau, wenn die Bauern und der Mittelstand einig werden, wird es eine Macht, dann ist es mit der schwarzen Macht vorbei.

Anhang

Abkürzungsverzeichnis

AA	Augsburger Abendzeitung
ADB	Allgemeine Deutsche Biographie
BayHStA	Bayerisches Hauptstaatsarchiv
BundesA	Bundesarchiv
BV	Das Bayerische Vaterland
LV	Landauer Volksblatt
MBM	Miscellanea Bavarica Monacensia
MNN	Münchner Neueste Nachrichten
MP	Münchener Post
NA	Niederbayerischer Anzeiger
NfV	Neue freie Volkszeitung
PrivatA	Privatarchiv
SBLG	Schriftenreihe zur Bayerischen Landesgeschichte
StA	Staatsarchiv
StadtA	Stadtarchiv
TW	Traunsteiner Wochenblatt
VKZ	Veröffentlichungen der Kommission für Zeitgeschichte
VfZ	Vierteljahrshefte für Zeitgeschichte
ZAA	Zeitschrift für Agrargeschichte und Agrarsoziologie
ZBLG	Zeitschrift für Bayerische Landesgeschichte

Chronologisches Verzeichnis der Lebensbilder über Georg Eisenberger

Amtliches Handbuch der Kammer der Abgeordneten des Bayerischen Landtages, München 1906, 183 f.

Amtliches Handbuch der Kammer der Abgeordneten des Bayerischen Landtages, München 1908, 96 f.

Wer ist's? Zeitgenossenlexikon, enthaltend Biographien nebst Bibliographien. Angaben über Herkunft, Familie, Lebenslauf, Werke, Lieblingsbeschäftigungen, Parteiangehörigkeit, Mitgliedschaft bei Gesellschaften, Adresse. Andere Mitteilungen von allgemeinem Interesse, hg. von Hermann A. L. DEGENER, Leipzig ^{4}1909, 321.

Wer ist's? Biographien nebst Bibliographien. Angaben über Herkunft, Familie, Lebenslauf, Werke, Lieblingsbeschäftigungen, Parteiangehörigkeit, Mitgliedschaft bei Gesellschaften, Adresse. Andere Mitteilungen von allgemeinem Interesse, hg. von Hermann A. L. DEGENER, Leipzig ^{5}1911, 327.

Amtliches Handbuch der Kammer der Abgeordneten des Bayerischen Landtages, München 1912, 71 f.

Wer ist's? Biographien nebst Bibliographien. Angaben über Herkunft, Familie, Lebenslauf, Werke, Lieblingsbeschäftigungen, Parteiangehörigkeit, Mitgliedschaft bei Gesellschaften, Adresse. Andere Mitteilungen von allgemeinem Interesse, hg. von Hermann A. L. DEGENER, Leipzig [6]1912, 358.

Wer ist's? Biographien nebst Bibliographien. Angaben über Herkunft, Familie, Lebenslauf, Werke, Lieblingsbeschäftigungen, Parteiangehörigkeit, Mitgliedschaft bei Gesellschaften, Adresse. Andere Mitteilungen von allgemeinem Interesse, hg. von Hermann A. L. DEGENER, Leipzig [7]1914, 369.

Zur Ehrung Eisenbergers durch Verleihung des Ehrenbürgerrechts von Ruhpolding, in: TW vom 22. März 1919, 1.

Amtliches Handbuch des Bayerischen Landtags, München 1920, 40 f.

Martin LUIBLE, Die parlamentarische Vertretung Bayerns im Landtag und im Reichstag, München 1920, 62.

Reichstags-Handbuch I. Wahlperiode 1920, Berlin 1920, 207.

Wer ist's? Biographien von rund 20.000 lebenden Zeitgenossen. Angaben über Herkunft, Familie, Lebenslauf, Veröffentlichungen und Werke, Lieblingsbeschäftigungen, Parteiangehörigkeit, Mitgliedschaft bei Gesellschaften, Adresse. Andere Mitteilungen von allgemeinem Interesse, hg. von Hermann A. L. DEGENER, Berlin [8]1922, 339.

Eisenbergers 60. Geburtstag, in: NfV vom 31. März 1923, 2.

Johannes FISCHART, Georg Eisenberger (Neue Politikerköpfe 31), in: Die Weltbühne. Wochenschrift für Politik, Kunst, Wirtschaft 21/1 (1925), 12–14.

Reichstags-Handbuch III. Wahlperiode 1924, Berlin 1925, 232 f.

Michael FARBMAN – Ramsay MUIR – Hugh F. SPENDER, The Europa Year-Book. A Survey and Directory of European Organisations and Countries, London 1926, 291.

Michael FARBMAN – Ramsay MUIR – Hugh F. SPENDER, The Europa Year-Book. A Survey and Directory of European Organisations and Countries, London 1927, 249.

Reichstags-Handbuch IV. Wahlperiode 1928, Berlin 1928, 313.

Handbuch des öffentlichen Lebens. Staat, Politik, Wirtschaft, Verkehr, Kirche, Presse, Bildungswesen, Gemeindewesen, Verbände, Ausland, Statistik [zugleich 5. Auflage des Politischen Almanachs], hg. von Maximilian MÜLLER-JABUSCH, Leipzig 1929, 759.

René KRAUS, Der bayerische Bauer in Berlin, Gespräch mit Georg Eisenberger, Reichstagsabgeordneter aus Hutzenau, Eisenbahnstation Ruhpolding [Zeitungsausschnitt im Nachlass Eisenberger im Privatarchiv Georg Eisenberger in Traunstein, laut handschriftlichem Vermerk Eisenbergers erschienen in der Süddeutschen Sonntagspost im Juli 1929, was jedoch unzutreffend ist].

Das Deutsche Reich von 1918 bis Heute, hg. von Cuno HORKENBACH, Berlin 1930, 658.

Eisenberger, in: TW vom 3. Dezember 1930, 1.

Der Große Brockhaus. Handbuch des Wissens in zwanzig Bänden Bd. 5, Leipzig [15]1930, 373.
Reichstags-Handbuch V. Wahlperiode 1930, Berlin 1930, 331.
Der Große Herder. Nachschlagewerk für Wissen und Leben Bd. 3, Freiburg im Breisgau [4]1932, 1624.
Eisenberger – 70 Jahre!, in: NfV vom 28. März 1933, 2.
Das Katholische Deutschland. Biographisch-bibliographisches Lexikon, hg. von Wilhelm KOSCH, Augsburg 1933, 607.
Georg Eisenberger gestorben, in: Süddeutsche Zeitung vom 19. Oktober 1945, 3.
Peter BERGMAIER, Ruhpolding. Heimatbuch aus dem Miesenbach, Ruhpolding [2]1953, 581 f.
Biographisches Staatshandbuch. Lexikon der Politik, Presse und Publizistik, hg. von Wilhelm KOSCH, Bern 1963, 283.
Max SCHWARZ, MdR. Biographisches Handbuch der Reichstage, Hannover 1965, 641.
Fritz MEINGAST, Berühmte und Berüchtigte. Bayerische Porträts, München 1975, 183–190.
Georg EISENBERGER, Georg Eisenberger. Der Hutzenauer 1863–1945. Ein Porträt des Bauernbundführers, Ruhpolding 1988.
Josef METZ, Zum 125. Geburtstag von Georg Eisenberger. Er war Bürgermeister, Landtagsabgeordneter und Reichstagsabgeordneter, in: Chiemgau-Blätter. Unterhaltungsbeilage zum Traunsteiner Wochenblatt 13/1988, 1–3.
Reichspolitik im Trachteng'wand. Zum 125. Geburtstag Georg Eisenbergers, in: Ruhpoldinger Gemeindeanzeiger vom 25. März 1988, 8 f.
Rudolf SCHÖFBERGER, Georg Eisenberger und der Bayerische Bauernbund. Vortrag am 29.1.1988 im Hutzenauer-Hof, masch. Manuskript München 1988.
Alois J. WEICHSLGARTNER, Politik im Trachtengwand: der Hutzenauer. Eine Erinnerung an Georg Eisenberger zum 125. Geburtstag, in: Unser Bayern. Heimatbeilage der Bayerischen Staatszeitung 37 (1988), 27–29.
Ludwig OTT, „Eine Persönlichkeit, aber kein Führer". Georg Eisenberger, der Bauernbündler aus Ruhpolding (Bayerischer Rundfunk. Land und Leute), masch. Manuskript Bayer. Rundfunk München 26. Februar 1989.
Wolfgang SCHUSTER, Georg Eisenberger (1863–1945) und die bayerische Landwirtschaft in der Weimarer Republik. Wirken eines Politikers aus der Provinz, masch. Magisterarbeit Ludwig-Maximilians-Universität München 1990.
Martin SCHUMACHER (Hg.), M.d.R. Die Reichstagsabgeordneten der Weimarer Republik in der Zeit des Nationalsozialismus. Politische Verfolgung, Emigration und Ausbürgerung 1933–1945. Eine biographische Dokumentation. Mit einem Forschungsbericht zur Verfolgung deutscher und ausländischer Parlamentarier im nationalsozialistischen Herrschaftsbereich (Veröffentlichungen der Kommission für Geschichte des Parlamentarismus und der politischen Parteien in Bonn), Düsseldorf 1991, 194.
Fritz MEINGAST, Der Volkstribun mit dem Gamsbart. Gedanken und Erinnerungen des Georg Eisenberger, Land- und Reichstagsabgeordneter, Bauer in Hutzenau, Post Ruhpolding, München 1992.

Bauernbund vor 100 Jahren gegründet. Beginn der Polit-Karriere Georg Eisenbergers – „Wochenblatt“ Partei-Organ der Bauernbündler, in: Chiemgau-Blätter. Unterhaltungsbeilage zum Traunsteiner Tagblatt 9/1994, 1–4.

Deutsche Biographische Enzyklopädie Bd. 3, hg. von Walter KILLY und Rudolf VIERHAUS, München 1996, 69 f.

Alois J. WEICHSLGARTNER, Bayerische Originale ernst und heiter. Eine kleine Porträtgalerie, Dachau 1998, 54–59.

Mit Gamsbart und Hakelstecken zu den Reichstagssitzungen, in: Maximilianeum. Aus dem Bayerischen Landtag 12 (2000), 26 f. und 32.

Fritz MEINGAST, Der ächte Josef Filser. Die kuriosen Geschichten des Abgeordneten Georg Eisenberger, Rosenheim 2001.

Wolfgang SCHUSTER, Vor 140 Jahren wurde Georg Eisenberger geboren. Der „Hutzenauer“ gestaltete das politische Geschehen in Bayern über Jahrzehnte maßgeblich mit, in: Chiemgau-Blätter. Unterhaltungsbeilage zum Traunsteiner Tagblatt 12/2003, 1–3.

Große Bayerische Biographische Enzyklopädie, hg. von Hans-Michael KÖRNER, München 2005, 435 f.

Deutsche Biographische Enzyklopädie Bd. 3, hg. von Rudolf VIERHAUS, München ^{2}2006, 6.

Carl-Wilhelm REIBEL, Handbuch der Reichstagswahlen 1890–1918. Bündnisse, Ergebnisse, Kandidaten (Handbücher zur Geschichte des Parlamentarismus und der politischen Parteien 15), Düsseldorf 2007, 1589.

Theophil GERBER, Persönlichkeiten aus Land- und Forstwirtschaft, Gartenbau und Veterinärmedizin. Biographisches Lexikon, Berlin ^{3}2008, 164 f.

Joachim LILLA (Bearb.), Der Bayerische Landtag 1918/19 bis 1933. Wahlvorschläge – Zusammensetzung – Biographien (Materialien zur Bayerischen Landesgeschichte 21), München 2008, 333 f.

Quellen zur Bauernbundsgeschichte (Gedruckte Quellen und Verbandsschriftgut)

Auf die bibliographische Aufnahme der Stenografischen Berichte über die und der Beilagenbände zu den Verhandlungen der Kammer der Abgeordneten des Bayerischen Landtags (1893 bis 1918), der Kammer der Reichsräte des Bayerischen Landtags (1893 bis 1918) sowie des Bayerischen Landtags (1919 bis 1933) wurde verzichtet, ebenso auf die Aufnahme der Stenografischen Berichte über die und der Anlagenbände zu den Verhandlungen des Deutschen Reichstages (1893 bis 1933), der Stenografischen Berichte der und den Beilagenband zu den Verhandlungen des provisorischen Nationalrates des Volksstaates Bayern (1918/1919) und der Stenografischen Berichte über die Verhandlungen des Kongresses der Arbeiter-, Bauern- und Soldatenräte vom 25. Februar bis 8. März 1919.

Akten der Reichskanzlei. Weimarer Republik. Das Kabinett Scheidemann. 13. Februar bis 20. Juni 1919, bearb. von Hagen SCHULZE, Boppard am Rhein 1971.

Akten der Reichskanzlei. Weimarer Republik. Das Kabinett Bauer. 21. Juni 1919 bis 27. März 1920, bearb. von Anton GOLECKI, Boppard am Rhein 1980.
Akten der Reichskanzlei. Weimarer Republik. Das Kabinett Müller I. 27. März 1920 bis 21. Juni 1920, bearb. von Martin VOGT, Boppard am Rhein 1971.
Akten der Reichskanzlei. Weimarer Republik. Das Kabinett Fehrenbach. 25. Juni 1920 bis 4. Mai 1921, bearb. von Peter WULF, Boppard am Rhein 1972.
Akten der Reichskanzlei. Weimarer Republik. Die Kabinette Wirth I und II. 10. Mai 1921 bis 26. Oktober 1921, 26. Oktober 1921 bis 22. November 1922, bearb. von Ingrid SCHULZE-BIDLINGMAIER, Boppard am Rhein 1973.
Akten der Reichskanzlei. Weimarer Republik. Das Kabinett Cuno. 22. November 1922 bis 12. August 1923, bearb. von Karl-Heinz HARBECK, Boppard am Rhein 1968.
Akten der Reichskanzlei. Weimarer Republik. Die Kabinette Stresemann I und II. 13. August bis 6. Oktober 1923, 6. Oktober bis 30. November 1923, bearb. von Karl Dietrich ERDMANN und Martin VOGT, Boppard am Rhein 1978.
Akten der Reichskanzlei. Weimarer Republik. Die Kabinette Marx I und II. 30. November 1923 bis 3. Juni 1924, 3. Juni 1924 bis 15. Januar 1925, bearb. von Günter ABRAMOWSKI, Boppard am Rhein 1973.
Akten der Reichskanzlei. Weimarer Republik. Die Kabinette Luther I und II. 15. Januar 1925 bis 20. Januar 1926, 20. Januar 1926 bis 17. Mai 1926, bearb. von Karl-Heinz MINUTH, Boppard am Rhein 1977.
Akten der Reichskanzlei. Weimarer Republik. Die Kabinette Marx III u. IV. 17. Mai 1926 bis 29. Januar 1927, 29. Januar 1927 bis 29. Juni 1928, bearb. von Günter ABRAMOWSKI, Boppard am Rhein 1988.
Akten der Reichskanzlei. Weimarer Republik. Das Kabinett Müller II. 28. Juni 1928 bis 27. März 1930, bearb. von Martin VOGT, Boppard am Rhein 1970.
Akten der Reichskanzlei. Weimarer Republik. Die Kabinette Brüning I u. II. 30. März 1930 bis 10. Oktober 1931, 10. Oktober 1931 bis 1. Juni 1932, bearb. von Tilman KOOPS, Boppard am Rhein 1982–1990.
Akten der Reichskanzlei. Weimarer Republik. Das Kabinett von Papen. 1. Juni bis 3. Dezember 1932, bearb. von Karl-Heinz MINUTH, Boppard am Rhein 1989.
Akten der Reichskanzlei. Weimarer Republik. Das Kabinett von Schleicher. 3. Dezember 1932 bis 30. Januar 1933, bearb. von Anton GOLECKI, Boppard am Rhein 1986.
Akten Kardinal Michael von Faulhabers 1917–1945 Bd. 1: 1917–1934, bearb. von Ludwig VOLK (VKZ A/17), Mainz 1975.
Archiv des Deutschen Landwirtschaftsrats 1 (1876) bis 51 (1933).
Erwein von ARETIN, Krone und Ketten. Erinnerungen eines bayerischen Edelmannes, hg. von Karl BUCHHEIM und Karl Otmar von ARETIN, München 1955.
Franz AUGUSTIN, 25 Jahre Oberbayerischer christlicher Bauernverein. Eine Jubiläumsschrift anlässlich des 25jährigen Bestehens des Oberbayerischen christlichen Bauernvereins, München 1922.
Die Bauern auf dem Wege der Befreiung. Vom 1. Weltkongreß der Bauern in Moskau vom 10.–16. Oktober 1923, Berlin 1924.

Bauern-Elend in bayerischen Höhengebieten. Erhebungen der Landwirtschaftlichen Zentralgenossenschaft des Bayerischen Bauernvereins e.G.m.b.H. in Regensburg und der Genossenschaftlichen Warenzentrale des Bayerischen Bauernvereins e.G.m.b.H. in Regensburg, Regensburg 1933.

Der Bauernbund als bäuerliche Klassenpartei, hg. von der Zentralstelle der Bayerischen Christlichen Bauernvereine, Regensburg 1925.

Ferdinand BAUERNFREUND [d. i. Armin Kausen], Eine Muster-Partei oder Die Bauernbündler unter sich. Wie sie sich schlagen und vertragen. Eine lehrreiche Sammlung, Augsburg 1896.

Wendelinus BAUERNFREUND, Mahnruf. Höchste Zeit ist's Bauern, Eggenfelden ^{4}1897.

Das bayerische Gesetz über die Bauernkammern vom 20. März 1920 nebst Wahlordnung, Vollzugsvorschriften und Bekanntmachung vom 27. März 1920 über die Vertretung der landwirtschaftlichen Arbeitnehmer, München 1920.

Bayerischer-Patriotischer Bauernverein Tuntenhausen 1869–1929. Festschrift zum 60jährigen Bestehen, o. O. 1929.

Karl BÖHME, Deutsche Bauernpolitik. Eine Auseinandersetzung mit dem Bund der Landwirte, Würzburg 1912.

Magnus von BRAUN, Von Ostpreußen bis Texas. Erlebnisse und zeitgeschichtliche Betrachtungen eines Ostdeutschen, Stollhamm ^{2}1955.

Lujo BRENTANO, Mein Leben im Kampf um die soziale Entwicklung Deutschlands, Jena 1931.

Oskar BÜTTNER, Die Entstehung und zahlenmäßige Entwicklung des Oberpfälzischen Christlichen Bauernvereins sowie seine Leistungen während der ersten 25 Jahre seines Bestehens, hg. im Auftrage des Oberpfälzischen Christlichen Bauernvereins, Regensburg 1920.

Leopold CASSELMANN, Die bayerische Landtagssession 1912, Berlin 1912.

Carl Freiherr von CETTO-REICHERTSHAUSEN, Agrarpolitische Erinnerungen, in: Hans DÖRFLER (Hg.), Bayern, das Bauernland. Festschrift zur 29. Ausstellung der Deutschen Landwirtschafts-Gesellschaft in Nürnberg 1922, Pfaffenhofen an der Ilm 1922, 45–51.

Karl Theodor von EHEBERG, Bäuerliche Verhältnisse in Niederbayern, Oberpfalz und dem bayerischen Franken, Leipzig 1883.

Festschrift zum Andenken an das 35jährige Gründungsjubiläum des Niederbayerischen Christlichen Bauernvereins, Landshut 1929.

Flugschriften des Bayerischen Bauernbundes, hg. von der Hauptgeschäftsstelle München, München 1920.

Valentin FRÖHLICH, Mein Reislaufen für den Bauernwald, München 1960.

Heinrich HAAG, Landwirthschaftliche Verwaltung und Gesetzgebung, in: Die Landwirthschaft in Bayern. Denkschrift, nach amtlichen Quellen bearbeitet, München 1890, 631–704.

Heinz HAUSHOFER, Mein Leben als Agrarier. Eine Autobiographie 1924–1978, München 1982.

Benedikt HEBEL, Der Bayerische Bauernverein. Einige Worte der Belehrung und Ermunterung nebst praktischen Winken zur Gründung und ersten Leitung von Obmannschaften, zunächst für Schwaben, Augsburg 1899.

Benedikt HEBEL, Der Bayerische Bauernverein. Worte der Belehrung nebst praktischen Winken zur Gründung und Leitung von Obmannschaften, Augsburg 1905.

[Georg HEIM], Politisches ABC-Büchlein. Ein nützliches Lesen für den bayerischen Bürger und Bauersmann. Von einem Centrumsmann, Augsburg 1898.

Georg HEIM – Sebastian SCHLITTENBAUER, Ein Hilferuf der deutschen Landwirtschaft. Eine Vorstellung an den Reichskanzler und den Deutschen Reichstag, Regensburg 1917.

Georg HEIM – Franz Xaver ZAHNBRECHER, Der Bayerische Bauernverein in Vergangenheit, Gegenwart und Zukunft, Ansbach [4]1906.

Albert HERZOG, Der Oberpfälzische christliche Bauernverein 1895–1930, Regensburg 1931.

Otto von KIESENWETTER, Fünfundzwanzig Jahre politischen Kampfes. Geschichtliche Darstellung des Bundes der Landwirte zum 18. Februar 1918, Berlin 1918.

Kleines Wahl-ABC des Bundes der Landwirte für die Reichstagswahl neunzehnhundertzwölf, Berlin 1912.

Gregor KLIER, Tagebuch 1910–1945, hg. von Gertraud STINDL, Würzburg [2]2000.

Hans KRETSCHMAR, Deutsche Agrarprogramme der Nachkriegszeit. Die agrarpolitischen Forderungen der landwirtschaftlichen Berufsverbände (Fachschriften zur Politik und staatsbürgerlichen Erziehung), Berlin 1933.

Joseph KÜRSCHNER, Der bayerische Landtag. 1893–1899, München o. J.

Die Maßnahmen auf dem Gebiete der landwirthschaftlichen Verwaltung in Bayern 1890–1897. Denkschrift, ausgearbeitet im königl. bayerischen Staatsministerium des Innern, München 1897.

Anton MEMMINGER, Zur Geschichte der Bauernlasten, mit besonderer Berücksichtigung auf Bayern und Franken, Würzburg 1900.

Der Niederbayer. Christl. Bauernverein in seinem Wirken, hg. zur 37. ordentl. General-Versammlung am 17. und 18. Mai 1930 in Freyung i. Wald, Landshut 1930.

Der Niederbayerische Bauernverein. Seine Ziele und Bestrebungen. Anleitung für Obmänner und Mitglieder, Eggenfelden 1895.

Heinrich OSEL, Über die Errichtung von Landwirtschaftskammern in Bayern. Verfaßt i. A. der Zentralstelle der Bayer. Bauernvereine in Regensburg, München 1908.

Franz Seraph von PICHLER, Der Antrag Kanitz. Geschichte, parlamentarische Behandlung und Würdigung desselben (Sociale und politische Zeitfragen 1), Köln 1896.

Franz Seraph von PICHLER, Centrum und Landwirthschaft. Kurzer Bericht über die Thätigkeit der Centrumspartei im deutschen Reichstage zur Besserung der Lage unserer Landwirthschaft unter besonderer Berücksichtigung der 9. Legislaturperiode 1893–98 (Sociale und politische Zeitfragen 3), Köln 1898.

Politik in Bayern 1919–1933. Berichte des württembergischen Gesandten Carl Moser von Filseck, hg. von Wolfgang BENZ (Schriftenreihe der VfZ 22/23), Stuttgart 1971.

Politik und Wirtschaft in der Krise 1930–1932. Quellen zur Ära Brüning, bearb. von Ilse MAURER und Udo WENGST (Quellen zur Geschichte des Parlamentarismus und der politischen Parteien III/4), Düsseldorf 1980.

Die Protokolle der Landtagsfraktion der bayerischen Zentrumspartei 1893–1914, 5 Bde., hg. von Dieter ALBRECHT (SBLG 91 bis 95 und 102), München 1989 bis 1993.

Die Protokolle der Reichstagsfraktion der Deutschen Zentrumspartei 1920–1925, bearb. von Rudolf MORSEY und Karsten RUPPERT (VKZ A/33), Mainz 1981.

Die Protokolle der Reichstagsfraktion und des Fraktionsvorstands der Deutschen Zentrumspartei 1926–1933, bearb. von Rudolf MORSEY (VKZ A/9), Mainz 1969.

Quellen zur deutschen Wirtschafts- und Sozialgeschichte im 19. Jahrhundert bis zur Reichsgründung, hg. von Walter STEITZ, Darmstadt 1980.

Quellen zur deutschen Wirtschafts- und Sozialgeschichte von der Reichsgründung bis zum Ersten Weltkrieg, hg. von Walter STEITZ, Darmstadt 1985.

Georg QUERI, Bauernerotik und Bauernfehme in Oberbayern, München 1911.

Georg RATZINGER, Bauern, einigt euch! Ein Mahnruf, Kempten 1897.

Georg RATZINGER, Die Erhaltung des Bauernstandes. Ein Reformprogramm des Hochseligen Grafen Ludwig zu Arco-Zinneberg, Freiburg im Breisgau 1883.

Georg RATZINGER, Die Verschuldung des Bauernstandes, in: Die Gesellschaft 10/1 (1894), 7–26.

Georg RATZINGER, Die Volkswirtschaft in ihren sittlichen Grundlagen, Freiburg im Breisgau ²1895.

Rechenschaftsbericht über die Tätigkeit der Freien Vereinigung (Bayer. Bauernbund) im Landtage 1899/1904 nach den amtlichen stenographischen Berichten, München 1905.

Die Regierung Eisner 1918/19. Ministerratsprotokolle und Dokumente, bearb. von Franz J. BAUER (Quellen zur Geschichte des Parlamentarismus und der politischen Parteien I/10), Düsseldorf 1987.

Johann RIBLINGER, Radikalmittel zur Hebung des Notstandes der bayer. Bauern. Beitrag zur gründlichen Lösung der deutschen Agrarfrage, München [1895].

Heinrich SCHIESSLEDER, Ist eine Bauerneinigung möglich?, München 1932.

Karl SOMMER, Beiträge zur bayerischen und deutschen Geschichte in der Zeit von 1910–1933, o. O. u. J.

Die staatsbürgerlichen Vorträge von Alois Hundhammer aus den Jahren 1930 und 1931, eingeleitet und kommentiert von Oliver BRAUN (Quellentexte zur bayerischen Geschichte 4), München 2005.

Stenographische Berichte über die Verhandlungen der Bayerischen Landesbauernkammer Bd. 1 bis 4, o. O. u. J.

Stenographischer Bericht über die konstituierende Versammlung des Bundes der Landwirte am 18.2.1893 im Saale der Tivoli-Brauerei zu Berlin, Berlin 1893.

Ludwig THOMA, Andreas Vöst. Bauernroman, Textrevision und Nachwort von Bernhard GAJEK, München ⁴1988.

Erwin TOPF, Die grüne Front. Der Kampf um den deutschen Acker, Berlin 1933.
Karl Josef TROSSMANN, Der Bauernbund ohne Feigenblatt. Eine Antwort auf die Angriffe des sogenannten Bauernbundes gegen die Bayerische Volkspartei, Eichstätt 1919.
Untersuchung der wirthschaftlichen Verhältnisse in 24 Gemeinden des Königreiches Bayern, hg. vom königl. bayerischen Staatsministerium des Innern, München 1895.
Die wahlrechtlichen Vorschriften des bayer. Gesetzes über die Bauernkammern mit der Wahlordnung vom 30. Januar 1930. Zugleich 2. Nachtrag zum „Bauernkammergesetz“ von 1920 (Schweitzers Textausgaben mit Anmerkungen), hg. von Heinrich von JAN, München 1930.
Hilarius WAHRMUND, Landwirtschaft und Bayerische Volkspartei (Unterhaltungen mit einem Bündler), München 1926.
Xaver WAHRMUND [d. i. Armin Kausen], Bauernbund gegen Bauernbund. Aktenmäßige Urtheile von Bauernbundführern über den Bauernbund und seine Führer. Momentbilder aus der fünfjährigen Geschichte des Bauernbundes, Neumarkt in der Oberpfalz 1898.
Josef WEIGERT, Bauer, es ist Zeit. Ein Mahnwort an die Bauern, Regensburg 1920.
Josef WEIGERT, Untergang der Dorfkultur, München 1930.
Florian WENGENMAYR, Bauernschutz-Bauerntrutz. Eine Erzählung aus der Bauernbundsbewegung der Gegenwart, Kempten 1900.
I. WERAX, Centrum oder Bauernbund? Zeitgemäße Erzählung, Kempten 1898.
Franz Xaver ZAHNBRECHER, Die Wirtschafts- und Sozialpolitik der Bayerischen Volkspartei im Bayerischen Landtag (1919/1920), München 1920.
Wilhelm ZIPPERER, Das Bauernbundslied, Würzburg 1895.

Literatur zur Bauernbundsgeschichte

John ABBOTT, Peasants in the Rural Public: The Bavarian Bauernbund, 1893–1933, masch. Diss. University of Illinois at Chicago 2000.
Walter ACHILLES, Deutsche Agrargeschichte im Zeitalter der Reformen und der Industrialisierung, Stuttgart 1993.
Franz ACHTER, Die Einwirkung des Krieges auf die bäuerliche Wirtschaft in Bayern, masch. Diss. Ludwig-Maximilians-Universität München 1920.
Dieter ALBRECHT, Von der Reichsgründung bis zum Ende des Ersten Weltkrieges (1871–1918), in: Alois SCHMID (Hg.), Handbuch der bayerischen Geschichte Bd. 4/1, München ²2003, 318–438.
Willy ALBRECHT, Die Fuchsmühler Ereignisse vom Oktober 1894 und ihre Folgen für die innere Entwicklung Bayerns im letzten Jahrzehnt des 19. Jahrhunderts, in: ZBLG 33 (1970), 307–354.
Willy ALBRECHT, Landtag und Regierung in Bayern am Vorabend der Revolution von 1918. Studien zur gesellschaftlichen und staatlichen Entwicklung Deutschlands von

1912–1918 (Beiträge zu einer historischen Strukturanalyse Bayerns im Industriezeitalter 2), Berlin 1968.

Rita ALDENHOFF-HÜBINGER, Agrarpolitik und Protektionismus. Deutschland und Frankreich im Vergleich 1879–1914 (Kritische Studien zur Geschichtswissenschaft 155), Göttingen 2002.

Otto ALTENDORFER, Die Donauhochwasseragitation des Bayerischen Bauernbundes in den mittleren Jahren der Weimarer Republik. Frühe mediale Inszenierungen und Events, in: Konrad AMANN u. a. (Hg.), Bayern und Europa. Festschrift für Peter Claus Hartmann zum 65. Geburtstag, Frankfurt am Main 2005, 363–376.

Otto ALTENDORFER, Fritz Schäffer als Politiker der Bayerischen Volkspartei 1888–1945 (Untersuchungen und Quellen zur Zeitgeschichte 2), München 1993.

Klaus Freiherr von ANDRIAN, Anton Fehr, in: NDB Bd. 5, Berlin 1961, 49.

Werner T. ANGRESS, The Political Role of the Peasantry in the Weimar Republic, in: The Review of Politics 21 (1959), 530–549.

Rosmarie ANZENBERGER-MEYER, Bedingungen bäuerlicher Politisierung 1880–1933, dargestellt am Beispiel von Oberbayern, masch. Diss. Universität Innsbruck 1993.

Karl Ludwig AY, Die Entstehung einer Revolution. Die Volksstimmung in Bayern während des Ersten Weltkrieges (Beiträge zu einer historischen Strukturanalyse Bayerns im Industriezeitalter 1), Berlin 1968.

Heide BARMEYER, Andreas Hermes und die Organisationen der deutschen Landwirtschaft. Christliche Bauernvereine, Reichslandbund, Grüne Front, Reichsnährstand 1928–1933 (Quellen und Forschungen zur Agrargeschichte 24), Stuttgart 1971.

Hans BAUER, Die wirtschaftspolitische Organisation des bayerischen Bauernstandes, masch. Diss. Universität Würzburg 1921.

Heinrich BECKER, Handlungsspielräume der Agrarpolitik in der Weimarer Republik zwischen 1923 und 1929, Stuttgart 1990.

Hannsjörg BERGMANN, Der Bayerische Bauernbund und der Bayerische Christliche Bauernverein 1919–1928 (SBLG 81), München 1986.

Jürgen BERGMANN – Klaus MEGERLE, Protest und Aufruhr der Landwirtschaft in der Weimarer Republik (1924–1933). Formen und Typen der politischen Agrarbewegung im regionalen Vergleich, in: Jürgen BERGMANN u. a., Regionen im historischen Vergleich. Studien zu Deutschland im 19. und 20. Jahrhundert (Schriften des Zentralinstituts für sozialwissenschaftliche Forschung der Freien Universität Berlin 55), Opladen 1989, 200–287.

Rudolf BERTHOLD, Zur Entwicklung der deutschen Agrarproduktion und der Ernährungswirtschaft zwischen 1907 und 1925, in: Jahrbuch für Wirtschaftsgeschichte 4/1974, 83–111.

Hans BEYER, Die Agrarkrise und das Ende der Weimarer Republik, in: ZAA 13 (1965), 62–92.

Benno BICHL, Untersuchung über die Organisation landwirtschaftlicher Arbeiter und Dienstboten, masch. Diss. Universität Würzburg 1924.

David BLACKBOURN, Peasants and Politics in Germany, 1871–1914, in: European History Quarterly 14 (1984), 47–75.

Werner K. BLESSING, Staat und Kirche in der Gesellschaft. Institutionelle Autorität und mentaler Wandel in Bayern während des 19. Jahrhunderts (Kritische Studien zur Geschichtswissenschaft 51), Göttingen 1982.

Werner K. BLESSING, Umwelt und Mentalität im ländlichen Bayern. Eine Skizze zum Alltagswandel im 19. Jahrhundert, in: Archiv für Sozialgeschichte 19 (1979), 1–42.

Rudolf BOCH, Staat und Wirtschaft im 19. Jahrhundert (Enzyklopädie deutscher Geschichte 70), München 2004.

Knut BORCHARDT, Wachstum, Krisen, Handlungsspielräume der Wirtschaftspolitik. Studien zur Wirtschaftsgeschichte des 19. und 20. Jahrhunderts (Kritische Studien zur Geschichtswissenschaft 50), Göttingen 1982.

Helmut BRAUN, Reichstagswahlen im Bayerischen Wald 1928 bis 1933: Zwischen Katholizismus, „bayerischem Selbstbewusstsein" und Arbeiterprotest, in: Joachim KUROPKA (Hg.), Grenzen des katholischen Milieus. Stabilität und Gefährdung katholischer Milieus in der Endphase der Weimarer Republik und in der NS-Zeit. Bayerischer Wald – Eichsfeld – Emsland – Ermland – Grafschatz Glatz – Münsterland – Oberpfalz – Oberschlesien – Oldenburger Münsterland – Passau – Pfalz – Rheinland-Westfalen – Südbaden/Südwürttemberg/bayerisch Schwaben – Unterfranken, Münster 2013, 241–263.

Oliver BRAUN, Konservative Existenz in der Moderne. Das politische Weltbild Alois Hundhammers (1900–1974) (Untersuchungen und Quellen zur Zeitgeschichte 7), München 2006.

Michael BRENNER, Von der Novemberrevolution bis zu den Adventspredigten. Zum Verhältnis zwischen Juden und Katholiken in Bayern zwischen 1918 und 1933, in: Florian SCHULLER u. a. (Hg.), Katholizismus und Judentum. Gemeinsamkeiten und Verwerfungen vom 16. bis zum 20. Jahrhundert, Regensburg 2005, 270–281.

Siegfried BREWKA, Zentrum und Sozialdemokratie in der bayerischen Kammer der Abgeordneten 1893–1914 (Europäische Hochschulschriften III/742), Frankfurt am Main 1997.

Friedrich BÜLOW, Gustav Ruhland. Ein deutscher Bauerndenker im Kampf gegen Wirtschaftsliberalismus und Marxismus (Berichte über Landwirtschaft. Sonderheft 120), Berlin 1936.

Johannes CRONER, Die Geschichte der agrarischen Bewegung in Deutschland, Berlin 1909.

Franz J. DAZERT, Wirtschaftspolitische Forderungen deutscher landwirtschaftlicher Interessenvertretungen in der Zeit von 1918 bis 1932 und ihre Konsequenzen für die Wirtschaftsordnung, masch. Diss. Universität Freiburg im Breisgau 1950.

Richard DILL, Der Unfall, der gelegen kam. Der Tod des Bauernführers Ludwig Gandorfer am 10. November 1918, in: Jahresbericht des Historischen Vereins für Straubing und Umgebung 91 (1989), 437–450.

Anton DOEBERL, Graf Konrad Preysing und das Erwachen der katholisch-konservativen Partei in Bayern, in: Gelbe Hefte. Historische und politische Zeitschrift für das katholische Deutschland 2 (1926), 843–855.

Oswin EBERSBACH, Die Entwicklung und Organisation des landwirtschaftlichen Vereinswesens einschließlich der Bauernvereine in Deutschland, masch. Diss. Universität Leipzig 1925.

Paul ERKER, Der lange Abschied vom Agrarland. Zur Sozialgeschichte der Bauern im Industrialisierungsprozeß, in: Matthias FRESE – Michael PRINZ (Hg.), Politische Zäsuren und gesellschaftlicher Wandel im 20. Jahrhundert. Regionale und vergleichende Perspektiven (Forschungen zur Regionalgeschichte 18), Paderborn 1996, 327–360.

Ian FARR, From Anti-Catholicism to Anticlericalism: Catholic Politics and the Peasantry in Bavaria, 1860–1900, in: European Studies Review 13 (1983), 249–269.

Ian FARR, In Search of Credit: Peasant Farmers, Credit Co-operatives and Rural Organisation in Bavaria at the Turn of the Century, in: Gemeinheitsteilungen in Europa. Die Privatisierung der kollektiven Nutzung des Bodens im 18. und 19. Jahrhundert (Jahrbuch für Wirtschaftsgeschichte 2/2000), Berlin 2000, 113–132.

Ian FARR, Peasant Protest in the Empire – the Bavarian Example, in: Robert G. MOELLER (Hg.), Peasants and Lords in Modern Germany. Recent Studies in Agricultural History, Boston 1986, 110–139.

Ian FARR, Populism in the Countryside: The Peasant Leagues in Bavaria in the 1890's, in: Richard J. EVANS (Hg.), Society and Politics in Wilhelmine Germany, London 1978, 136–159.

Wilfried FELDENKIRCHEN, Deutsche Zoll- und Handelspolitik 1914–1933, in: Hans POHL (Hg.), Die Auswirkungen von Zöllen und anderen Handelshemmnissen auf Wirtschaft und Gesellschaft vom Mittelalter bis zur Gegenwart. Referate der 11. Arbeitstagung der Gesellschaft für Sozial- und Wirtschaftsgeschichte vom 9. bis 13. April 1985 in Hohenheim (Vierteljahrschrift für Sozial- und Wirtschaftsgeschichte Beiheft 80), Stuttgart 1987, 328–357.

Wilfried FELDENKIRCHEN, Zur Kontinuität in der deutschen Agrarpolitik seit 1879. Bismarcks Schutzzölle und die Folgen, in: Hermann KELLENBENZ – Hans POHL (Hg.), Historia socialis et oeconomica. Festschrift für Wolfgang Zorn zum 65. Geburtstag (Vierteljahrschrift für Sozial- und Wirtschaftsgeschichte Beiheft 84), Stuttgart 1987, 205–223.

Hans FENSKE, Konservativismus und Rechtsradikalismus in Bayern nach 1918, Bad Homburg vor der Höhe 1969.

Jens FLEMMING, Landwirtschaftliche Interessen und Demokratie. Ländliche Gesellschaft, Agrarverbände und Staat 1890–1925 (Forschungsinstitut der Friedrich-Ebert-Stiftung. Reihe: Politik- und Gesellschaftsgeschichte), Bonn 1978.

Sigmund von FRAUENDORFER, Ideengeschichte der Agrarwirtschaft und Agrarpolitik im Deutschen Sprachraum Bd. 1: Von den Anfängen bis zum Ersten Weltkrieg, München ^{2}1963.

Pankraz FRIED – Joachim ZICHE, Die Sozialentwicklung in Bauerntum und ländlicher Bevölkerung, in: Alois SCHMID u.a. (Hg.), Handbuch der bayerischen Geschichte Bd. 4/2, München ^{2}2007, 181–215.

Claudia FRIEMBERGER, Sebastian Schlittenbauer und die Anfänge der Bayerischen Volkspartei (Forschungen zur Landes- und Regionalgeschichte 5), St. Ottilien 1998.

Werner FRITSCH – Herbert GOTTWALD, Bayerischer Bauernbund (BB) 1895–1933 (ab 1922: Bayerischer Bauern- und Mittelstandsbund), in: Dieter FRICKE u. a. (Hg.), Lexikon zur Parteiengeschichte. Die bürgerlichen und kleinbürgerlichen Parteien und Verbände in Deutschland (1789–1945) Bd. 1, Leipzig 1983, 135–151.

Dieter GESSNER, Agrardepression und Präsidialregierungen in Deutschland 1930–1933. Probleme des Agrarprotektionismus am Ende der Weimarer Republik, Düsseldorf 1977.

Dieter GESSNER, Agrarverbände in der Weimarer Republik. Wirtschaftliche und soziale Voraussetzungen agrarkonservativer Politik vor 1933, Düsseldorf 1976.

Horst GIES, R. Walther Darré und die nationalsozialistische Bauernpolitik in den Jahren 1930 bis 1933, masch. Diss. Johann Wolfgang Goethe-Universität Frankfurt am Main 1966.

Nina GOCKERELL, Das Bayernbild in der literarischen und „wissenschaftlichen" Wertung durch fünf Jahrhunderte. Volkskundliche Überlegungen über die Konstanten und Varianten des Auto- und Heterostereotyps eines deutschen Stammes (MBM 51), München 1974.

Bernhard GRAU, Kurt Eisner 1867–1919. Eine Biographie, München 2001.

Hartmut HARNISCH, Agrarstaat oder Industriestaat? Die Debatte um die Bedeutung der Landwirtschaft in Wirtschaft und Gesellschaft Deutschlands an der Wende vom 19. zum 20. Jahrhundert, in: Heinz REIF (Hg.), Ostelbische Agrargesellschaft im Kaiserreich und in der Weimarer Republik. Agrarkrise – junkerliche Interessenpolitik – Modernisierungsstrategien, Berlin 1994, 33–50.

Stefanie HARRECKER, Der Landwirtschaftliche Verein in Bayern 1810–1870/71 (SBLG 148), München 2006.

Friedrich HARTMANNSGRUBER, Die Bayerische Patriotenpartei 1868–1887 (SBLG 82), München 1986.

Peter HATTENKOFER, Regierende und Regierte, Wähler und Gewählte in der Oberpfalz 1870–1914. Eine Strukturanalyse der öffentlichen Meinung, dargestellt anhand der Wochenbereichte der Regierungspräsidenten der Oberpfalz und von Regensburg (Miscellanea Bavarica Monacensia 81), München 1979.

Heinz HAUSHOFER, Bäuerliche Führungsschichten in Bayern im 19.–20. Jahrhundert, in: Pankraz FRIED – Wolfgang ZORN (Hg.), Aus der bayerischen Agrargeschichte 1525–1978. Gesammelte Beiträge zur Bayerischen Agrargeschichte von Heinz Haushofer, München 1986, 39–48.

Heinz HAUSHOFER, Bayerische Agrar-Bibliographie. Schriftenkunde der bayerischen Landwirtschaft und Fischerei. Eine Materialsammlung für Wissenschaft und Praxis, wie für jeden Freund der Landwirtschaft und Fischerei Bayerns, München 1954.

Heinz HAUSHOFER, Der Bayerische Bauernbund (1893–1933), in: Pankraz FRIED – Wolfgang ZORN (Hg.), Aus der Bayerischen Agrargeschichte 1525–1978. Gesammelte Beiträge zur Bayerischen Agrargeschichte von Heinz Haushofer, München 1986, 166–182.

Heinz HAUSHOFER, Der erste bayerische Staatsminister für Land- und Forstwirtschaft. Martin Steiner (1864–1950), in: Pankraz FRIED – Wolfgang ZORN (Hg.), Aus der bayerischen Agrargeschichte 1525–1978. Gesammelte Beiträge zur Bayerischen Agrargeschichte von Heinz Haushofer, München 1986, 183–194.

Heinz HAUSHOFER, Ideengeschichte der Agrarwirtschaft und Agrarpolitik im Deutschen Sprachraum Bd. 2: Vom Ersten Weltkrieg bis zur Gegenwart, München 1958.

Hanns-Jochen HAUSS, Die erste Volkswahl des deutschen Reichspräsidenten. Eine Untersuchung ihrer verfassungspolitischen Grundlagen, ihrer Vorgeschichte und ihres Ablaufs unter besonderer Berücksichtigung des Anteils Bayerns und der Bayerischen Volkspartei (Münchener Historische Studien. Abteilung Bayerische Geschichte 2), Kallmünz 1965.

Oded HEILBRONNER, Catholicism, Political Culture, and the Countryside. A Social History of the Nazi Party in South Germany, Ann Arbor 1998.

Oded HEILBRONNER, Das katholisch-liberale Anti-Milieu in Süddeutschland – Achillesferse des deutschen Katholizismus (Südbaden, Südwürttemberg, Bayerisch Schwaben), in: Joachim KUROPKA (Hg.), Grenzen des katholischen Milieus. Stabilität und Gefährdung katholischer Milieus in der Endphase der Weimarer Republik und in der NS-Zeit. Bayerischer Wald – Eichsfeld – Emsland – Ermland – Grafschatz Glatz – Münsterland – Oberpfalz – Oberschlesien – Oldenburger Münsterland – Passau – Pfalz – Rheinland-Westfalen – Südbaden/Südwürttemberg/bayerisch Schwaben – Unterfranken, Münster 2013, 64–128.

Oded HEILBRONNER, Wahlkämpfe im Allgäu 1871–1932. Ein abweichender Fall, in: Zeitschrift des Historischen Vereins für Schwaben 90 (1997), 297–326.

Karl HELLER, Der Bund der Landwirte bezw. Landbund und seine Politik mit besonderer Berücksichtigung der fränkischen Verhältnisse, Kulmbach 1936.

David W. HENDON, The Center Party and the Agrarian Interest in Germany 1890–1914, Ann Arbor 1984.

Friedrich-Wilhelm HENNING, Deutsche Wirtschafts- und Sozialgeschichte im 19. Jahrhundert (Handbuch der Wirtschafts- und Sozialgeschichte Deutschlands 2), Paderborn 1996.

Günther HERBERT, Begann die Revolution in Pfaffenberg? Die Brüder Gandorfer und der Bayerische Bauernbund, in: Bayernspiegel 6/1995, 10–16.

Gerhard HETZER, Bauernräte und Bauernbündler 1918–1920. Überlegungen zu Bayerisch-Schwaben, in: Reinhard BAUMANN – Paul HOSER (Hg.), Die Revolution von 1918/19 in der Provinz (Forum Suevicum. Beiträge zur Geschichte Ostschwabens und der benachbarten Regionen 1), Konstanz 1996, 21–45.

Bruno HILDENBRAND u. a., Bauernfamilien im Modernisierungsprozeß, Frankfurt am Main 1992.

Martin HILLE, Bäuerlicher Radikalismus und Nationalsozialismus im östlichen Niederbayern 1924 bis 1933, in: ZAA 52/2 (2004), 59–77.

Anton HOCHBERGER, Der Bayerische Bauernbund 1893–1914 (SBLG 99), München 1991.

Anton HOCHBERGER, Dr. Georg Ratzinger: Priester, Sozialtheoretiker und Politiker (1844–1899), in: Winfried BECKER – Werner CHROBAK (Hg.), Staat, Kultur, Politik. Beiträge zur Geschichte Bayerns und des Katholizismus. Festschrift zum 65. Geburtstag von Dieter Albrecht, Kallmünz 1992, 249–256.

Kim R. HOLMES, The NSDAP and the Crisis of Agrarian Conservatism in Lower Bavaria. National Socialism and the Peasant's Road to Modernity, New York 1991.

John Bradshaw HOLT, German Agricultural Policy 1918–1934, Chapel Hill 1936.

Paul HOSER, Die politischen, wirtschaftlichen und sozialen Hintergründe der Münchner Tagespresse zwischen 1914 und 1934. Methoden der Pressebeeinflussung (Europäische Hochschulschriften III/447), Frankfurt am Main 1990.

Max HUBER, Carl und Ludwig GANDORFER: Großbauern aus Niederbayern, in: Friedrich WECKERLEIN (Hg.), Freistaat! Die Anfänge des demokratischen Bayern 1918/19, München 1994, 127–145.

Heinz HÜRTEN, Revolution und Zeit der Weimarer Republik, in: Alois SCHMID u.a. (Hg.), Handbuch der bayerischen Geschichte Bd. 4/1, München [2]2003, 439–498.

Ludwig HÜTTL, 1893–1933 Genossenschaftsverband Bayern (Raiffeisen/Schulze-Delitzsch) e.V., München. Eine Chronik der landwirtschaftlichen und gewerblichen Genossenschaftsverbände in Bayern seit dem 19. Jahrhundert, München 1993.

Alois HUNDHAMMER, Geschichte des Bayerischen Bauernbundes, München 1924.

Alois HUNDHAMMER, Die landwirtschaftliche Berufsvertretung in Bayern, München 1926.

James C. HUNT, Peasants, Grain Tariffs, and Meat Quotas: Imperial German Protectionism Reexamined, in: Central European History 7 (1974), 311–331.

Otto ISRAEL, Bauernbund, in: Handbuch der Politik Bd. 2, Berlin 1913, 61f.

Richard KESSLER, Heinrich Held als Parlamentarier. Eine Teilbiographie 1868–1924 (Beiträge zu einer historischen Strukturanalyse Bayerns im Industriezeitalter 6), Berlin 1971.

Elina KIISKINEN, Die Deutschnationale Volkspartei in Bayern (Bayerische Mittelpartei) in der Regierungspolitik des Freistaats während der Weimarer Zeit (SBLG 145), München 2005.

Johann KIRCHINGER, Der Bauernrebell. Das Leben des streitbaren Landtagsabgeordneten Franz Wieland (1850–1901), Ökonom in Hierlbach, Post Straubing, Regensburg 2010.

Johann KIRCHINGER, Michael Horlacher. Ein Agrarfunktionär in der Weimarer Republik (Beiträge zur Geschichte des Parlamentarismus und der politischen Parteien 159), Düsseldorf 2011.

Johann KIRCHINGER, Rätewesen und Selbstverwaltungsidee. Die revolutionären bayerischen Bauernräte im Rahmen eines kontinuierlichen organisationspolitischen Diskurses zwischen Monarchie und Republik, in: Tobias APPL – Georg KÖGLMEIER (Hg.), Regensburg, Bayern und das Reich. Festschrift für Peter Schmid zum 65. Geburtstag, Regensburg 2010, 651–686.

Johann KIRCHINGER, Die Stenographischen Berichte der Verhandlungen der Bayerischen Landesbauernkammer (1920–1933), in: ZBLG 70 (2007), 263–277.

Johann KIRCHINGER, Symbolische Politik in den Revolutionstagen. Die Stilisierung Ludwig Gandorfers zum Helden des Umsturzes von 1918/19, in: ZBLG 75 (2012), 843–866.

Johann KIRCHINGER, Theorie und Praxis sozialethischer Agrarpolitik. Georg Ratzinger und die Geschichte des ‚gerechten Preises', in: Johann KIRCHINGER – Ernst SCHÜTZ (Hg.), Georg Ratzinger (1844–1899). Ein Leben zwischen Politik, Geschichte und Seelsorge, Regensburg 2008, 301–348.

Manfred KITTEL, „Weimar" im evangelischen Bayern. Politische Mentalität und Parteiwesen 1918–1933 mit einem Ausblick auf die Zeit nach 1945,München 2001.

Ulrich KLUGE, Agrarwirtschaft und ländliche Gesellschaft im 20. Jahrhundert (Enzyklopädie deutscher Geschichte 73), München 2005.

Adalbert KNAPP, Das Zentrum in Bayern 1893–1912. Soziale, organisatorische und politische Struktur einer katholisch-konservativen Partei, masch. Diss. Ludwig-Maximilians-Universität München 1973.

Georg KÖGLMEIER, Die zentralen Rätegremien in Bayern 1918/19. Legitimation – Organisation – Funktion (SBLG 135), München 2001.

Hans-Michael KÖRNER, Staat und Kirche in Bayern 1886–1918 (VKZ B/20), Mainz 1977.

Hermann LAUERBACH, Die Bayerische Landwirtschaft im wirtschaftspolitischen Leben unter besonderer Berücksichtigung der staatlichen Einwirkungen und der landwirtschaftlichen Organisationen: ein Beitrag zur neueren Agrarpolitik, masch. Diss. Universität Erlangen 1924.

Hans Georg LEHMANN, Die Agrarfrage in der Theorie und Praxis der deutschen und internationalen Sozialdemokratie. Vom Marxismus zum Revisionismus und Bolschewismus (Tübinger Studien zur Geschichte und Politik 26), Tübingen 1970.

Leonhard LENK, Bauern im Bayerischen Landtag 1819–1970, in: Günther FRANZ (Hg.), Bauernschaft und Bauernstand 1500–1972. Büdinger Vorträge 1971–1972 (Deutsche Führungsschichten der Neuzeit 8), Limburg an der Lahn 1975, 245–264.

Bernhard LÖFFLER, Die bayerische Kammer der Reichsräte 1848 bis 1918. Grundlagen, Zusammensetzung, Politik (SBLG 108), München 1996.

Wilhelm MATTES, Die bayerischen Bauernräte. Eine soziologische und historische Untersuchung über bäuerliche Politik (Münchener Volkswirtschaftliche Studien 144), Stuttgart 1921.

August MEMMINGER, Anton Memminger. Publizist und Politiker. 1846–1923, in: Anton CHROUST (Hg.), Lebensläufe aus Franken Bd. 5 (Veröffentlichungen der Gesellschaft für Fränkische Geschichte VII/5), Erlangen 1936, 197–210.

Friedhelm MENNEKES, Die Republik als Herausforderung. Konservatives Denken in Bayern zwischen Weimarer Republik und antidemokratischer Reaktion (1918–1925) (Beiträge zu einer historischen Strukturanalyse Bayerns im Industriezeitalter 8), Berlin 1972.

Stephanie MERKENICH, Grüne Front gegen Weimar. Reichs-Landbund und agrarischer Lobbyismus 1918–1933 (Beiträge zur Geschichte des Parlamentarismus und der politischen Parteien 113), Düsseldorf 1998.

Johannes MERZ, Auf dem Weg zur Räterepublik. Staatskrise und Regierungsbildung in Bayern nach dem Tode Eisners (Februar/März 1919), in: ZBLG 66 (2003), 541–564.

Allan MITCHELL, Revolution in Bayern 1918/1919. Die Eisner-Regierung und die Räterepublik, München 1967.

Tatsuru MIYAKE, Die Anfänge der politischen Tätigkeit der Gebrüder Gandorfer. Staat und Bauern in Bayern vor dem Ersten Weltkrieg [von Noriko Hahl-Kabashima erledigte und in hektographierter Form verbreitete Übersetzung des japanischen Originalmanuskripts, erschienen in: Sundai Shigaku. The Journal of the Historical Association of Meiji University 45 (1978), 1–70].

Karl MÖCKL, Die Prinzregentenzeit. Gesellschaft und Politik während der Ära des Prinzregenten Luitpold in Bayern, München 1972.

Robert G. MOELLER, German Peasants and Agrarian Politics 1914–1924. The Rhineland and Westphalia, Chapel Hill 1986.

Robert G. MOELLER, Locating Peasants and Lords in Modern German Historiography, in: Robert G. MOELLER (Hg.), Peasants and Lords in Modern Germany. Recent Studies in Agricultural History, Boston 1986, 1–23.

Andreas MÜLLER, „Fällt der Bauer, stürzt der Staat." Deutschnationale Agrarpolitik 1928–1933, München 2003.

Markus MÜLLER, Die Christlich-Nationale Bauern- und Landvolkpartei 1928–1933 (Beiträge zur Geschichte des Parlamentarismus und der politischen Parteien 129), Düsseldorf 2001.

Martin MÜLLER-AENIS, Sozialdemokratie und Rätebewegung in der Provinz. Schwaben und Mittelfranken in der bayerischen Revolution 1918–1919, München 1986.

Friedrich MÜNCH, Die agitatorische Tätigkeit des Bauernführers Heim. Zur Volksernährungsfrage aus der Sicht des Pressereferates des bayerischen Kriegsministeriums während des Ersten Weltkrieges, in: Karl BOSL (Hg.), Bayern im Umbruch. Die Revolution von 1918, ihre Voraussetzungen, ihr Verlauf und ihre Folgen, München 1969, 301–344.

Heinrich MUTH, Agrarpolitik und Parteipolitik im Frühjahr 1932, in: Ferdinand A. HERMENS – Theodor SCHIEDER (Hg.), Staat, Wirtschaft und Politik in der Weimarer Republik. Festschrift für Heinrich Brüning, Berlin 1967, 317–360.

Heinrich MUTH, Die Entstehung der Bauern- und Landarbeiterräte im November 1918 und die Politik des Bundes der Landwirte, in: VfZ 21 (1973), 1–38.

Heinrich MUTH, Die Führungsschichten der Bauernverbände, in: Günther FRANZ (Hg.), Bauernschaft und Bauernstand 1500–1970. Büdinger Vorträge 1971–1972 (Deutsche Führungsschichten in der Neuzeit 8), Limburg an der Lahn 1975, 291–321.

Jonathan OSMOND, Rural Protest in the Weimar Republic. The Free Peasantry in the Rhineland and Bavaria, New York 1993.

Jonathan OSMOND, A Second Agrarian Mobilization? Peasant Associations in South and West Germany, 1918–1924, in: Robert G. MOELLER (Hg.), Peasants and Lords in Modern Germany. Recent Studies in Agricultural History, Boston 1986, 168–197.

Arno PANZER, Das Ringen um die deutsche Agrarpolitik von der Währungsstabilisierung bis zur Agrardebatte im Reichstag im Dezember 1928 (Beiträge zur Sozial- und Wirtschaftsgeschichte 1), Kiel 1970.

Georg PIX, Die Organisation der Landwirtschaft in Bayern. Eine Darstellung der Entwicklung des landwirtschaftlichen Berufsvertretungsgedankens, masch. Diss. Universität Erlangen 1923.

Mario H. PUHANE, „Hochwierden Herr Pichler, der wo der Alergescheidest sein mecht". Franz Seraph von Pichler (1852–1927), Landtags- und Reichstagsabgeordneter, Dompropst von Passau, in: Ostbairische Grenzmarken 39 (1997), 137–160.

Hans-Jürgen PUHLE, Agrarische Interessenpolitik und preußischer Konservatismus im wilhelminischen Reich (1893–1914). Ein Beitrag zur Analyse des Nationalismus in Deutschland am Beispiel des Bundes der Landwirte und der Deutsch-Konservativen Partei (Schriftenreihe des Forschungsinstituts der Friedrich-Ebert-Stiftung. Reihe B: Historisch-Politische Schriften), Hannover 1966.

Hans-Jürgen PUHLE, Politische Agrarbewegungen in kapitalistischen Agrargesellschaften. Deutschland, USA und Frankreich im 20. Jahrhundert (Kritische Studien zur Geschichtswissenschaft 16), Göttingen 1975.

Wolfram PYTA, Dorfgemeinschaft und Parteipolitik 1918–1933. Die Verschränkung von Milieu und Parteien in den protestantischen Landgebieten Deutschlands in der Weimarer Republik (Beiträge zur Geschichte des Parlamentarismus und der politischen Parteien 106), Düsseldorf 1996.

Wolfram PYTA, Landwirtschaftliche Interessenpolitik im deutschen Kaiserreich. Der Einfluß agrarischer Interessen auf die Neuordnung der Finanz- und Wirtschaftspolitik am Ende der 1870er Jahre am Beispiel von Rheinland und Westfalen (Vierteljahrschrift für Wirtschafts- und Sozialgeschichte Beiheft 97), Stuttgart 1991.

Wolfgang RATJEN, Die bayerischen Bauernkammern von 1920 bis 1933 (MBM 94), München 1981.

Hermann RENNER, Georg Heim als Agrarpolitiker bis zum Ende des ersten Weltkriegs, masch. Diss. Ludwig-Maximilians-Universität München 1957.

Horst Peter SCHAMARI, Kirche und Staat im Bayerischen Landtag zur Zeit des Prinzregenten Luitpold (1886–1912), München 1982.

Alois SCHLÖGL u. a., Bayerische Agrargeschichte. Die Entwicklung der Land- und Forstwirtschaft seit Beginn des 19. Jahrhunderts, München 1954.

Gerhard SCHMOLZE, „Bauern, eure Stunde ist gekommen!" Carl Gandorfer und der Bayerische Bauernbund, in: Unser Bayern. Heimatbeilage der Bayerischen Staatszeitung 31 (1982), 59–61.

Gerhard SCHMOLZE, Zwischen „Schwarzen" und „Roten". Der Bauernbündler Konrad Kübler – Zu seinem 100. Geburtstag, in: Unser Bayern. Heimatbeilage der Bayerischen Staatszeitung 33 (1984), 38–40.

Jürgen SCHNEIDER, Die Auswirkungen von Zöllen und Handelsverträgen sowie Handelshemmnissen auf Staat, Wirtschaft und Gesellschaft zwischen 1890 und 1914, in: Hans POHL (Hg.), Die Auswirkungen von Zöllen und anderen Handelshemmnissen auf Wirtschaft und Gesellschaft vom Mittelalter bis zur Gegenwart. Referate der 11. Arbeitstagung der Gesellschaft für Sozial- und Wirtschaftsgeschichte vom 9. bis 13. April 1985 in Hohenheim (Vierteljahrschrift für Sozial- und Wirtschaftsgeschichte. Beihefte 80), Stuttgart 1987, 293–327.

Klaus SCHÖNHOVEN, Die Bayerische Volkspartei 1924–1932 (Beiträge zur Geschichte des Parlamentarismus und der politischen Parteien 46), Düsseldorf 1972.

Martin SCHUMACHER, Land und Politik. Eine Untersuchung über politische Parteien und agrarische Interessen 1914–1923 (Beiträge zur Geschichte des Parlamentarismus und der politischen Parteien 65), Bonn 1978.

Martin SCHUMACHER (Hg.), M.d.L. Das Ende der Parlamente 1933 und die Abgeordneten der Landtage und Bürgerschaften der Weimarer Republik in der Zeit des Nationalsozialismus. Politische Verfolgung, Emigration und Ausbürgerung 1933–1945. Ein biographischer Index (Veröffentlichungen der Kommission für Geschichte des Parlamentarismus und der politischen Parteien in Bonn) Düsseldorf 1995.

Karl SCHWEND, Bayern zwischen Monarchie und Diktatur. Beiträge zur bayerischen Frage in der Zeit von 1918 bis 1933, München 1954.

Gottfried SEEBASS, Christlicher Antijudaismus und moderner Antisemitismus, in: Rolf RENDTORFF – Ekkehard STEGEMANN (Hg.), Auschwitz – Krise der christlichen Theologie (Abhandlungen zum christlich-jüdischen Dialog 10), München 1980, 9–25.

Michael SELIGMANN, Aufstand der Räte. Die erste bayerische Räterepublik vom 7. April 1919 (Libertäre Wissenschaft 8), Grafenau 1989.

Florian SENDTNER, „Diese Gestalt bewegte sich viel freier". Die Bauernrevolutionäre Ludwig und Carl Gandorfer aus Pfaffenberg, in: Hubert ETTL (Hg.), Niederbayern, Viechtach 1997, 50–58.

Rupert SIGL, Dr. Sigl. Ein Leben für das Bayrische Vaterland, Rosenheim 1977.

Rupert SIGL, „Mein Freund Gandorfer hat die Revolution gemacht". Vor 60 Jahren „Zusammenkünfte zur Volksbefreiung" bei den Brüdern Gandorfer in Pfaffenberg – Die Rolle des Bauernbündlers bei den drei Revolutionen, in: Straubinger Kalender 382 (1978), 41–59.

August SKALWEIT, Die deutsche Kriegsernährungswirtschaft (Wirtschafts- und Sozialgeschichte des Weltkrieges. Deutsche Serie), Stuttgart 1927.

Kurt SONTHEIMER, Antidemokratisches Denken in der Weimarer Republik. Die politischen Ideen des deutschen Nationalismus zwischen 1918 und 1933, München [2]1964.

Wolfgang STÄBLER, Der Bayerisch-Patriotische Bauernverein und der Katholische Männerverein Tuntenhausen, in: Ferdinand KRAMER (Hg.), Tuntenhausen. Vom Herrenhof zum Wallfahrtsdorf. Geschichtliche Grundlagen seiner Dorfentwicklung, Weißenhorn 1991, 263–271.

Wolfgang STÄBLER, Die neue Bauernbewegung. Oberbayerischer Bauernprotest in der Endphase der Weimarer Republik, in: ZBLG 51 (1988), 901–915.

Wolfgang STÄBLER, Weltwirtschaftskrise und Provinz. Studien zum wirtschaftlichen, sozialen und politischen Wandel im Osten Altbayerns 1928 bis 1933 (Münchener Historische Studien. Abteilung Bayerische Geschichte 14), Kallmünz 1992.

Martin STEINKÜHLER, Agrar- oder Industriestaat: Die Auseinandersetzungen um die Getreidehandels- und Zollpolitik des Deutschen Reiches 1879–1914 (Europäische Hochschulschriften III/529), Frankfurt am Main 1992.

Walter STELZLE, Die wirtschaftlichen und sozialen Verhältnisse der bayerischen Oberpfalz um die Wende vom 19. zum 20. Jahrhundert. Der Streit um Fuchsmühl, in: ZBLG 39 (1976), 487–540.

Michael STOLLEIS, Die bayerische Gesetzgebung zur Herstellung eines frei verfügbaren Grundeigentums, in: Helmut COING – Walter WILHELM (Hg.), Wissenschaft und Kodifikation des Privatrechts im 19. Jahrhundert Bd. 3: Die rechtliche und wirtschaftliche Entwicklung des Grundeigentums und Grundkredits (Studien zur Rechtswissenschaft des neunzehnten Jahrhunderts 3), Frankfurt am Main 1976, 44–117.

Hermann STOLLER, Der Lindenberger Anton Fehr. Politiker der Weimarer Republik, in: Westallgäuer Heimatblätter 22 (2004), 25–28 und 29–32.

Hermann STOLLER, Nach der Anton-Fehr-Ausstellung. Heimatkundliche Betrachtungen, in: Westallgäuer Heimatblätter 22 (2005), 53–55.

Dietrich THRÄNHARDT, Wahlen und politische Strukturen in Bayern 1848–1953. Historisch-soziologische Untersuchungen zum Entstehen und zur Neuerrichtung eines Parteiensystems (Beiträge zur Geschichte des Parlamentarismus und der politischen Parteien 51), Düsseldorf, 1973.

Paul W. THURNER, Agrarstruktur und der Aufstieg der NSDAP in Bayern. Die Rolle der Betriebsgrößenstruktur, in: Stefan IMMERFALL (Hg.), Parteien, Kulturen und Konflikte. Beiträge zur multikulturellen Gegenwartsgesellschaft. Festschrift für Alf Mintzel, Wiesbaden 2000, 83–110.

Sarah R. TIRELL, German Agrarian Politics after Bismarck's Fall, New York 1951.

Hans-Peter ULLMANN, Bibliographie zur Geschichte der deutschen Parteien und Interessenverbände (Arbeitsbücher zur modernen Geschichte 6), Göttingen 1978.

Hans-Peter ULLMANN, Interessenverbände in Deutschland, Frankfurt am Main 1988.

Klaus UNTERBURGER, Schwarz und kirchentreu – arm und eingeschüchtert? Katholisches Milieu und Nationalsozialismus in der Oberpfalz, in: Joachim KUROPKA (Hg.), Grenzen des katholischen Milieus. Stabilität und Gefährdung katholischer Milieus in der Endphase der Weimarer Republik und in der NS-Zeit. Bayerischer Wald – Eichsfeld – Emsland – Ermland – Grafschatz Glatz – Münsterland – Oberpfalz – Oberschlesien – Oldenburger Münsterland – Passau – Pfalz – Rheinland-Westfalen – Südbaden/Südwürttemberg/bayerisch Schwaben – Unterfranken, Münster 2013, 323–357.

George S. VASCIK, The German Peasant League and the Limits of Rural Liberalism in Wilhelmian Germany, in: Central European History 24 (1991), 147–175.

Christoph WALTHER, Jakob Fischbacher und die Bayernpartei. Biographische Studien 1886 bis 1972 (Geschichtswissenschaften 14), München 2006.

Max WEBER, Wirtschaft und Gesellschaft. Die Wirtschaft und die gesellschaftlichen Ordnungen und Mächte Teilband 1: Gemeinschaften, hg. von Wolfgang J. MOMMSEN (Max Weber Gesamtausgabe 22/1), Tübingen 2001.

Max WEBER, Wirtschaft und Gesellschaft. Die Wirtschaft und die gesellschaftlichen Ordnungen und Mächte Teilband 4: Herrschaften, hg. von Edith HANKE (Max Weber Gesamtausgabe 22/4), Tübingen 2005.

Wilhelm WEBER, Chronik der deutschen Agrarpolitik 1914–1932, in: Fritz BECKMANN u. a. (Hg.), Deutsche Agrarpolitik im Rahmen der inneren und äußeren Wirtschaftspolitik Teil II: Die deutsche Agrarpolitik im Rahmen einer organischen Förderung der deutschen Gesamtwirtschaft (Veröffentlichungen der Friedrich List-Gesellschaft 6), Berlin 1932, 93–135.

Hans-Ulrich WEHLER, Deutsche Gesellschaftsgeschichte Bd. 3: Von der „Deutschen Doppelrevolution" bis zum Beginn des Ersten Weltkrieges 1849–1914, München 1995.

Hans-Ulrich WEHLER, Deutsche Gesellschaftsgeschichte Bd. 4: Vom Beginn des Ersten Weltkrieges bis zur Gründung der beiden deutschen Staaten 1914–1949, München ²2003.

Alois J. WEICHSLGARTNER, Joseph Weigert. Ein Leben für das Dorf, München 1966.

Falk WIESEMANN, Die Vorgeschichte der nationalsozialistischen Machtübernahme in Bayern 1932/1933 (Beiträge zu einer historischen Strukturanalyse Bayerns im Industriezeitalter 12), Berlin 1975.

Andreas WIRSCHING, Bäuerliches Arbeitsethos und antiliberales Denken. Ein Modell ländlicher Mentalität zur Zeit der Weimarer Republik, in: Revue d'Allemagne 22 (1990), 415–425.

Otto WOERNER u. a., Die bayerische Ernährungswirtschaft im Kriege (Beiträge zur Kriegswirtschaft 66/68), Berlin 1920.

Alfred WOLFSTEINER, Die Fuchsmühler Holzschlacht 1894. Chronologie eines Skandals, Fuchsmühl 1993.

Franz Xaver ZAHNBRECHER, Landwirtschaftliche Vereine und Landwirtschafts-Kammern in Bayern, München 1907.

Benjamin ZIEMANN, Front und Heimat. Ländliche Kriegserfahrungen im südlichen Bayern 1914–1923 (Veröffentlichungen des Instituts zur Erforschung der europäischen Arbeiterbewegung A/8), Essen 1997.

Clemens ZIMMERMANN, Das Dorf in der Moderne, 1800–2000, in: Werner TROSSBACH – Clemens ZIMMERMANN, Die Geschichte des Dorfes. Von den Anfängen im Frankenreich zur bundesdeutschen Gegenwart, Stuttgart 2006, 172–282.

Hans ZITZELSBERGER, Die Presse des bayerischen Partikularismus von 1848–1900, Birkeneck 1937.

Zdenek ZOFKA, Die Ausbreitung des Nationalsozialismus auf dem Lande. Eine regionale Fallstudie zur politischen Einstellung der Landbevölkerung in der Zeit des Aufstiegs und der Machtergreifung der NSDAP 1928–1936 (MBM 87), München 1979.

Personenregister